MÉMOIRES D'UN SPÉCULATEUR

Par Edwin LEFÈVRE

Table des matières

Chapitre 1 : Premiers pas

La fin du collège fut pour moi le moment même où j'intégrai la vie active. Je décrochai un poste en tant qu'assistant de cotation au sein d'un bureau de courtage. On peut dire que j'étais doué pour les chiffres. À l'école, j'avais étudié l'équivalent de trois ans d'arithmétiques en une seule année. Et pour cause, j'étais particulièrement bon en calcul mental. En tant qu'assistant de cotation, mon rôle consistait à afficher les chiffres sur le grand tableau présent dans la salle des clients. L'un des clients s'asseyait habituellement près du téléscripteur et annonçait les prix à voix haute. L'exercice était loin d'être trop rapide pour moi : j'avais une excellente mémoire des chiffres. Aucun problème à ce niveau-là.

Le bureau employait plusieurs autres personnes. Évidemment, je me liai d'amitié avec les autres employés, néanmoins, la charge de travail que j'avais lorsque le marché était actif me tenait trop occupé entre 10 heures et 15 heures pour me laisser le temps de bavarder avec qui que ce soit. De toute façon, cela ne m'intéressait guère et encore moins durant les heures de travail.

Néanmoins un marché animé n'était pas suffisant pour empêcher mon esprit de penser au travail. Pour moi, ces cours ne représentaient ni des prix d'actions ni des dollars par action ; à mes yeux, il s'agissait avant tout de chiffres. Bien sûr, ils avaient un sens. Ils changeaient constamment et c'est justement tout ce qui pouvait m'intéresser. Pourquoi changeaient-ils ? Je l'ignorais. Je dirais même que je m'en fichais et que je ne pensais pas vraiment à cela. Je constatais seulement qu'ils changeaient. C'est tout ce qui devait occuper mon esprit environ cinq heures par jour et deux heures de plus les samedis : ils changeaient constamment.

C'est de cette manière que j'ai commencé à m'intéresser aux comportements que pouvaient adopter les prix. Comme je l'ai déjà évoqué précédemment, je pouvais compter sur ma mémoire des chiffres. Je pouvais me rappeler en détail comment les prix avaient évolué la veille, juste avant de grimper ou de chuter. Mon penchant pour le calcul mental se révéla être bien pratique.

Je remarquais que tant en cas de hausse qu'en cas de baisse, les prix des actions étaient en quelque sorte susceptibles d'adopter certaines habitudes. Il y avait une infinité de cas similaires et ces précédents avaient pour utilité de me guider. J'étais à peine âgé de quatorze ans, mais après avoir procédé à des centaines d'observations dans mon esprit, je me suis retrouvé à tester leur exactitude en les comparant au comportement des actions d'un jour à l'autre. Il m'a fallu très peu de temps avant que je ne parvienne à anticiper les évolutions des prix. Mon seul guide, comme je pourrais le réaffirmer, était leurs performances précédentes. J'avais leur « fil conducteur » en tête. Je cherchais à ce que les cours des actions y soient alignés. Je les avais « chronométrés », si vous voyez ce que je veux dire.

Vous pouvez, par exemple, repérer où l'achat est à peine meilleur que la vente. Une bataille se déroule sur le marché boursier, et cette sorte de bande enregistrante est votre télescope. Vous pouvez compter sur elle dans sept cas sur dix.

Une autre leçon que j'ai très vite apprise est qu'il n'y a rien de nouveau à Wall Street. C'est tout bonnement impossible, car la spéculation est vieille comme le monde. Tout ce qui se passe aujourd'hui sur le marché boursier s'est déjà produit avant et se reproduira dans le futur. Je n'ai jamais oublié cela. Je suppose que j'arrive à me rappeler quand et comment les choses se produisent. Le fait que je me souvienne de cette façon est justement ce qui me permet de gagner en expérience.

Je me suis tellement intéressé à ce jeu et j'étais si anxieux d'anticiper les avancées et les déclins de toutes les actions actives que je me suis acheté un petit carnet où j'ai commencé à noter toutes mes observations. Ce n'était pas un simple registre de transactions imaginaires comme ceux que de nombreuses personnes tiennent simplement dans le but de gagner ou de perdre des millions de dollars sans prendre la grosse tête ou aller à l'hospice. Il s'agissait plutôt d'une sorte de registre de mes succès et de mes échecs, car plus que l'observation des mouvements probables, j'étais surtout intéressé par la vérification de mes anticipations, en d'autres termes, vérifier si j'avais raison.

Disons par exemple qu'après avoir étudié chaque fluctuation qu'une action active avait en une journée, je concluais qu'elle se comportait comme elle le faisait toujours avant de marquer huit ou dix points. Et bien ensuite, je notais l'action et le prix du lundi, et en prenant en compte les performances passées, j'écrivais comment je prévoyais qu'elles fluctueraient mardi et mercredi. Par la suite, je vérifiais si cela concordait avec les vraies transcriptions.

C'est ainsi que j'ai commencé à m'intéresser au message de la bande. Dès le début, les fluctuations ont été associées dans mon esprit à des mouvements croissants ou décroissants. Bien sûr, il y a toujours une raison derrière ces fluctuations, mais la bande ne s'intéresse pas au pourquoi du comment. Elle ne donne pas d'explications. Je ne lui ai pas demandé pourquoi

lorsque j'avais quatorze ans, et je ne le lui demande pas plus aujourd'hui, à quarante ans.

La raison pour laquelle une certaine action varie aujourd'hui d'une certaine manière peut demeurer inconnue pendant deux ou trois jours, ou semaines, ou mois. Mais qu'est-ce que ça peut bien faire ? Votre travail autour de la bande se fait maintenant et non pas demain. La raison peut bien attendre. Mais vous devez impérativement agir dans l'immédiat ou vous risquez d'être perdu. Je vois souvent cela se produire. Vous vous souviendrez que Hollow Tube a baissé de trois points l'autre jour alors que le reste du marché suivait brusquement. C'était un fait. Le lundi suivant, vous voyiez que les directeurs n'ont pas déclaré le dividende. S'en était la raison. Ils avaient parfaitement conscience de ce qu'ils allaient faire, et même s'ils n'ont pas vendu l'action eux-mêmes, au moins ils ne l'achetaient pas. Il n'y avait pas d'achat en interne, aucune raison pour que ça ne casse pas.

En tous les cas, j'ai gardé mon petit carnet de notes pendant peut-être six mois. Au lieu de rentrer chez moi dès que je finissais mon travail, je choisissais les chiffres que je voulais et j'étudiais leurs changements, toujours à la recherche de répétitions et de parallélismes entre les comportements, apprenant en même temps à lire la bande sans même en être conscient à l'époque.

Un jour, l'un des employés du bureau, plus âgé que moi, vint me voir là où je déjeunais et me demanda discrètement si j'avais de l'argent.

« Pourquoi veux-tu le savoir ? demandai-je.

- Eh bien, a-t-il dit, j'ai un tuyau formidable sur Burlington. Je vais tenter de le jouer si je peux trouver quelqu'un pour m'accompagner.

- Comment ça, le jouer ? », demandai-je. Pour moi, les seules personnes qui jouaient ou pouvaient jouer les tuyaux étaient les clients, de vieux joueurs avec un tas d'argent. Pourquoi ? Tout simplement, car ça coûte des centaines, voire des milliers de dollars, d'intégrer la partie. C'était comme posséder une voiture privée et avoir un cocher portant un chapeau de soie.

« C'est ce que je veux dire, joue-le ! dit-il. Combien est-ce que tu as ?

- Combien te faut-il ?

- Eh bien, je peux échanger cinq actions en misant cinq dollars.

- Comment comptes-tu le jouer ?

- Je vais acheter tous les Burlington que le *bucket shop* (maison de courtage qui exécute des ordres pour le compte d'un client) me laissera prendre, avec l'argent que je lui donnerai en marge, a-t-il dit. Ça va sûrement grimper. C'est comme ramasser de l'argent. On va doubler le nôtre en un clin d'œil.

- Attends ! lui dis-je en sortant mon petit carnet de notes. »

J'étais non pas intéressé par le fait de doubler mon argent, mais plutôt par ce qu'il disait concernant la hausse de Burlington. Si cela se révélait vrai, mon carnet de notes devait le montrer. J'ai regardé. Effectivement, d'après mes calculs, Burlington se comportait comme elle le faisait habituellement avant de grimper. Je n'avais jamais rien acheté ou vendu de ma vie, et je n'avais jamais parié avec les autres garçons. Mais tout ce que je voyais-là me prouvait qu'il s'agissait d'une opportunité en or de tester l'exactitude de mon travail, de mon hobby. J'ai tout de suite compris que si cela ne marchait pas en pratique, il y avait peu de chance que ma théorie puisse intéresser qui que ce soit. Alors je lui ai donné tout ce que j'avais, et avec nos ressources mises en commun, il alla dans l'un des *bucket shops* les plus proches et acheta des actions Burlington. Deux jours plus tard, nous encaissions des bénéfices. J'ai fait un profit de 3,12 $.

Après cette première transaction, je me mis à spéculer à mon propre compte dans les *bucket shops*. Je pris l'habitude d'y aller à l'heure du déjeuner pour acheter ou vendre, ça n'a jamais eu de différence à mes yeux. Je jouais un système et non pas une action favorite

ou des opinions soutenues. Tout ce que je connaissais, c'était l'aspect arithmétique de la chose. En fait, mon système était la manière idéale d'opérer dans un *bucket shop*, où tout ce qu'un trader fait se résume à parier sur les fluctuations telles qu'elles sont imprimées par le téléscripteur sur la bande.

Il m'a fallu très peu de temps avant que je ne commence à encaisser beaucoup plus d'argent des bucket shops que ce que je gagnais de mon travail au bureau de courtage. Je décidai donc de démissionner. Mes parents se sont bien sûr opposés, mais ils ne pouvaient pas dire grand-chose quand ils virent ce que je gagnais. Je n'étais qu'un enfant et les salaires moyens des employés de bureau n'étaient pas très élevés. Je me débrouillais bien mieux à mon propre compte.

J'avais quinze ans quand j'obtins mes premiers mille dollars et que je déposai les billets devant ma mère, tous gagnés en quelques mois dans les *bucket shops*, en plus de ce que j'avais déjà ramené à la maison. Ma mère réagit très mal. Elle voulait que je les mette à la caisse d'épargne, hors de portée de toute tentation. Elle disait que c'était plus d'argent qu'aucun garçon de 15 ans n'avait jamais gagné, en partant de zéro. Elle ne croyait pas vraiment que c'était de l'argent véritable. Elle avait l'habitude de s'inquiéter et de se faire du souci à ce sujet. Mais je ne pensais à rien d'autre qu'à continuer à prouver que mes chiffres étaient bons. C'est tout là le plaisir qu'il y avait : avoir raison rien qu'en utilisant sa tête. Si j'avais raison en testant mes prédictions avec dix actions, j'aurais dix fois plus raison en les remplaçant par cent actions. Pour moi, c'est tout ce que signifiait d'avoir plus de marge - j'avais d'autant plus vigoureusement raison. Plus de courage ? Non ! Aucune différence ! Si tout ce que je possède est dix dollars et que je les risque, je fais preuve de beaucoup plus de courage que lorsque je risque un million alors que j'ai un autre million de côté.

Quoi qu'il en soit, à quinze ans, je gagnais bien ma vie grâce au marché boursier. Je commençai dans les plus petits *bucket shops*, là où celui qui négociait vingt actions à la fois était suspecté d'être John W. Gates déguisé ou J. P. Morgan voyageant incognito. Les *bucket shops* à cette époque s'appuyaient rarement sur leurs clients. Ils n'en avaient pas besoin. Il y avait bien d'autres moyens de soutirer de l'argent aux clients, et ce, même lorsqu'ils devinaient correctement. L'affaire était extrêmement rentable. Quand elle était menée légitimement, je veux dire aussi honnêtement que les *bucket shops* le pouvaient, les fluctuations prenaient soin de tirer les ficelles. Pas besoin d'un énorme mouvement pour effacer une marge de seulement trois quarts de point. De plus, aucun mauvais payeur ne pourrait jamais réintégrer le jeu. Il n'aurait aucune transaction.

Je n'avais pas de coéquipier. Je gardais mes affaires pour moi. De toute façon, c'était une affaire individuelle. C'était grâce à ma tête, n'est-ce pas ? Soit les prix montaient comme je l'avais prédit, sans l'aide d'aucun amis ou partenaires, soit ils allaient dans l'autre sens, et personne ne pouvait les arrêter par gentillesse envers moi. De ce fait, je ne voyais aucun intérêt à parler de mes affaires à quelqu'un d'autre. J'ai des amis, bien sûr, mais mon système a toujours été le même : l'affaire d'un seul homme. C'est pourquoi j'ai toujours fait cavalier seul.

Comme c'était possible de le prévoir, il n'a pas fallu longtemps pour que les *bucket shops* m'en veuillent de les avoir battus. J'entrais et je déposais ma marge, mais ils la fixaient sans même faire un geste pour la saisir. Ils me disaient qu'il n'y avait rien à faire. C'est à ce moment-là qu'ils commencèrent à m'appeler le « Boy Plunger ». J'étais tout le temps contraint de changer de courtier, allant d'un *bucket shop* à l'autre. À tel point que j'étais obligé de leur donner un nom fictif. Je commençais léger, seulement par quinze ou vingt actions. Parfois, lorsqu'ils devenaient méfiants, je faisais exprès de perdre au début avant de les piéger comme il se doit. Bien sûr, au bout d'un moment, je finis par leur coûter trop cher, ils me disaient alors d'aller voir ailleurs et de ne pas interférer avec les dividendes des propriétaires.

Une fois, quand l'un des grands établissements avec lequel je commerçais depuis des mois me ferma ses portes, je pris la décision de leur soutirer un peu plus d'argent. Ce *bucket shop* détenait des parts à travers toute la ville, dans les halls d'hôtel et dans les villes voisines. J'allai dans l'une des succursales de l'hôtel, y posai quelques questions au directeur et finis par pouvoir y faire mon trading habituel. Mais dès que je jouai un stock actif à ma façon, il commença à recevoir des messages du bureau central lui demandant qui était derrière ces opérations. Le directeur me transmit ce qu'ils lui avaient été demandé alors je lui dis que mon nom était Edward

Robinson et que je venais de Cambridge. Il téléphona à son supérieur pour lui annoncer la bonne nouvelle. Mais à l'autre bout du fil, on voulait savoir à quoi je ressemblais. Quand le directeur m'informa de cela, je lui répondis : « Dites-lui que je suis un petit gros aux cheveux brun foncé et à la barbe touffue ! » Mais il me décrivit à la place, et alors qu'il écoutait la réponse, son visage devint rouge, il raccrocha et m'ordonna de partir.

« Que vous ont-ils dit ? lui demandai-je poliment.

- Ils ont dit, je cite : "Espèce d'imbécile, on ne t'avait pas dit de rester loin des affaires de Larry Livingston ? Et tu l'as délibérément laissé nous escroquer 700 $!" ». Il n'ajouta pas ce qu'ils lui avaient dit d'autre.

J'essayai par la suite les autres filiales l'une après l'autre, mais elles apprirent toutes à me reconnaître et mon argent n'était le bienvenu dans aucun de leurs bureaux. Je ne pouvais même pas entrer pour regarder les cotations sans que des employés ne m'insultent. J'essayai de les convaincre de me laisser pratiquer en établissant de longs intervalles et en répartissant mes visites entre eux. Pourtant cela ne fonctionna pas.

Finalement, il ne m'en restait plus qu'un, et c'était le plus grand et le plus riche de tous : le *Cosmopolitan Stock Brokerage Company*.

Le Cosmopolitan était classé A-1 et faisait d'énormes affaires. Il possédait des succursales dans toutes les villes industrielles de la Nouvelle-Angleterre. Ils acceptèrent mes transactions, j'achetais et vendais alors des actions, et je gagnais et perdais de l'argent pendant des mois, mais à la fin, le même scénario se reproduisit. Ils ne refusèrent pas mes opérations comme le firent les petits établissements. Oh, non pas par fair-play, mais parce qu'ils savaient pertinemment que cela leur donnerait une mauvaise image s'il venait à être publié la nouvelle selon laquelle ils refusaient les transactions d'un type juste parce que celui-ci s'avéra ramasser un peu d'argent. Toutefois, ils prirent une mesure encore pire : ils me firent placer une marge de trois points et m'obligèrent à payer une prime d'abord d'un demi-point, puis d'un point. Quel handicap! Comment ? Facile ! Supposons que Steel se vende à 90 et que vous l'achetiez. Votre ticket dit, normalement : "Lot dix Steel à 90⅛." Si vous ajoutez un point de marge, cela signifiait que si cela s'effondrait à 89¼, vous perdiez automatiquement la totalité. Dans un *bucket shop*, le client n'est pas importuné par des exigences de plus de marge ou n'est pas obligé de dire à son courtier de vendre pour tout ce qu'il peut obtenir.

Mais quand le Cosmopolitan a rajouté cette prime, il s'agissait vraiment d'un coup bas. Cela signifiait que si le prix était de 90 au moment de mon achat, au lieu que mon billet ne dise : "Lot Steel à 90⅛", on pouvait lire : "Lot Steel à 91⅛." Pourquoi ? Car cette action pouvait avancer d'un point et quart après que je ne l'ai acheté et dans tous les cas je perdrais toujours de l'argent si je stoppais la transaction. En plus de cela, en insistant aussi pour que je place une marge de trois points dès le début, ils réduisirent ma capacité de négociation de deux tiers. Néanmoins, ça restait le seul *bucket shop* qui acceptait de faire affaire avec moi, et je devais accepter leurs conditions ou bien arrêter totalement mon activité.

Bien sûr, j'avais des hauts et des bas, mais j'en ressortis gagnant dans l'ensemble. Cependant, les gens du Cosmopolitan n'étaient tout de même pas satisfaits de l'horrible handicap qu'ils m'avaient assigné, car il aurait dû suffire à arrêter n'importe qui. Ils essayèrent de me doubler, en vain. Je parvins à m'échapper grâce à l'une de mes intuitions.

Le Cosmopolitan, comme je l'ai dit, était mon dernier recours. C'était le plus riche *bucket shop* de la Nouvelle-Angleterre, et en règle générale, il n'imposait aucune limite à une transaction. Je pense que j'étais le plus gros joueur individuel qu'ils aient eu parmi les clients réguliers, qui venaient tous les jours. Ils disposaient d'un beau bureau et du tableau de cotation le plus grand et le plus complet que je n'aie jamais vu. Il s'étendait sur toute la longueur de la grande salle et il y était noté des choses plus incroyables les unes que les autres. J'entends par là : les actions négociées sur les bourses de New York et de Boston, le coton, le blé, les provisions, les métaux... en somme, tout ce qui était acheté et vendu à New York, Chicago, Boston et Liverpool.

Vous savez comment ils négociaient dans les *bucket shops*. Vous donniez votre argent à un employé et lui disiez ce que vous vouliez acheter ou vendre. Il regardait la bande ou le tableau de cotation et tirait de là le prix, le dernier, bien sûr. Il inscrivait également l'heure sur le ticket de sorte qu'il se lise presque comme un rapport de courtier ordinaire, c'est-à-dire qu'il était marqué qu'ils avaient acheté ou vendu pour vous tant de parts de telles actions, à tel prix, à telle heure, tel jour et combien d'argent ils ont reçu de votre part. Lorsque vous vouliez clôturer votre transaction, vous alliez voir l'employé, le même ou un autre selon l'endroit, et vous le lui disiez. Il prenait le dernier prix ou, si l'action n'avait pas été active, il attendait la prochaine cotation qui sortait sur la bande. Il écrivait ce prix et l'heure sur votre ticket, le validait et vous le rendait, puis vous alliez à la caisse et récupériez la somme marquée. Bien évidemment, quand le marché se retournait contre vous et que le prix dépassait la limite fixée par votre marge, votre transaction se clôturait d'elle-même automatiquement et votre ticket devenait un simple bout de papier de plus.

Dans les bucket shops plus modestes, où les gens étaient autorisés à négocier d'aussi petites quantités que cinq actions, les tickets étaient sous forme de petits feuillets, de couleurs différentes selon l'achat ou la vente, et parfois, comme par exemple dans les marchés haussiers en ébullition, les établissements étaient durement touchés parce que tous les clients étaient des « haussiers » et avaient tous raison. Alors le *bucket shop* déduisait à la fois les commissions d'achat et de vente et si vous achetiez une action à 20, le ticket indiquait 20¼. Vous n'aviez donc que ¾ d'un point de course pour votre argent.

Mais le Cosmopolitan était le meilleur établissement de la Nouvelle-Angleterre. Il avait des milliers de clients et malgré cela, je suis convaincu que j'étais le seul homme dont ils avaient peur. Ni la prime meurtrière ni la marge de trois points qu'ils m'obligèrent à mettre ne réduisirent considérablement mes transactions. Je continuai à acheter et vendre autant qu'ils

qu'ils me le permettaient. À tel point que j'avais parfois une ligne de 5000 parts.

Eh bien, le jour où se produisit ce que je compte vous raconter, j'étais à court de 3500 actions de Sugar. Je disposais de sept gros tickets roses pour cinq cents actions chacun. Le Cosmopolitan utilisait de grands papiers laissant un espace vierge sur lequel ils pouvaient écrire une marge supplémentaire. Évidemment, les *bucket shops* ne demandent jamais de marge supplémentaire. Plus le budget est mince, mieux c'est pour eux, car leur profit réside dans votre perte. Dans les petites boutiques, si vous vouliez faire encore plus de marge sur votre transaction, ils vous feraient un nouveau ticket, afin de pouvoir vous faire payer la commission d'achat et ne vous donneraient que ¾ de point sur chaque baisse de point, car ils calculaient aussi la commission de vente exactement comme s'il s'agissait d'une nouvelle transaction.

Ce jour-là, je me souviens que j'avais accumulé plus de 10 000 $ de marges.

J'étais à peine âgé de vingt ans lorsque j'accumulai pour la première fois dix mille dollars en espèces. Et vous auriez dû entendre ma mère. Vous auriez pensé que 10 000 dollars en espèces représentaient plus que n'importe qui pouvait avoir sur soi, à l'exception près du vieux John D. Elle avait l'habitude de me conseiller de me satisfaire de cela et de me tourner vers des affaires plus ordinaires. J'eus du mal à la convaincre que je ne gagnais pas de l'argent en faisant des paris, mais plutôt en faisant des calculs. Mais tout ce qu'elle voyait, c'était que dix mille dollars représentaient beaucoup d'argent et parallèlement tout ce que je voyais, c'était plus de marge.

J'avais placé mes 3500 actions de Sugar à 105¼. Il y avait un autre type dans la pièce, du nom de Henry Williams, qui était à court de 2500 actions. J'avais l'habitude de m'asseoir près du téléscripteur et d'annoncer les cotations pour le garçon qui s'occupait du tableau. Le prix adopta le même comportement que je prévoyais. Il baissa rapidement de quelques points et s'arrêta le temps d'une courte pause avant de se remettre à baisser. Le marché boursier était plutôt calme et tout semblait plutôt prometteur. Puis tout à coup, Sugar montra une certaine hésitation que je n'appréciai pas. Je commençai à éprouver un certain mal à l'aise. Je pensai que je devais sortir du marché. Puis la vente se fit à 103, ce qui était bas, compte tenu de la journée, mais au lieu de me sentir plus confiant, je me sentais plus incertain. Je savais que quelque chose n'allait pas, mais j'avais du mal à mettre le doigt dessus. Or si quelque chose arrivait sans que je ne sache d'où, je ne pouvais en aucun cas rester sur mes gardes face à elle. Dans ce cas, je ferais mieux de quitter le marché.

Vous savez, je ne fais pas les choses à l'aveuglette. Je n'aime pas ça. Je ne le fais jamais. Même en étant enfant, j'exigeais de savoir pourquoi je devais faire certaines choses. Mais cette fois-ci je n'avais aucune raison spécifique à me donner, et pourtant cela me procura un inconfort insupportable. J'appelai un type que je connaissais, Dave Wyman, et je lui dis : « Dave, prends ma place ici. Je veux que tu fasses quelque chose pour moi. Attends un peu avant d'annoncer le prochain prix de Sugar, d'accord ? ».

Il me dit qu'il le ferait, je me levai donc et lui donnai ma place près du téléscripteur afin qu'il puisse annoncer les prix à l'employé en charge. Je sortis mes sept billets de Sugar de ma poche et marchai jusqu'au comptoir, là où se trouvait l'employé qui marquait les tickets à chaque clôture de transaction. Mais je ne savais pas vraiment pourquoi je devais quitter le marché, alors je suis resté là, appuyé contre le comptoir, mes tickets dans la main, hors de vue de l'employé. Très vite, j'entendis le cliquetis d'un télégraphe et je vis Tom Burnham, le greffier, tourner rapidement la tête et écouter. J'ai alors senti que quelque chose ne tournait pas rond et décidai de ne pas attendre plus longtemps. C'est alors que Dave Wyman, près du téléscripteur, commença : « Su... », et aussi vite que l'éclair je déposai mes tickets sur le comptoir devant l'employé en criant : « Clôture Sugar ! » avant que Dave n'ait fini d'annoncer

le prix. Donc, sans surprise, l'établissement dut clôturer mon Sugar à la dernière cotation. Ce que Dave était sur le point d'annoncer s'avéra être 103 à nouveau.

D'après ma prédiction, Sugar aurait déjà dû dépasser les 103. Quelque chose ne tournait pas rond. J'avais l'impression que se tramait un piège dans les environs. Quoi qu'il en soit, le télégraphe fonctionnait désormais comme un fou et je remarquai que Tom Burnham, le greffier, avait laissé mes tickets là où je les avais posés, sans les marquer, et qu'il écoutait le cliquetis comme s'il attendait quelque chose. Alors je lui criai: « Hey, Tom, que diable attends-tu ? Marque le prix sur ces tickets : 103 ! Ne traîne pas ! ».

L'ensemble de la salle m'entendit et tourna son regard vers nous en demandant quel était le problème, car, voyez-vous, si le Cosmopolitan n'avait jamais connu de mauvaise posture, on ne pouvait être sûr de rien, et une panique liée à un *bucket shop* peut commencer tout comme une panique bancaire. Si un client devient méfiant, les autres suivent le mouvement immédiatement. Tom avait l'air renfrogné, mais il s'approcha et marqua mes tickets : « Clôturé à 103 » et poussa les sept vers moi. Il avait vraiment l'air amer.

Disons que la distance entre Tom et le caissier ne dépassait pas les deux mètres. Mais je n'avais même pas encore atteint le caissier pour récupérer mon argent que Dave Wyman, près du téléscripteur, cria, excité : « Mon Dieu ! Sugar, 108 ! ». Mais il était trop tard, alors je ris et appelai Tom : « Ça n'a pas marché cette fois, n'est-ce pas, mon vieux ? ».

Évidemment, il s'agissait d'un coup monté. À nous deux, Henry Williams et moi étions à court de six mille actions de Sugar. Ce *bucket shop* avait non seulement récupéré ma marge et celle d'Henry, mais il y avait probablement aussi beaucoup d'autres déficits Sugar au sein du bureau, peut-être huit ou dix mille actions en tout. Supposons qu'ils avaient 20 000 dollars de marge sur Sugar. Cela était suffisant pour payer le magasin afin de perturber la bourse de New York et nous anéantir. À l'époque, dès lors qu'un magasin se retrouvait avec trop de haussiers sur une certaine action, il était courant de demander à un courtier de faire suffisamment baisser le prix de cette action pour forcer tous les clients vers la sortie. Cela coûtait rarement au *bucket shop* plus de quelques points sur quelques centaines d'actions et leur permettait de gagner des milliers de dollars.

C'est justement ce que le Cosmopolitan utilisa pour nous avoir Henry Williams et moi ainsi que les autres déficitaires. Leurs courtiers à New York firent monter le prix jusqu'à 108. Bien sûr, il rechuta tout de suite après, mais Henry et beaucoup d'autres furent anéantis. Chaque fois que se produisait une forte baisse inexpliquée suivie d'une reprise instantanée, les journaux de l'époque appelaient ça un *"bucket-shop drive"*.

Et l'ironie dans l'histoire, c'est que pas plus tard que dix jours après le coup monté du Cosmopolitan, un opérateur de New York leur fit perdre plus de soixante-dix mille dollars. Cet homme, qui était un acteur clé du marché à son époque et un membre de la bourse de New York, s'était fait un nom en tant que baissier pendant la fameuse panique de Bryan en 1996. Il se heurtait toujours aux règles de la Bourse qui l'empêchaient de réaliser certains de ses plans aux dépens de ses collègues. Un jour, il se dit qu'il n'y aurait pas de plaintes, ni de la part de la Bourse ni des autorités de police, s'il s'emparait de certains de leurs gains mal acquis. Dans l'exemple que j'évoque ici, il envoya trente-cinq hommes pour jouer le rôle de clients. Ils se rendirent à la fois au bureau principal et dans les plus grandes filiales. Un même jour à la même heure, les agents achetèrent tous autant de parts d'un certain stock que les directeurs le leur permettaient. Ils avaient pour instruction de s'éclipser en douce avec un certain profit. Bien sûr, ce qu'il fit, c'est distribuer des tuyaux haussiers sur cette action à ses copains, puis il alla au parquet de la Bourse et fit monter le prix, aidé par les traders de la salle, qui le trouvaient beau joueur. En prenant soin de choisir la bonne action pour ce coup, il n'eut aucun mal à faire monter le prix de trois ou quatre points. Ses agents présents dans les *bucket shops* encaissèrent comme convenu.

Un type m'informa que l'instigateur de ce coup avait empoché soixante-dix mille dollars nets, et ses agents avaient compensé leurs dépenses et leur salaire en plus. Il répéta ce jeu plusieurs fois à travers tout le pays, punissant les plus grands *bucket shops* de New York, Boston, Philadelphie, Chicago, Cincinnati et St. Louis. Une de ses actions préférées était Western Union, parce qu'il était particulièrement facile de faire bouger une action semi-active comme celle-là de quelques points à la hausse ou à la baisse. Ses agents l'achetaient à un certain prix, la vendaient avec un profit de deux points, puis vendaient à découvert et prenaient trois points de plus. À ce propos, je lus l'autre jour que cet homme était mort, pauvre et dans la tourmente. S'il était mort en 1896, il aurait au moins eu une colonne sur la première page de chaque journal new-yorkais. Or finalement, on ne lui réserva que deux lignes sur la cinquième.

Chapitre 2 : The Boy Trader

Entre la découverte du coup monté mis en place par la Cosmopolitan Stock Brokerage Company qui était prête à me battre si le lourd handicap imposé par la marge de trois points et la prime d'un point et demi le leur permettaient, et les indices montrant qu'ils ne voulaient de toute façon pas de mes affaires, je décidai rapidement d'aller à New York, où je pourrais négocier dans le bureau d'un des membres de la Bourse de New York. Je ne voulais pas d'une succursale de Boston, où les cotations devaient être télégraphiées. Je voulais être proche de la source originale. J'arrivai à New York à l'âge de 21 ans, apportant avec moi tout ce que j'avais, c'est-à-dire deux mille cinq cents dollars.

Je vous avais dit que j'avais dix mille dollars lorsque j'avais vingt ans, et ma marge réalisée sur cette affaire Sugar était de plus de dix mille dollars. Mais je n'ai pas toujours gagné. Mon plan de transaction était assez solide et triomphait plus souvent qu'il n'échouait. Si je m'y étais tenu, j'aurais peut-être eu raison sept fois sur dix. En fait, je gagnais toujours de l'argent quand j'étais sûr d'avoir raison avant même de commencer. Ce qui me battit fut de ne pas avoir l'intelligence suffisante pour m'en tenir à mon propre jeu, c'est-à-dire de jouer sur le marché uniquement lorsque j'étais convaincu que les antécédents favorisaient mon jeu. Il y a un temps pour chaque chose, mais je l'ignorais. Et c'est précisément ce qui bat tant d'hommes à Wall Street qui sont pourtant très loin d'être mauvais. Il y a d'un côté, l'idiot ordinaire, qui opte toujours pour le mauvais choix, et de l'autre, il y a le fou de Wall Street, convaincu de devoir réaliser des transactions tout le temps. Mais en réalité, il y a très peu de raisons qui justifieraient qu'un homme doive acheter ou vendre des actions quotidiennement, d'autant plus qu'il est peu probable qu'il détienne une connaissance suffisante pour faire de son jeu un jeu intelligent.

Je l'avais prouvé. Chaque fois que je lisais la bande en me basant sur mon expérience, je gagnais de l'argent, mais dès lors que j'adoptais un jeu stupide, je perdais. Après tout, je n'étais pas une exception, n'est-ce pas ? Il y avait l'énorme tableau de cotation qui me toisait, en face, le téléscripteur en marche, et les gens qui réalisaient leurs transactions et regardaient leurs tickets se transformer en argent ou en papier gaspillé. Bien sûr, je laissai le besoin d'excitation prendre le dessus sur mon jugement. Dans un *bucket shop* où votre marge ne tient qu'à un fil, vous ne jouez pas longtemps. Vous êtes contraint d'abandonner trop facilement et rapidement. Le désir d'action constante ne tenant pas compte des conditions sous-jacentes est responsable de nombreuses pertes à Wall Street, et ce, même parmi les professionnels, qui ont l'impression de devoir ramener un peu d'argent à la maison tous les jours, comme s'ils travaillaient pour un salaire ordinaire. Je n'étais qu'un enfant, rappelez-vous. (J'ignorais à l'époque ce que j'appris après, ce qui me fit, quinze ans plus tard, attendre deux longues semaines et voir une action sur laquelle j'étais très optimiste monter de trente points avant que je ne sente que c'était sûr de l'acheter. J'étais fauché et j'essayais de me refaire, par conséquent, je ne pouvais pas me permettre de jouer de manière imprudente. Je devais avoir raison, et pour cela j'attendais donc). C'était en 1915. Il s'agit d'une longue histoire. Je la raconterai plus tard lorsque le moment viendra. Passons maintenant à l'étape où, après des années d'entraînement à les battre, je laissai les *bucket shops* me dépouiller de la plupart de mes gains.

Avec mes yeux grands ouverts, qui plus est ! Et ce n'était pas non plus la seule période de ma vie où je le fis. Un opérateur en bourse doit combattre beaucoup d'ennemis coûteux en son sein. Quoi qu'il en soit, j'étais venu à New York avec 2500 dollars. Ici, il n'y avait pas de *bucket shops* à qui on pouvait faire confiance. La Bourse et la police ensemble avaient réussi à les fermer hermétiquement. De plus, je voulais trouver un endroit où la seule limite imposée à mes transactions serait la taille de ma mise. Certes, elle n'était pas très grande, mais j'étais certain qu'elle ne demeurerait pas ainsi pour toujours. Le plus important au départ était de trouver un endroit où je n'aurais pas à m'inquiéter d'obtenir une affaire honnête. Donc je me rendis à un établissement de la bourse de New York qui avait une filiale chez moi où je connaissais certains des employés. Depuis le temps, ils avaient fait faillite. Je n'y restai pas longtemps, et pour cause, je n'aimais pas l'un des partenaires, ce qui me fit d'ailleurs aller ensuite chez A. R. Fullerton & Co. Quelqu'un avait dû leur parler de mes premières expériences, car il ne leur fallut pas longtemps avant qu'ils ne se mettent tous à m'appeler « The Boy trader ». Certes, j'avais toujours eu l'air jeune. C'était un handicap à certains égards,

mais cela m'avait obligé à me battre pour ce qui était à moi car beaucoup avaient essayé de profiter de ma jeunesse. Les gens des *bucket shops*, voyant quelle sorte de gamin j'étais, avaient toujours pensé que j'étais un imbécile qui avait de la chance et c'était, à leurs yeux, la seule raison pour laquelle je les battais si souvent.

Eh bien ce n'était plus le cas, et ce, encore six mois avant que je ne sois fauché. J'étais un trader plutôt actif et j'avais une sorte de réputation de gagnant. Je suppose que mes commissions s'élevaient à une certaine somme. Je fis fructifier mon compte un peu, mais, sans surprise à la fin, je perdis. Je jouais prudemment, mais j'étais contraint de perdre. La raison en était simple : c'était dû à mon remarquable succès dans les *bucket shops* !

Mon système ne me permettait de battre le jeu que dans un *bucket shop*, où je pariais sur les fluctuations. Ma lecture des bandes était exclusivement liée à cela. Quand j'achetais, le prix était là, sur le tableau des cotations, juste en face de moi. Avant même d'acheter, je connaissais exactement le prix que j'allais devoir payer pour mes actions. Et je pouvais toujours vendre sur le champ. Je pouvais m'en tirer avec succès, car j'étais aussi rapide que l'éclair. (Je pouvais faire confiance à ma chance ou couper court à ma perte en une fraction de seconde). Il arrivait que, parfois, par exemple, j'étais certain qu'une action allait bouger d'au moins un point. Eh bien, je n'avais pas à la monopoliser, je pouvais prendre un point de marge et doubler mon argent en un clin d'œil ; ou bien je prenais un demi-point. Sur un total d'une ou deux centaines d'actions par jour, cela ne s'avérait pas si mal à la fin du mois, n'est-ce pas ?

Le problème pratique avec ce système était, évidemment, que même si les *bucket shops* avaient les ressources suffisantes pour amortir une grosse perte régulière, ils ne le feraient pas. Ils n'auraient pas un client sur place qui aurait le mauvais goût de gagner tout le temps.

En tout cas, ce qui s'avérait être un système parfait pour les opérations dans les *bucket shops* ne fonctionna pas dans le bureau de Fullerton. Là-bas, j'étais réellement en train d'acheter et de vendre des actions. Le prix du Sugar sur la bande pouvait être de 105 que je pouvais déjà voir une baisse de trois points arriver. En réalité, au moment même où le téléscripteur affichait

105 sur la bande, le prix réel de la Bourse pouvait être de 104 ou 103. Entre cet instant et le moment où mon ordre de vente de mille actions est exécuté par l'employé de Fullerton, le prix pouvait être encore plus bas. J'étais dans l'impossibilité de savoir à quel prix j'avais vendu mes mille actions avant de recevoir un rapport du greffier. Alors que j'aurais sûrement amassé trois mille dollars sur la même transaction dans un *bucket shop,* je pouvais ne pas gagner un centime dans un établissement boursier. Évidemment, j'ai pris un cas extrême, mais le fait est que dans le bureau d'A.R. Fullerton, la bande me parlait toujours d'histoire ancienne, aussi lointaine que mon système puisse remonter, et je ne m'en rendais pas compte.

Et puis, il faut aussi noter que, si mon ordre était suffisamment important, alors, ma propre vente aurait tendance à faire encore plus baisser le prix. Dans le *bucket shop*, je n'avais pas besoin de réfléchir aux conséquences de mes propres transactions. J'avais perdu à New York parce que le jeu était tout à fait différent. Ce n'est pas tant le fait que je jouais désormais honnêtement qui me fit perdre, mais plutôt le fait que je le jouais par ignorance. On me disait souvent que j'étais un bon lecteur de bande. Mais être expert en lecture de la bande ne me sauva pas. J'aurais pu m'en sortir beaucoup mieux si j'avais été moi-même sur le parquet, un négociant de chambre. Dans une foule particulière, peut-être aurais-je pu adapter mon système aux conditions qui se présentaient à moi. Mais, bien sûr, si j'en étais arrivé à opérer à un tel niveau, par exemple, le système m'aurait fait défaut de manière équivalente, compte tenu de l'effet de mes propres transactions sur les prix.

En bref, je ne connaissais pas réellement le jeu de la spéculation boursière. J'en connaissais une partie, certes assez importante, qui m'avait été très utile en permanence. Mais si moi, avec tout ce que je connaissais déjà, je perdais quand même, quelle chance avait l'outsider de gagner, ou même, d'encaisser un quelconque gain ?

Il ne me fallut pas longtemps pour me rendre compte que quelque chose n'allait pas dans mon jeu, mais je n'arrivais pas à mettre le doigt dessus. Il y avait des moments où mon système fonctionnait à merveille, et puis, tout d'un coup, j'enchaînais les échecs les uns après les autres. Je n'avais que 22 ans, rappelez-vous ; non pas que mon orgueil m'empêchait de reconnaitre ma faute, mais c'est juste qu'à cet âge, personne ne sait grand-chose.

Les gens du bureau étaient très gentils avec moi. Je ne pouvais pas plonger comme je le souhaitais à cause de leurs exigences de marge, mais le vieil A.R. Fullerton et le reste de l'entreprise étaient si gentils avec moi qu'après six mois de transactions actives, j'avais non seulement perdu tout ce que j'avais apporté avec moi et tout ce que j'avais gagné, mais j'avais même récolté des dettes de quelques centaines de dollars envers la société.

Me voilà, un simple enfant, qui n'avait jamais quitté sa maison, complètement fauché ; mais je savais que rien ne clochait avec moi ; seulement avec mon jeu. Je ne sais pas si je me fais bien comprendre, mais je ne perds jamais mon sang-froid à cause de la bourse. Je ne me dispute jamais avec la bande. Se fâcher contre le marché ne vous mène nulle part.

J'étais si pressé de reprendre les transactions que je ne perdis pas une minute pour aller voir le vieux Fullerton et lui dis : « Dites, A.R., prêtez-moi cinq cents dollars ».

« Pour quoi faire ? demanda-t-il.

- Il me faut de l'argent.

- Pour quoi faire ? répéta-t-il.

- Pour la marge, bien sûr, ai-je dit.

- Cinq cents dollars ? » dit-il, en fronçant les sourcils. « Tu sais qu'ils attendent de toi que tu gardes une marge de 10 %, ce qui signifie mille dollars sur cent actions. Il vaut mieux te donner un crédit...

- Non », le coupai-je, « Je ne veux pas de crédit ici. Je dois déjà quelque chose à la société. Ce que je veux, c'est que vous me prêtiez cinq cents dollars pour que je puisse me remettre en marche et revenir. »

« Comment comptes-tu t'y prendre ? demanda le vieux A. R.

- Je vais aller faire quelques transactions dans un *bucket shop*, lui répondis-je.

- Fais-le ici, dit-il.

- Non », répondis-je. « Je ne suis pas encore sûr de pouvoir battre le jeu dans ce bureau, mais je suis sûr de pouvoir soutirer de l'argent des *bucket shops*. Je suis familier avec ce jeu. J'ai des notions que je maitrise et qui justement ne s'appliquent pas ici. »

Il me laissa faire, et je sortis du bureau d'où le « Boy Terror » des *bucket shops*, comme ils m'appelaient, avait perdu tout ce qu'il possédait. Je ne pouvais pas retourner chez moi car les *bucket shops* ne voudraient pas avoir affaire à moi. New York était hors de question ; il n'y en avait aucun qui faisait des affaires à cette époque. Ils me disaient que dans les années 90, Broad Street et New Street en étaient remplis. Mais bizarrement, il n'y en avait aucun quand j'en avais justement besoin. Alors après avoir mûrement réfléchi, je décidai d'aller à St Louis. J'avais entendu parler de deux entreprises là-bas qui faisaient d'énormes affaires dans tout le Midwest. Leurs profits devaient probablement être énormes. Ils possédaient des filiales dans des dizaines de villes. En fait, on m'avait même dit qu'il n'y avait pas de concurrent dans la région capable de se comparer à eux en termes de volume d'affaires. Ils fonctionnaient ouvertement et les meilleurs joueurs y faisaient des transactions sans aucun scrupule. Un type m'avait même dit que le propriétaire d'une des filiales était un vice-président de la Chambre de Commerce, mais cela ne pouvait pas être à St. Louis. Quoi qu'il en soit, c'était là que je me rendais, muni de mes cinq cents dollars dans l'espoir de ramener un petit pactole à utiliser comme marge dans le bureau d'A.R. Fullerton & Co., membres de la bourse de New York.

Quand j'arrivai à St. Louis, j'allais à l'hôtel, me lavai et sortis à la recherche des *bucket shops*. L'un était la J. G. Dolan Company, et l'autre le H. S. Teller & Co. Je savais que je pouvais les battre. J'allais jouer très prudemment, avec soin et de façon conservatrice. Ma seule crainte était que quelqu'un puisse me reconnaître et me dénoncer, parce que les *bucket shops* de tout le pays avaient eu vent du Boy Trader. Tout comme des maisons de jeu, ils obtiennent tous les ragots circulant dans le milieu.

Dolan était plus proche que Teller, c'est pourquoi j'y allai en premier. J'espérais être autorisé à y faire des transactions pendant quelques jours avant qu'ils ne me disent d'aller ailleurs. Je pénétrai le lieu. C'était un endroit énorme et il devait y avoir pas moins de deux cents personnes qui fixaient les cotations. J'étais ravi, parce que dans une telle foule j'avais plus de chances de passer inaperçu. Je restai debout à fixer le tableau jusqu'à ce que je choisisse l'action pour mon opération initiale.

Je regardai autour de moi et vis l'employé chargé des ordres au guichet où l'on était supposé déposer notre argent et obtenir notre ticket. Il me regardait, alors je m'approchai et lui demandai : « C'est ici que vous négociez le coton et le blé ? »

« Oui, fiston, me dit-il.

- Puis-je acheter aussi des actions ?

- Tu peux si tu as de l'argent, répondit-il.

- Oh, j'ai tout ce qu'il faut, ne t'inquiète pas, dis-je en fanfaronnant.

- Tout ce qu'il faut, n'est-ce pas ? dit-il en souriant.

- Combien d'actions puis-je acheter pour cent dollars ? demandai-je, agacé.

- Cent ; si vous avez les cent.

- J'ai les cent. Oui ; et deux cents même ! lui dis-je.

- Oh, mon Dieu ! s'exclama-t-il.

- Vous n'avez qu'à m'acheter deux cents actions, répliquai-je sèchement.

- Deux cents quoi ? » demanda-t-il, sérieux à présent. C'étaient les affaires.

Je regardai à nouveau le tableau comme pour deviner sagement et lui dis : « Deux cents Omaha.

- Très bien ! dit-il. Il prit mon argent, le compta et écrivit le ticket.

- Quel est votre nom ? » me demanda-t-il, et je répondis : « Horace Kent ».

Il me donna le ticket et je partis m'asseoir parmi les clients pour attendre que le rouleau grossisse. J'eus rapidement de l'action et échangeai plusieurs fois ce jour-là. Le jour suivant aussi. En deux jours, je gagnai deux mille huit cents dollars, et j'espérais qu'ils me laisseraient finir la semaine. Au rythme où j'allais, ce ne serait pas si mal. Ensuite je m'attaquerais à l'autre *bucket shop*, et si je bénéficiais de la même chance là-bas, je retournerais à New York muni d'une liasse de billets avec laquelle je pourrais faire quelque chose.

Le matin du troisième jour, en allant au guichet timidement, pour acheter cinq cents B.R.T., l'employé me dit : « Dites, M. Kent, le patron veut vous voir. »

Je savais que le jeu était fini. Mais je lui demandai quand même : « Il veut me voir à propos de quoi ? »

« Je ne sais pas.

- Où est-il ?

- Dans son bureau privé. Allez par-là. » Et il me montra une porte.

J'entrai dans la pièce. Dolan était assis à son bureau. Il se retourna et me dit : « Assieds-toi, Livingston. »

Il m'indiqua une chaise. Mon dernier espoir s'envola. J'ignorais comment il avait découvert qui j'étais, peut-être en consultant le registre de l'hôtel.

« Pourquoi voulez-vous me voir ? l'interrogeais-je.

- Écoute, gamin. Je n'ai rien contre toi, tu vois ? Rien du tout. Tu vois ?

- Non, je ne vois pas, dis-je.

Il se leva de sa chaise pivotante. C'était un grand gaillard. Il me dit : « Viens par ici, Livingston, veux-tu bien ? » et il se dirigea vers la porte. Il l'ouvrit et désigna les clients dans la grande salle.

« Tu les vois ? me demanda-t-il.

- Voir quoi ?

- Ces gars-là. Regarde-les, petit. Il y en a trois cents ! Trois cents pigeons ! Ils nous nourrissent, ma famille et moi. Tu vois ? Trois cents pigeons ! Et puis toi, tu arrives, et en deux jours tu ramasses plus que ce que je ne reçois des trois cents autres en deux semaines. Ce n'est pas du business, gamin, pas pour moi ! Je n'ai rien contre toi. Tu es le bienvenu avec ce que tu as. Mais plus maintenant. Il n'y a plus rien ici pour toi !

- Pourquoi, je...

- C'est tout. Je t'ai vu arriver avant-hier et je n'ai pas aimé ton air. C'est vrai, je l'avoue, je ne l'ai pas aimé. J'ai tout de suite senti l'imposteur. J'ai appelé cet abruti-là (il désignait le greffier coupable) et lui ai demandé ce que tu avais fait, alors quand il m'a répondu, je lui ai dit : "Je n'aime pas l'allure de ce type. C'est un imposteur !" Et ce gros naïf m'a dit :"Imposteur, mon œil, patron ! Il s'appelle Horace Kent, et c'est un gamin de la rue qui joue l'adulte. Tout va bien ! " Alors, je l'ai laissé faire ce qu'il voulait. Ce fichu employé m'a coûté deux mille huit cents dollars. Je ne t'en veux pas, mon garçon. Mais le coffre est désormais fermé pour toi.

- Écoutez..., commençai-je.

- C'est toi qui vas m'écouter, Livingston, dit-il. J'ai entendu parler de toi. Je gagne ma vie en truquant les paris des pigeons, et toi, tu n'as rien à faire ici. J'ai l'intention d'être fairplay donc je te laisse la liberté de repartir avec ce que tu nous as volé. Mais te laisser plus que ça ferait de moi un idiot, maintenant que je sais qui tu es. Alors hors de ma vue, fiston ! »

Je quittai l'établissement de Dolan avec mes deux mille huit cents dollars de profits. Celui de Teller était dans le même pâté de maisons. J'avais découvert que Teller était un homme très riche qui gérait aussi beaucoup de salles de billard. Je décidai de me rendre au *bucket shop*. Je me demandais s'il serait plus sage de commencer modérément et de grimper jusqu'à mille actions ou plutôt de commencer par un gros coup, en partant du principe que je ne pourrai peut-être pas échanger plus d'un jour. Les gens deviennent très vite sages lorsqu'ils sont en train de perdre et je voulais acheter mille actions B.R.T. J'étais sûr de pouvoir en tirer quatre ou cinq points. Mais s'ils avaient des soupçons ou si trop de clients se positionnaient sur cette même action, ils pourraient ne pas me laisser opérer du tout. Je décidai donc qu'il valait peut-être mieux disperser mes transactions au début et commencer petit.

L'endroit n'était pas aussi grand que chez Dolan, mais les installations étaient plus belles et le public était manifestement de meilleure qualité. Cela me convenait parfaitement et je décidai donc d'acheter mes mille B.R.T. Je m'approchai alors du guichet approprié et dis à l'employé : « Je voudrais acheter des B.R.T. quelle est la limite ?

- Il n'y a pas de limite, répondit-il. Vous pouvez acheter tout ce que vous voulez, si vous avez l'argent suffisant.

- Achetez mille cinq cents actions, dis-je en sortant ma liasse de ma poche pendant que l'employé commençait à rédiger le ticket.

C'est alors que je vis un petit homme roux pousser l'employé hors du comptoir. Il se pencha et me dit : « Écoute, Livingston, retourne chez Dolan. On ne veut pas de tes affaires.

- Attendez au moins que j'obtienne mon ticket, dis-je. Je viens d'acheter un petit B.R.T.

- Tu n'auras pas de ticket ici », répliqua-t-il. Entre-temps, d'autres employés s'étaient rassemblés derrière lui et me regardaient. « Ne reviens plus jamais ici pour faire tes transactions. Nous ne les accepterons pas. Compris ? »

Cela ne servait à rien de s'énerver ou d'essayer d'argumenter, alors je retournai à l'hôtel, payai ma note et pris le premier train pour New York.

C'était dur. Je voulais récupérer un vrai pactole, mais ce Teller ne me laissait même pas faire une seule transaction.

Je revins à New York, remboursai à Fullerton ses cinq cents dollars, et commençai à échanger de nouveau avec l'argent de St. Louis. J'eus de bonnes et de mauvaises périodes, néanmoins je m'en sortais quand même avec un certain profit. Après tout, je n'avais pas grand-chose à oublier de mon apprentissage ; seulement à saisir le fait qu'il y avait bien plus de choses qui entraient dans le jeu de la spéculation boursière que ce que j'avais envisagé avant d'aller au bureau de Fullerton. Je ressemblais à l'un de ces amateurs de puzzle, faisant les mots croisés dans le supplément du dimanche. Il n'est pas satisfait tant qu'il ne l'a pas résolu. Eh bien, je voulais certainement trouver la solution à mon puzzle. Je pensais en avoir fini avec les transactions dans les *bucket shops*. Mais je me trompais.

Environ deux mois après mon retour à New York, un vieux type vint dans le bureau de Fullerton. Il connaissait A.R. On disait qu'il possédait dans le temps une série de chevaux de course. Il était clair qu'il avait connu de meilleurs jours. Je fus présenté au vieux McDevitt. Il racontait à la foule qu'une bande d'escrocs des champs de courses de l'Ouest venait tout juste de réussir un coup de maître à St. Louis. Le diable en chef, dit-il, était un propriétaire de salle de billard du nom de Teller.

« Quel Teller ? lui demandai-je.

- H.S. Teller.

- Je connais ce gars, dis-je.

- Il est mauvais, dit McDevitt.

- Il est bien pire que ça », dis-je, « Et j'ai d'ailleurs une petite affaire à régler avec lui.

- C'est-à-dire ?

- La seule façon qui me permette d'atteindre n'importe lequel des mauvais joueurs, c'est à travers leur porte-monnaie. Je ne peux pas le toucher à St. Louis pour le moment, mais un jour j'y parviendrai » Et j'expliquai à McDevitt ce que je lui reprochais.

« Eh bien, dit le vieux Mac, il a essayé de se faire une place ici à New York, sans succès, alors il a ouvert un endroit à Hoboken. Le mot est passé qu'il n'y avait pas de limite au jeu et que comparé à la caisse de l'établissement, le Rock of Gibraltar semblait avoir l'ombre d'une petite puce.

- Quel genre d'endroit ? » Je pensais qu'il parlait d'une salle de billard.

- Un *bucket shop*, dit McDevitt.

- Vous êtes sûr que c'est ouvert ?

- Oui, j'ai croisé plusieurs gars qui m'en ont parlé.

- Ce ne sont que des ouï-dire, dis-je. Pouvez-vous vérifier avec certitude s'il est en marche, et aussi à quel point ils laissent réellement un homme échanger ?

- Bien sûr, fiston, répondit McDevitt. J'irai moi-même demain matin et je reviendrai te le dire. »

C'est ce qu'il fit. Il semblerait que Teller faisait déjà de grosses affaires et qu'il voulait prendre tout ce qu'il pouvait obtenir. C'était le vendredi. Le marché avait été en hausse toute la semaine (à noter que c'était il y a vingt ans, rappelez-vous) et il y avait la certitude que le relevé bancaire du samedi montrerait une grande baisse de la réserve excédentaire. Cela servirait d'excuse conventionnelle aux grandes chambres de trading pour sauter sur le marché et essayer de secouer certains des faibles comptes des maisons de commission. Il y aurait les réactions habituelles qui interviennent généralement dans la dernière demi-heure de trading, en particulier pour les actions autour desquelles le public avait été le plus actif. Ces actions, bien sûr, seraient aussi celles sur lesquelles les clients de Teller seraient les plus actifs, et le *bucket shop* pourrait être heureux de voir des ventes à découvert sur ces titres. Il n'y a rien de plus agréable que de rouler les pigeons dans les deux sens, et rien de plus facile, avec des marges d'un point.

Ce samedi matin, je me rendis à Hoboken, chez Teller. Ils avaient aménagé une grande salle réservée aux clients dotée d'un épatant tableau de cotation et d'une équipe complète de commis et d'un policier spécial vêtu de gris. Il y avait environ vingt-cinq clients.

Je me mis à discuter avec le directeur. Il me demanda ce qu'il pouvait faire pour moi. Je lui répondis qu'il ne pouvait rien faire, qu'un homme pouvait gagner beaucoup plus d'argent compte tenu du hasard et que la liberté de parier toute votre liasse pouvait vous conduire à empocher des milliers de dollars en quelques minutes, au lieu d'acheter des petites miettes de stocks et d'avoir à attendre des jours, voire des semaines. Il commença à me dire à quel point le marché boursier était plus sûr, combien certains de leurs clients avaient gagné et comment n'importe qui pouvait être suffisamment satisfait s'il misait lourd, à tel point qu'on aurait juré qu'il s'agissait d'un courtier ordinaire qui achetait et vendait vos actions à la Bourse. Il devait sûrement penser que je me dirigeais vers une salle de billard et il voulait donc profiter de mon argent avant que les autres ne le grignotent, car il m'informa que je devais me dépêcher étant donné que le marché fermait à midi le samedi. Cela me permettrait de libérer mon après-midi et de le consacrer à d'autres occupations. Je pourrais même avoir un plus gros pactole à transporter avec moi, si je parvenais à choisir les bonnes actions.

Comme j'avais l'air de ne pas le croire, il continua à déblatérer. Je regardais l'horloge. À 11h15, je dis : « Très bien » puis je me mis à lui donner des ordres de vente sur différentes actions. Je lui tendis deux mille dollars en liquide qu'il fut très heureux de recevoir. Il me dit qu'il était convaincu que j'allais me faire beaucoup d'argent et espérait que je reviendrais souvent.

Tout se passa comme je l'avais prévu. Les traders se ruèrent vers les actions pour lesquelles ils pensaient qu'ils trouveraient le plus de stops, et, bien sûr, les prix dégringolèrent. Je parvins à clôturer mes transactions juste avant la ruée des cinq dernières minutes sur les couvertures habituelles des traders.

Finalement, cinq mille cent dollars me revenaient. J'allai donc les encaisser.

« Je suis ravi d'être passé », annonçai-je au gérant, en lui donnant mes tickets.

« Dites, me dit-il, je ne peux pas vous donner tout cela. Je ne m'attendais pas à une telle performance. J'aurai ton argent lundi matin, parole d'honneur.

- D'accord. Mais d'abord, je vais prendre tout ce que vous avez pour l'instant, dis-je.

- Il faut que tu me laisses payer les autres petits gars, dit-il. « Je te rendrai tout ce que tu as amassé, et tout ce qui reste aussi. Attends que j'encaisse les autres tickets. » J'attendis donc pendant qu'il payait les gagnants. Oh, je savais que mon argent était en sécurité. Teller ne m'escroquerait pas alors que le bureau faisait de si bonnes affaires. Et même si c'était le cas, que pouvais-je faire de mieux que de prendre tout ce qu'il avait par-ci par-là ? Je récupérai mes deux mille dollars et environ huit cents dollars de plus, ce qui représentait tout ce qu'il avait dans le bureau. Je lui dis que je serais de retour lundi matin. Il jura que l'argent m'attendrait.

Lundi, j'arrivai à Hoboken un peu avant midi. Je vis un type parler au directeur que j'avais vu au bureau de St. Louis, le jour où Teller m'avait dit de retourner chez Dolan. Je sus tout de suite que le directeur avait télégraphié au siège social et qu'ils avaient envoyé un de leurs hommes pour enquêter sur l'histoire. Les escrocs ne font confiance à personne.

« Je suis venu récupérer le reste de mon argent, dis-je au directeur.

- C'est lui ? demanda le gars de St Louis.

- Oui, confirma le directeur en sortant un paquet de billets jaunes de sa poche.

- Attendez ! » lui dit le gars de St. Louis avant de se tourner vers moi : « Dis, Livingston, il me semble t'avoir déjà dit qu'on ne voulait pas de tes affaires ?

- Donnez-moi d'abord mon argent », dis-je au directeur et il me donna deux mille dollars, quatre billets de cinq cents et trois cents. « Qu'est-ce que vous venez de dire? demandai-je à St. Louis.

- Nous t'avons dit que nous ne voulions pas de tes transactions dans notre établissement.

- Oui, dis-je ; c'est justement pour cela que je suis venu.

- Eh bien, ne viens plus jamais. Garde tes distances ! » gronda-t-il. Le policier privé en gris s'approcha de moi, d'un air désinvolte. Saint-Louis agita ses points devant le directeur et cria: « Vous auriez dû vous en douter, pauvre idiot, au lieu de laisser ce type vous atteindre. C'est Livingston. Vous aviez reçu des ordres. »

« Écoutez-moi, dis-je au gars de St Louis. Nous ne sommes pas à St. Louis ici. Vous ne pouvez pas compter sur un de vos tours de passe-passe ici, comme votre patron l'a fait avec Belfast Boy.

- Ne t'approche plus jamais de ce bureau ! Tu ne peux plus échanger ici !" hurla-t-il.

- Si je ne peux plus échanger ici, alors personne d'autre ne le fera, lui dis-je. Vous ne pouvez pas vous en sortir avec ce genre de choses ici. »

À ce moment-là, St. Louis adopta un tout autre ton.

« Écoute, mon vieux », dit-il, tout agité, « rends-nous service. Sois raisonnable ! Tu sais qu'on ne peut pas supporter cela tous les jours. Le patron va s'effondrer quand il saura de qui il s'agit. Sois clément, Livingston !

- Je vais y aller doucement, promis-je.

- Écoute la voix de la raison, d'accord ? Pour l'amour de Pete, reste loin ! Donne-nous une chance de prendre un bon départ. On est nouveaux ici. Tu veux bien ?

- Hors de question que je retrouve ce pseudobusiness tout-puissant la prochaine fois que je viendrai, dis-je, et je le laissai donc déverser son flot de paroles au directeur. J'avais réussi à obtenir un peu d'argent de leur part comme compensation du traitement qu'ils m'avaient infligé à St. Louis. Il n'y avait aucun intérêt à ce que je m'énerve ou que j'essaye de faire fermer leur établissement. Je retournai au bureau de Fullerton et racontai à McDevitt ce qui s'était passé. Puis je lui dis que si cela lui convenait, j'aimerais qu'il aille chez Teller afin qu'il commence à échanger avec vingt ou trente lots d'actions pour qu'ils s'habituent à lui. Ensuite, au moment opportun, je lui téléphonerais et il pourrait plonger.

Je donnai à McDevitt mille dollars puis il alla à Hoboken et fis ce que je lui avais demandé. Il parvint à devenir l'un des habitués du lieu. Puis un jour, quand je crus apercevoir une pause imminente, je transmis le mot à Mac et il vendit tout ce qu'il pouvait. Je gagnai alors 2800 dollars ce jour-là, après avoir donné à Mac sa commission et payé les dépenses intermédiaires, d'autant plus que je soupçonnais Mac d'avoir fait un petit pari de son côté. Moins d'un mois après ceci, Teller ferma sa filiale de Hoboken. La police fut bien occupée. Et, de toute façon, sans que cela ne paye, bien que je n'y avais négocié que deux fois. Nous étions tombés sur un marché haussier de folie quand les actions ne réagissaient pas assez pour effacer les marges d'un point, et bien sûr, tous les clients étaient des haussiers qui gagnaient et empilaient les succès tels des pyramides. Aucune limite aux *bucket shops* à travers tout le pays.

Leur jeu avait changé. Le trading à l'ancienne que l'on retrouvait dans les vieux *bucket shops* avait certains avantages décisifs par rapport à la spéculation dans les bureaux de courtiers réputés. Dans un premier temps, la clôture automatique de votre transaction lorsque la marge atteignait le point d'épuisement était la meilleure manière de limiter vos pertes. Vous ne pouviez pas vous faire voler plus que ce que vous n'aviez misé, il n'y avait pas de risque de mauvaise exécution des ordres, etc. À New York, les *bucket shops* n'avaient jamais été aussi libéraux avec leurs clients que dans l'Ouest, de ce j'ai entendu dire. Ici, ils avaient l'habitude de limiter le profit possible réalisé sur certains stocks liés au football à deux points. Sugar et Tennessee ainsi que Coal et Iron en faisaient partie. Peu importe s'ils bougeaient de dix points en dix minutes, vous ne pouviez en gagner que deux sur un ticket. Ils pensaient qu'autrement, le client avait de trop grandes chances : il pouvait perdre un dollar et en gagner dix.

Et puis il y avait des périodes où tous les *bucket shops*, y compris les plus grands, refusaient de prendre des ordres sur certaines actions. En 1900, la veille du jour de l'élection, alors qu'il était conclu d'avance que McKinley allait gagner, pas un *bucket shop* du pays ne laissa ses clients acheter des actions. La cote de l'élection était de 3 contre 1 pour McKinley. En achetant des actions le lundi, vous pouviez gagner jusqu'à trois à six points ou plus. Un homme pouvait parier sur Bryan, acheter des actions et certainement gagner de l'argent. Les *bucket shops* refusèrent les ordres toute cette journée.

S'ils n'avaient pas refusé de prendre mes transactions, je n'aurais jamais cessé le trading avec eux. Ensuite, je n'aurais jamais appris qu'il y avait bien plus au jeu de la spéculation boursière que simplement jouer pour des fluctuations de quelques points.

Chapitre 3 : Le grand boom de 1901

Il faut beaucoup de temps à un homme avant de tirer toutes les leçons de toutes ses erreurs. On dit souvent qu'il y a deux côtés à tout. Mais il n'y a qu'un seul côté à la bourse, et ce qui est certain, c'est que ce n'est pas le côté haussier ou baissier, mais le bon côté. Il me fallut plus de temps pour ancrer ce principe général fermement dans mon esprit que pour la plupart des phases plus techniques du jeu de la spéculation boursière.

J'avais entendu parler des personnes qui s'amusaient à mener des opérations imaginaires sur le marché boursier pour prouver avec des dollars imaginaires à quel point ils avaient raison. Parfois, ces joueurs fantômes gagnaient des millions. Il est très facile d'être un plongeur de cette manière. Cela me rappelle la vieille histoire de l'homme qui allait se battre en duel le lendemain.

Son second lui avait alors demandé : « Êtes- vous un bon tireur ?

- Eh bien, dit le duelliste en prenant un air modeste, je peux casser le pied d'un verre à vin à vingt pas de distance.

- C'est très bien, dit le second sans se laisser impressionner. Mais pouvez-vous casser le pied d'un verre à vin alors que celui-ci pointe un pistolet chargé vers votre cœur ? »

Dans mon cas, je dois soutenir mes opinions à l'aide de mon argent. Mes pertes m'avaient appris que je ne devais pas me mettre à avancer avant d'être sûr que je n'aurai pas à battre en retraite. Mais si je ne peux pas avancer, je ne bouge pas du tout. Je ne veux pas dire par là qu'un homme ne devrait pas limiter ses pertes quand il a tort. Il devrait le faire. Mais cela ne doit pas engendrer d'indécision. Toute ma vie, j'avais fait des erreurs, mais en perdant de l'argent, j'avais acquis de l'expérience et noté beaucoup de choses à ne pas faire. Je m'étais retrouvé plusieurs fois sans le sou, mais ma perte n'avait jamais été totale. Sinon, je n'aurais pas été là aujourd'hui. J'ai toujours su que j'aurais une autre chance et que je ne ferais pas la même erreur une seconde fois. Je croyais en moi.

Un homme doit croire en lui-même et en son jugement s'il espère gagner sa vie grâce à ce jeu. C'est pourquoi je ne crois pas aux tuyaux. Si j'achète des actions en me basant sur le conseil de Smith, je dois vendre ces mêmes actions en suivant toujours ce même conseil. Je suis dépendant de lui. Supposons que Smith soit en vacances au moment de la vente ? Non, monsieur, personne ne peut gagner de l'argent en faisant ce que quelqu'un d'autre lui dit de faire. Je sais par expérience que personne ne peut me donner un conseil ou une série de conseils qui me feront gagner plus d'argent que mon propre jugement. Il m'avait fallu cinq ans pour apprendre à adopter un jeu suffisamment intelligent pour gagner beaucoup d'argent lorsque j'avais raison.

Je n'avais pas eu autant d'expériences intéressantes que vous pourriez l'imaginer. Je veux dire que le processus d'apprentissage de la spéculation ne semble pas très dramatique d'aussi loin. Je fus ruiné maintes et maintes fois, et ce n'était jamais agréable, mais cette manière de perdre de l'argent était là même que tout le monde à Wall Street. La spéculation est une activité difficile et éprouvante, et un spéculateur doit tout le temps être au travail, au risque de perdre rapidement son poste.

Ma tâche, comme j'aurais dû le savoir après mes premiers revers chez Fullerton, était très simple : observer la spéculation sous un autre angle. Mais j'ignorais qu'il y avait beaucoup plus à ce jeu que ce que je pouvais éventuellement apprendre dans les *bucket shops*. Là-bas, je pensais que je battais le jeu alors qu'en réalité je ne battais que l'établissement. Parallèlement, ma capacité à lire les bandes que le trading dans les *bucket shops* développa chez moi et l'entraînement de ma mémoire s'étaient révélés extrêmement précieux. J'avais acquis ces deux éléments facilement. C'est d'ailleurs à eux que je dois mon succès précoce en tant que trader, et non à mon intelligence ou à mes connaissances, car mon esprit n'était pas assez entraîné et mon ignorance était colossale. C'est en jouant que j'ai réellement appris à jouer. Et ce jeu n'avait fait preuve d'aucune pitié tout au long de mon apprentissage.

Je me souviens de mon tout premier jour à New York. Je vous avais raconté comment les *bucket shops*, en refusant mes transactions, m'avaient poussé à chercher une maison de commission de bonne réputation. Un des gars du bureau où j'eus mon premier emploi travaillait pour les frères

Harding, membres de la bourse de New York. J'arrivai dans cette ville le matin, et avant même treize heures ce jour-là, j'avais déjà ouvert un compte auprès de l'établissement et étais prêt à échanger.

Je ne vous ai pas expliqué à quel point il était naturel pour moi d'y faire des transactions exactement comme je l'avais fait dans les *bucket shops*, où tout ce que je faisais consistait à parier sur les fluctuations et repérer des changements de prix certes minimes, mais sûrs. Personne ne proposa de me montrer les différences essentielles entre les deux ou de me remettre dans le droit chemin. De toute façon, si quelqu'un m'avait dit que ma méthode ne marcherait pas, je l'aurais quand même essayée pour m'en assurer personnellement, car lorsque je me trompe, une seule chose m'en convainc : c'est le fait de perdre de l'argent. Et inversement, je n'ai raison que lorsque je gagne de l'argent. C'est ça la spéculation.

Ils connaissaient des périodes assez animées ces jours-là et le marché était très actif. Cela remonte toujours le moral d'un homme. Je me sentis tout de suite chez moi. Il y avait le vieux tableau de cotation qui m'était familier en face de moi, parlant une langue que j'avais apprise avant même mes quinze ans. Il y avait un garçon qui faisait exactement la même chose que moi dans le premier bureau où j'avais travaillé. Il y avait les clients, la même vieille bande, qui regardaient le tableau ou étaient debout munis de leurs tickets, essayant de deviner les prix et discutant du marché. Les machines étaient, selon toute apparence, les mêmes machines que celles auxquelles j'étais habitué. L'atmosphère était la même que celle que j'avais respirée depuis que j'avais gagné mes premiers sous en bourse, c'est-à-dire 3,12 $ à Burlington. Le même genre de téléscripteur et le même genre de traders, donc le même genre de jeu. Et souvenez-vous, je n'avais que 22 ans. Je suppose que je pensais connaître le jeu de A à Z. Pourquoi est-ce que ça n'aurait pas été le cas ?

Je regardai le tableau et aperçus quelque chose qui me sembla bon. Il se comportait bien. J'achetai une centaine d'actions à 84. Je sortis avec 85 en moins d'une demi-heure. Puis je vis autre chose que j'appréciai également, et répétai la même chose ; je pris trois quarts de point net en très peu de temps. Je commençai bien, n'est-ce pas ?

Maintenant, notez ceci : ce jour-là, mon premier jour en tant que client d'une maison réputée de la Bourse, et en deux heures seulement, je parvins à échanger mille cent actions, entrantes et sortantes. Et le résultat net des opérations de la journée fut justement la perte exacte de mille cent dollars. C'est-à-dire que lors de ma première tentative, près de la moitié de ma mise s'envola en fumée. Et souvenez-vous, certaines des transactions me rapportèrent un profit. Mais j'avais quand même fini avec mille cent dollars de moins pour la journée.

Cela ne m'inquiéta pas plus que ça, parce que j'étais dans l'incapacité de repérer un quelconque problème chez moi. Mes mouvements, quant à eux, étaient assez justes, et si cela s'était déroulé dans l'ancien établissement Cosmopolitan, j'aurais probablement atteint un certain profit. Mes mille cent dollars envolés me l'avaient clairement dit : la machine n'était pas comme elle devait l'être d'habitude. Mais tant que le mécanicien ne relevait rien de particulier, il n'y avait pas lieu de s'inquiéter. L'ignorance à l'âge de vingt-deux ans n'est pas un défaut structurel.

Après quelques jours, je me dis en mon for intérieur : « Je ne peux pas échanger de cette manière ici. Le téléscripteur ne m'apporte pas l'aide qu'il devrait ! » Mais je laissai tomber sans que cela ne m'atteigne. Je poursuivis, en ayant de bons et mauvais jours, et ce, jusqu'à ce que je ne sois dépouillé. J'allai voir le vieux Fullerton et lui demandai de me prêter cinq cents dollars. Et je revins de St. Louis, comme je vous l'avais dit, avec l'argent que j'avais soutiré aux *bucket shops* là-bas, une performance que je pouvais toujours dépasser.

Je jouai plus attentivement et fis mieux pendant un certain temps. Dès lors que je me retrouvai dans une situation facile, je commençai à vivre assez bien. Je me fis des amis et passai du bon temps. Je n'avais pas encore tout à fait vingt-trois ans, souvenez-vous ; tout seul à New York avec de l'argent facile en poche et la conviction dans mon cœur que je commençais à comprendre la nouvelle machine.

Je prenais en compte l'exécution réelle de mes ordres sur le plancher de la Bourse, et avançais plus prudemment. Mais je m'en tenais encore à la bande, c'est-à-dire que j'ignorais toujours les principes généraux ; et tant que je faisais cela, je ne pouvais pas repérer le problème exact de mon système.

Nous entrâmes dans le grand boom de 1901 et je me fis beaucoup d'argent, en l'occurrence pour un jeune garçon. Vous vous souvenez de cette époque ? La prospérité du pays était sans précédent. Non seulement nous entrâmes dans une ère de consolidations industrielles et de combinaisons de capitaux qui parvinrent à battre tout ce que nous avions eu jusqu'alors, mais le public devint fou face aux actions. Dans les périodes prospères précédentes, j'avais entendu dire que Wall Street se vantait de réaliser des journées à deux cent cinquante mille actions, quand des titres d'une valeur nominale de vingt-cinq millions de dollars changeaient de main. Mais en 1901, nous avions eu une journée atteignant les trois millions d'actions. Tout le monde faisait de l'argent. La "foule d'acier" vint en ville, une horde de millionnaires sans plus de considération pour l'argent que des marins ivrognes. Le seul jeu qui leur procurait une certaine satisfaction était la bourse. Nous avions certains des plus gros flambeurs que Wall Street n'ait jamais vus : John W. Gates, le célèbre *"Bet-you-a-million"*, et ses amis, comme John A. Drake, Loyal Smith, et les autres ; la foule Reid-Leeds-Moore, qui vendirent une partie de leurs avoirs en acier et avec le profit rapporté par la vente, achetèrent sur le marché libre la majorité des actions du grand système Rock Island, ainsi que Schwab, Fritck, Phipps et la coterie de Pittsburg ; sans parler des dizaines d'hommes qui étaient perdus dans la mêlée, mais qui auraient été qualifiés de grands plongeurs en d'autres temps. Un homme pouvait acheter et vendre toutes les actions existantes. Keene constitua un marché pour les actions U.S. Steel. Un courtier vendit cent mille actions en quelques minutes. Un moment merveilleux ! Et il y avait eu de merveilleux gains. Et pas de taxes à payer sur les ventes d'actions ! Et pas de compte en vue.

Bien sûr, après un certain temps, j'entendis parler de beaucoup d'histoires malheureuses et les vieux habitués disaient que tout le monde, mis à part eux, était devenu fou. Mais tout le monde, excepté eux, gagnait de l'argent. Je savais, bien sûr, qu'il devait y avoir une limite aux avances et une fin à la folie de l'achat d'AOT (Any Old Thing), ce qui me poussa à devenir baissier. Mais à chaque fois que je vendais, je perdais automatiquement et si je n'avais pas accéléré plus vite, j'aurais perdu encore plus. Je cherchai alors à faire une pause, bien que je jouais la sécurité en gagnant de l'argent quand j'achetais et le perdais quand je vendais à découvert, de sorte que je ne profitai pas du boom autant qu'on pourrait le penser quand on sait à quel point j'avais l'habitude d'échanger, même en tant que garçon.

Il y avait une action dont je n'étais pas à court, et il s'agissait de la Northern Pacific. Ma lecture de la bande me fut bien utile. Je pensais que la plupart des actions avaient été achetées jusqu'à leur arrêt, mais Little Nipper se comportait comme si elle allait grimper encore plus haut. Nous savons maintenant que les actions ordinaires et privilégiées étaient régulièrement absorbées par la combinaison Kuhn-Loeb-Harriman. Eh bien, j'étais à la tête de mille actions ordinaires de Northern Pacific, et je les gardai contre l'avis de tout le monde au bureau. Quand elles atteignirent environ 110, j'avais 30 points de profit que je saisis. Cela fit atteindre mon solde chez mon courtier à près de cinquante mille dollars, la plus grande somme d'argent que j'avais été capable d'accumuler jusqu'à maintenant. Ce n'était pas si mal pour un type qui avait perdu tout son argent dans ce même bureau quelques mois auparavant.

Si vous vous souvenez, la foule d'Harriman a informé Morgan et Hill de leur intention de se faire représenter au sein de l'association Burlington-Great Northern-Northern Pacific. Ensuite, les gens de Morgan demandèrent d'abord à Keene d'acheter 50 000 actions de N.P. pour garder le contrôle en leur possession. J'avais entendu dire que Keene avait dit à Robert Bacon d'ordonner cent cinquante mille actions, chose que les banquiers firent. Quoi qu'il en soit, Keene envoya un de ses courtiers, Eddie Norton, dans la foule de N.P. et il a acheta cent mille actions de la société. Ceci fut suivi d'un autre ordre, je pense, de cinquante mille actions supplémentaires, et le fameux corner suivit le mouvement. Après la fermeture du marché le

8 mai 1901, le monde entier avait conscience qu'une bataille de géants financiers était en cours. Aucune combinaison de capitaux comme ces deux-là n'avait jamais été opposée dans ce pays. Harriman contre Morgan ; une force irrésistible s'opposant à un poids lourd inamovible.

Et me voilà ici, le matin du 9 mai, avec près de cinquante mille dollars en liquide et sans actions. Comme je vous l'avais dit, j'avais été très pessimiste depuis quelques jours, mais j'avais enfin ma chance. Je savais ce qui allait se passer : une rupture terrible suivie ensuite de merveilleuses aubaines. Il y aurait une reprise rapide et de gros profits, pour ceux qui auraient saisi ces aubaines. Il n'y avait pas besoin de se prétendre Sherlock Holmes pour comprendre cela. Nous allions avoir l'opportunité de les saisir dans la volée, et pas seulement pour de grosses sommes d'argent, mais pour de l'argent sûr.

Tout se passa comme je l'avais prévu. J'avais parfaitement raison et je perdis chaque centime que j'avais ! J'étais anéanti par quelque chose d'inhabituel. Si l'inhabituel ne se produisait jamais, il n'y aurait pas eu de différence entre les gens et il n'y aurait alors eu aucun plaisir à la vie. Le jeu deviendrait simplement une question d'addition et de soustraction. Cela ferait de nous une race de comptables à l'esprit laborieux. C'est le fait même de deviner qui développe l'intelligence d'un homme. Pensez seulement à tout ce que vous devez faire pour deviner juste.

Le marché était en ébullition, comme je l'avais prévu. Les transactions étaient énormes et les fluctuations d'une ampleur sans précédent. Je passai beaucoup d'ordres de vente sur le marché. Quand je vis les prix d'ouverture, mon cœur manqua un battement, les ruptures étaient si terribles que je n'en croyais pas mes yeux. Mes courtiers étaient à pied d'œuvre. Ils étaient aussi compétents et consciencieux que possible, mais le temps qu'ils exécutent mes ordres, les actions avaient bougé de vingt points de plus. La bande avait accumulé du retard par rapport au marché et les rapports étaient lents à arriver en raison de l'afflux d'actions. Lorsque je découvris que les actions que j'avais ordonnées furent vendues alors que la bande indiquait un prix, disons de 100 et les miennes furent vendues à 80, faisant une baisse totale de trente ou quarante points par rapport à la clôture de la nuit précédente, il me sembla que je mettais en place des baisses à un niveau qui faisait que les actions que je vendais étaient justement les aubaines que j'avais prévu d'acheter. Le marché n'allait pas baisser jusqu'à atteindre la Chine. Je décidai donc instantanément de couvrir mes baisses et de passer à l'achat.

Mes courtiers achetèrent, non pas au niveau qui m'avait fait changer d'avis, mais aux prix qui prévalaient à la Bourse au moment où leur employé reçut mes ordres. Ils payèrent en moyenne quinze points de plus que ce que j'avais prévu. Une perte de trente-cinq points en un jour représentait plus que ce que n'importe qui pouvait supporter.

Le téléscripteur me battit en accumulant tellement de retard par rapport au marché. J'étais habitué à le considérer comme le meilleur ami dont je disposais étant donné que je pariais en fonction de ce qu'il me disait. Mais cette fois, le téléscripteur me trahit. La divergence entre les prix imprimés et les prix réels me perdit. C'était la sublimation de mes échecs précédents, la même chose qui m'avait battu auparavant. Il semble si évident désormais que la lecture de la bande est loin d'être suffisante, quelle que soit l'exécution des courtiers, que je me demande aujourd'hui pourquoi je n'avais pas repéré à la fois mon problème et son remède.

Je fis bien pire que de ne pas les repérer, je continuai à négocier, entrant et sortant, sans tenir compte de l'exécution. Voyez-vous, je ne pouvais jamais négocier avec une limite. Je devais tenter ma chance avec le marché. C'est ce que j'essaie de battre, le marché, et non pas un prix particulier. Quand je pensais que je devais vendre, alors je vendais. Quand je pensais que les actions allaient monter, alors j'achetais. Mon adhésion à ce principe général de spéculation me sauva. Échanger à des prix limités n'aurait été que ma vieille méthode propre aux *bucket shops*, méthode inefficacement adaptée au bureau d'un courtier réputé. Je n'aurais jamais appris à connaître ce qu'est la spéculation boursière, mais j'aurais continué à miser sur ce qu'une expérience limitée me disait être une valeur sûre.

À chaque fois que j'essayai de limiter les prix afin de minimiser les inconvénients du trading sur le marché liés au retard du téléscripteur, je constatai simplement que le marché s'éloignait de moi. Cela se produisit si souvent que j'arrêtai d'essayer. Je suis incapable de vous expliquer pourquoi il me fallut autant d'années pour apprendre cela au lieu de faire des paris sur ce qu'allaient être les prochaines cotations, mon jeu consistait à anticiper ce qui allait se produire à plus grande échelle.

Après ma mésaventure du 9 mai, je continuai à utiliser une méthode modifiée, mais tout aussi défectueuse. Si je n'avais pas gagné d'argent de temps en temps, j'aurais pu acquérir la sagesse du marché plus rapidement. Mais je gagnais suffisamment pour me permettre de vivre convenablement. J'aimais les amis et passer du bon temps. Je vivais sur la Jersey Coast cet été-là, tout comme dés centaines d'hommes prospères de Wall Street. Mais mes gains n'étaient pas tout à fait suffisants pour compenser à la fois mes pertes et mes frais de vie.

Je ne continuai pas à échanger de la même manière que lorsque je le faisais par entêtement. Je n'étais tout simplement pas capable d'énoncer mon propre problème à moi-même, et bien sûr, il y avait très peu d'espoir de parvenir à sa résolution. J'insiste tellement sur ce sujet pour

montrer ce que je dus traverser avant d'arriver au point où je pouvais vraiment gagner de l'argent. Mon vieux fusil de chasse et mes balles BB ne pouvaient pas faire le même travail qu'un puissant fusil à répétition luttant contre un gros gibier.

Au début de l'automne, je fus non seulement ruiné à nouveau, mais j'en eus aussi tellement assez du jeu que je ne parvenais plus à battre, que je décidai de quitter New York et de tenter ma chance ailleurs. Je faisais du trading depuis l'âge de quatorze ans. J'avais gagné mon premier millier de dollars quand j'avais quinze ans et mes premiers dix mille dollars avant d'avoir vingt et un ans. J'avais gagné et perdu une mise de dix mille dollars plus d'une fois. À New York, j'avais gagné et perdu des milliers. J'avais atteint les cinquante mille dollars avant de les perdre deux jours plus tard. Je n'avais pas d'autre occupation et ne connaissais rien d'autre. Après plusieurs années, j'étais de retour au point de départ. Non, pire encore, car j'avais acquis des habitudes et un style de vie qui nécessitaient de l'argent ; bien que cela ne me dérangeait pas autant que le fait de me tromper aussi constamment.

Chapitre 4 : Des courtiers de mauvaise foi

Eh bien, je rentrai chez moi. Mais dès lors que je rentrai, je sus que je n'avais qu'une seule mission dans la vie : c'était de retrouver une mise et de retourner à Wall Street. C'était le seul endroit dans le pays où je pouvais faire d'importantes transactions. Un jour, quand mon jeu allait enfin être bon, j'aurais besoin d'un tel endroit. Quand un homme a raison, il veut recevoir sa récompense.

Je n'avais pas beaucoup d'espoir, mais, bien sûr, j'essayai encore d'entrer dans les *bucket shops*. Il y en avait moins et certains d'entre eux étaient tenus par des inconnus. Ceux qui se souvenaient de moi ne me laisseraient pas l'occasion de leur montrer si j'étais revenu en tant que trader ou pas. Je leur dis la vérité, que j'avais perdu à New York tout ce que j'avais gagné chez moi, que je n'avais pas autant de connaissances que je le croyais, et qu'il n'y avait aucune raison pour qu'ils ne fassent pas de bonnes affaires en me laissant échanger chez eux. Mais ils refusèrent. Et les nouveaux endroits étaient peu fiables. Leurs propriétaires pensaient que vingt actions étaient le maximum qu'un gentleman devait acheter s'il avait la moindre raison de penser que ses prédictions se révéleraient correctes.

J'avais besoin d'argent et les grands *bucket shops* en recevaient beaucoup de leurs clients réguliers. Je demandai à un de mes amis d'aller dans un certain bureau et y échanger. J'entrai seulement pour observer. J'essayai à nouveau d'amadouer l'employé pour qu'il accepte ne serait-ce qu'un petit ordre de cinquante actions. Sans surprise, il refusa. J'avais mis au point un code avec cet ami pour qu'il achète ou vende ce que je lui disais au moment où je le voulais. Mais cela ne faisait de moi qu'une poule mouillée. Puis le bureau commença à se montrer réticent devant les ordres de mon ami. Finalement, un jour, il essaya de vendre une centaine d'actions St. Paul mais ils lui fermèrent la porte.

Nous apprîmes par la suite que l'un des clients nous avait vus parler ensemble dehors et qu'il était rentré en informer le bureau, alors quand mon ami se dirigea vers l'employé pour vendre cette centaine de St. Paul, le type lui dit :

« Nous ne prenons aucun ordre de vente à St. Paul, en tout cas pas de votre part.

- Pourquoi, quel est le problème, Joe ? demanda mon ami.

- C'est comme ça, c'est tout, répondit Joe.

- Cet argent ne vous est pas utile ? Regarde bien. Tout est là. » Et mon ami lui tendit les cent, en l'occurrence mes cent, par dizaines. Il essayait d'avoir l'air indigné et j'avais l'air indifférent ; mais la plupart des autres clients, intrigués, s'approchaient de nous deux, comme ils le faisaient toujours lorsqu'il y avait la moindre discussion bruyante ou ne serait-ce qu'un semblant de dispute. Ils voulaient se faire une opinion sur le fond de l'affaire afin d'en savoir plus sur la solvabilité de l'entreprise.

Le commis, Joe, qui était une sorte d'assistant-manager, sortit de derrière son guichet, s'approcha de mon ami, le regarda et puis me regarda.

« C'est drôle, dit-il lentement, c'est drôlement drôle que tu ne fasses jamais la moindre chose ici quand ton ami Livingston n'est pas dans les parages. Tu te contentes de t'asseoir et de regarder le tableau pendant une heure. Jamais un mot. Mais dès qu'il arrive, tu deviens occupé tout d'un coup. Peut-être que tu opères à ton propre compte, mais plus dans ce bureau en tout cas. Nous ne nous ferons pas avoir par Livingston, ton guide. »

Ainsi, cela mit fin à ma seule entrée d'argent. Mais j'avais gagné quelques centaines de dollars de plus que ce que je n'avais dépensé et je me demandai comment les utiliser, car le besoin de gagner assez d'argent pour rentrer à New York était plus urgent que jamais. J'avais le sentiment que je ferais mieux la prochaine fois. J'avais eu le temps de réfléchir calmement à certains de mes mouvements idiots ; et puis, n'importe qui a une meilleure vue d'ensemble en prenant un peu de distance. Dans l'immédiat, le problème était de se refaire une nouvelle mise.

Un jour, alors que j'étais dans le hall d'un hôtel, je discutais avec des gars que je connaissais, qui se trouvaient être des traders assez réguliers. Tout le monde parlait de bourse. Je fis la remarque que nul ne pouvait battre le jeu à cause de l'exécution pourrie qu'on obtenait de ses courtiers, surtout quand il négociait sur le marché, comme je le faisais.

Un type se leva et me demanda de quels courtiers exactement je parlais.

Je répondis : « Les meilleurs du pays », et il demanda de qui il s'agissait exactement . Je pouvais voir qu'il n'allait pas croire que j'avais déjà négocié avec des maisons de première classe.

Mais je dis : « Je veux dire, n'importe quel membre de la bourse de New York. Ce n'est pas tellement qu'ils soient malhonnêtes ou négligents, mais quand un homme donne un ordre d'achat sur le marché, il ne sait jamais ce que cette action va lui coûter jusqu'à ce qu'il reçoive un rapport de la part des courtiers. Il y a plus de mouvements d'un ou deux points que de dix ou quinze. Mais un trader extérieur ne peut pas attraper les petites hausses ou baisses à cause de l'exécution. Je préférerais échanger dans un *bucket shop* n'importe quel jour de la semaine, s'ils laissaient au moins les grosses transactions. »

Je n'avais jamais vu auparavant l'homme qui m'avait parlé. Il s'appelait Roberts. Il semblait très amical. Il me prit à part et me demanda si j'avais déjà négocié dans l'une des autres bourses, et je répondis que non. Il me dit qu'il connaissait des maisons qui étaient membres du Cotton Exchange, du Produce Exchange et de bourses plus petites. Ces entreprises étaient très prudentes et portaient une attention particulière à l'exécution. Il me dit qu'elles avaient des relations confidentielles avec les plus grandes et les plus intelligentes maisons de la Bourse de New York et que, grâce à leur influence personnelle et en garantissant l'activité de centaines de milliers d'actions par mois, elles offraient un service bien meilleur que celui qu'un client pourrait obtenir individuellement.

« Ils s'occupent vraiment du plus petit client, dit-il. Ils se spécialisent dans les affaires extérieures à la ville et prennent autant de peine pour un ordre de dix actions que pour celui de dix mille. Ils sont très compétents et honnêtes.

- Oui. Mais s'ils paient la maison de la Bourse la commission habituelle de 8 %, où est-ce qu'ils entrent en jeu ?

- Eh bien, ils sont censés payer les 8%. Mais... vous savez ! » Il me fit un clin d'œil.

« Oui », dis-je. « Mais la seule chose qu'une société de la bourse ne fera pas c'est de diviser les commissions. Les gouverneurs préféreraient qu'un membre commette un meurtre, un incendie criminel et même de la bigamie que de faire des affaires pour des étrangers pour moins d'un huitième. La pérennité même de la Bourse dépend du respect de cette seule règle. »

Il dut comprendre que j'avais parlé avec des gens de la Bourse, car il enchaîna : « Écoute ! De temps en temps, il arrive que l'une de ces maisons pieuses de la Bourse soit suspendue pour une durée d'un an pour avoir violé cette règle, n'est-ce pas ? Il y a une infinité de moyens de rabais pour que personne ne puisse moucharder. » Il lut probablement l'incrédulité sur mon visage, car il continua : « Et d'ailleurs, sur certains types d'affaires, nous, je veux dire, ces maisons, facturent un trente-deuxième supplément, en plus des 8% de commission. Ils sont très compréhensifs à ce sujet. Ils ne facturent jamais la commission supplémentaire, sauf dans des cas inhabituels, et alors seulement si le client a un compte inactif. Autrement, cela ne leur rapporterait rien, vois-tu. Et ils ne travaillent pas pour rien. »

À ce moment-là, je sus qu'il vantait les mérites de quelques courtiers bidon.

« Connaissez-vous une maison fiable de ce genre ? lui demandai-je.

- Je connais la plus grande maison de courtage des États-Unis, répondit-il. J'y échange moi-même là-bas. Ils ont des succursales dans soixante-dix-huit villes des États-Unis et du Canada. Ils font d'énormes affaires. Et ils ne pourraient pas vraiment le faire année après année s'ils n'étaient pas strictement au niveau, n'est-ce pas ?

- Certainement pas, confirmai-je. Est-ce qu'ils échangent les mêmes actions que celles qui sont négociées à la Bourse de New York ?

- Bien sûr, et dans la rue ainsi que dans n'importe quelle autre bourse de ce pays, ou en Europe. Ils négocient le blé, le coton, les provisions, tout ce que tu veux. Ils ont des correspondants partout et des membres dans toutes les bourses, soit en leur nom propre, soit en catimini. »

J'étais déjà au courant à ce moment-là, mais je décidai de le faire marcher.

« Oui, dis-je, mais cela ne change rien au fait que les ordres doivent être exécutés par quelqu'un, or personne ne peut garantir comment le marché sera ou à quel point les prix du téléscripteur seront proches des prix réels sur le parquet de la Bourse. Le temps qu'un homme obtienne la cotation ici, qu'il passe un ordre et qu'il soit télégraphié à New York, un temps précieux s'est écoulé. Je ferais mieux de retourner à New York et y perdre mon argent en compagnie de personnes respectables.

- Je n'y connais rien en matière de perte d'argent ; nos clients ne prennent pas cette habitude. Ils gagnent de l'argent. Nous veillons à cela.

- Vos clients ?

- Eh bien, je m'intéresse à cette entreprise, et si je peux faire fructifier leurs affaires, je n'hésite pas parce qu'ils m'ont toujours bien traité et que j'ai gagné pas mal d'argent grâce à eux. Si tu le souhaites, je peux te présenter au directeur.

- Quel est le nom de la société ? » lui demandai-je.

Il me le communiqua. J'avais entendu parler d'eux. Ils publiaient des annonces dans tous les journaux, attirant l'attention sur les grands profits réalisés par les clients qui suivaient leurs informations privilégiées sur les actions actives. C'était la grande spécialité de la société. Ils n'étaient pas un *bucket shop* ordinaire, mais des *bucketeers*, de prétendus courtiers qui exécutaient leurs ordres, mais passaient néanmoins par un camouflage élaboré pour convaincre le monde qu'ils étaient de simples courtiers ordinaires engagés dans une activité légitime. Ils constituaient l'une des plus anciennes de ces catégories d'entreprises.

À cette époque, ils étaient le prototype même du type de courtiers qui avaient fait faillite cette année-là par douzaine. Les principes généraux et les méthodes étaient les mêmes, bien que les dispositifs particuliers visant à escroquer le public différaient quelque peu, certains détails ayant été changés quand les vieux pièges devinrent trop connus.

Ces personnes avaient l'habitude d'envoyer des conseils pour acheter ou vendre une certaine action, parfois des centaines de télégrammes conseillant l'achat immédiat d'un certain titre et des centaines recommandant à d'autres clients de vendre la même action, se basant sur le vieux plan des conseils de course. Puis les ordres d'achat et de vente arrivaient. La société achetait et vendait, disons, un millier de ces actions par l'intermédiaire d'une société boursière réputée et obtenait un rapport régulier à leur sujet. Ce rapport qu'ils montreraient à tout Thomas sceptique qui serait assez impoli pour parler du regroupement des ordres des clients.

Ils avaient également l'habitude de former des pools discrétionnaires dans le bureau et, comme une grande faveur, ils permettaient à leurs clients de leur autoriser, par écrit, à échanger avec l'argent du client et en son nom, comme ils le jugeaient bon. De cette façon, le client le plus acariâtre n'avait aucun recours légal quand l'argent disparaissait. Ils créaient une action, sur le papier, et y positionnaient les clients, puis ils exécutaient l'un de ces bons vieux "*bucket-shop drives*" et effaçaient des centaines de marges qui ne tenaient qu'à un fil. Ils n'épargnaient personne, les femmes, les enseignants et les vieux hommes étant leur meilleur pari.

« J'ai des problèmes avec tous les courtiers, annonçai-je au vendeur. Je vais devoir y réfléchir », et je le quittai pour qu'il arrête de me parler.

Je me renseignai à propos de cette entreprise. J'appris qu'ils avaient des centaines de clients et bien qu'il y ait eu les histoires habituelles, je ne trouvai aucun cas où un client n'aurait pas reçu son argent s'il en avait gagné. La difficulté était de trouver quelqu'un qui avait déjà gagné dans ce bureau, mais j'y parvins. Les choses semblaient aller comme elles le voulaient à ce moment-là, ce qui signifiait qu'ils ne s'en sortiraient probablement pas si une transaction leur était défavorable. Bien sûr, la plupart des entreprises de ce genre finissent par faire faillite. Il y a des périodes comptant des épidémies régulières de faillites, comme par exemple les traditionnelles ruées sur plusieurs banques après la faillite de l'une d'entre elles. Les clients des autres banques prenaient peur et couraient retirer leur argent. Mais il y a beaucoup de gardiens de *bucket shops* à la retraite dans ce pays.

Je n'entendis rien d'alarmant à propos de la société dont me parla Roberts, hormis le fait qu'ils étaient à plusieurs reprises au bord de la rupture et qu'ils n'étaient pas toujours honnêtes. Leur spécialité était de dépouiller les pigeons qui voulaient s'enrichir rapidement. Mais ils demandaient toujours la permission à leurs clients, par écrit, de leur soutirer leurs liasses.

Un type que je rencontrai me raconta effectivement qu'il avait vu six cents télégrammes, un jour, conseiller aux clients de se positionner autour d'un certain stock et six cents télégrammes à d'autres clients les incitant vivement à vendre cette même action, immédiatement.

« Oui, je connais cette technique, dis-je au type qui me racontait cela.

- Oui, continua-t-il. Mais le lendemain, ils envoyèrent des télégrammes aux mêmes personnes, leur conseillant de liquider leurs intérêts dans tout ce qu'ils possédaient et d'acheter ou de vendre une autre action. J'ai demandé à l'associé principal, qui était dans le bureau : "Pourquoi faites-vous cela ? Je comprends la première partie. Certains de vos clients vont forcément gagner de l'argent sur le papier pendant un certain temps, même si eux et les autres finissent éventuellement par perdre. Mais en envoyant des télégrammes comme celui-ci, vous les condamnez tous, tout simplement. Quelle idée avez-vous derrière la tête ?"

"Eh bien, dit-il, les clients sont voués à perdre leur argent de toute façon, peu importe ce qu'ils achètent, comment, où, ou quand. Quand ils perdent leur argent, je perds les clients. Dans ce cas, autant obtenir le maximum d'argent de leur part que possible et ensuite chercher de nouvelles victimes". »

Franchement, j'admets que je ne me sentais pas concerné par l'éthique commerciale de l'entreprise. Je vous avais dit que je me sentais mal à propos de l'affaire Teller et que cela me démangeait de prendre ma revanche sur eux. Mais je n'avais pas un tel sentiment vis-à-vis de cette entreprise. Ils pourraient être des escrocs comme ils pourraient ne pas être aussi sombres qu'ils étaient décrits. Je n'avais pas l'intention de les laisser faire une quelconque transaction pour moi, ni même de suivre leurs conseils ou de croire leurs mensonges. Ma seule préoccupation était de réunir une mise suffisante et de retourner à New York pour échanger des montants justes, dans un bureau où vous n'aviez pas à craindre que la police fasse une descente, comme elle le faisait pour les *bucket shops*, ou de voir les autorités postales s'abattre sur vous et bloquer votre argent de sorte que vous auriez été chanceux si vous receviez ne serait-ce que huit centimes sur un dollar après un an et demi.

Quoi qu'il en soit, je décidai de vérifier quels avantages commerciaux cette entreprise offrait par rapport à ce que vous pourriez appeler les courtiers légitimes. Je n'avais pas beaucoup d'argent à miser, et les entreprises qui trompaient leurs clients étaient naturellement beaucoup plus libérales à cet égard, de sorte que quelques centaines de dollars prenaient beaucoup plus de valeur dans leurs bureaux.

Je me rendis sur place et discutai avec le directeur lui-même. Lorsqu'il apprit que j'étais un vieux trader, que j'avais autrefois des comptes chez des maisons de la Bourse de New York, et que j'avais perdu tout ce que j'avais emporté avec moi, il cessa de me promettre de me faire gagner un million par minute si je les laissais investir mes économies. Il se dit que j'étais un pigeon permanent, du type de ceux qui jouent toujours et perdent toujours, un fournisseur de revenus réguliers pour les courtiers, qu'ils soient du genre à passer vos ordres ou à se contenter modestement des commissions.

J'informai seulement le manager que ce que je cherchais était une exécution décente, parce que j'avais toujours négocié sur le marché et je ne voulais pas recevoir des rapports montrant une différence d'un demi-point ou d'un point entier par rapport au prix du téléscripteur.

Il me donna sa parole d'honneur qu'ils feraient tout ce que je pensais être juste. Ils voulaient faire affaire avec moi parce qu'ils voulaient me montrer ce qu'était le courtage de haut niveau. Ils employaient les meilleurs talents du secteur. En fait, ils étaient même célèbres pour leur exécution d'ordres. S'il y avait une quelconque différence entre le prix du téléscripteur et le rapport, cela jouait toujours en faveur du client, même si bien sûr ils ne le garantissaient pas. Si j'ouvrais un compte chez eux, je pouvais acheter et vendre au prix obtenu par le réseau, tellement ils avaient confiance en leurs courtiers.

Naturellement, cela signifiait que je pouvais échanger là-bas à toutes fins utiles comme si j'étais dans un *bucket shop*, c'est-à-dire qu'ils me laisseraient négocier à la prochaine cotation. Je ne voulais pas paraître trop anxieux, alors je secouai la tête et lui dis que je n'ouvrirais pas de compte ce jour-là, mais que je le lui ferais savoir si je changeais d'avis. Il me conseilla vivement de commencer dès maintenant car c'était le marché parfait pour gagner de l'argent. C'était, pour eux, un marché terne avec des prix oscillant légèrement, justement le genre de marché qui attire les clients et qui ensuite les pille à travers une forte augmentation des stocks. J'eus quelques difficultés à m'en échapper.

Je lui avais donné mon nom et mon adresse, et le jour même, je commençai à recevoir des télégrammes et des lettres prépayées me pressant de miser sur une action quelconque pour laquelle ils affirmaient savoir qu'un pool intérieur opérait pour une hausse de cinquante points.

J'étais occupé à chercher et à trouver tout ce que je pouvais sur plusieurs autres maisons de courtage du même type. Il me semblait que si je pouvais être sûr de repartir avec mes gains, la seule façon de rassembler un peu d'argent était de négocier dans les *bucket shops* des environs.

Lorsque j'appris tout ce que je pouvais, j'ouvris des comptes auprès de trois sociétés. Je m'étais installé dans un petit bureau où j'avais des liaisons directes avec les trois courtiers.

Je négociais de modestes quantités pour éviter de les effrayer dès le début. Je gagnai de l'argent équitablement et ils ne tardèrent pas à me dire qu'ils s'attendaient à de vraies affaires de la part de clients qui avaient des connexions directes à leurs bureaux. Ils n'avaient pas envie de faire du sur-place. Ils avaient compris que plus j'en faisais, plus je perdrais, et plus vite j'étais anéanti, plus ils gagneraient. C'était une théorie assez solide si l'on considère que ces gens traitaient nécessairement avec des clients moyens, or celui-ci ne faisait jamais long feu, financièrement parlant. Un client ruiné ne peut pas commercer. Un client à moitié handicapé, lui, peut pleurnicher, insinuer des choses et causer des problèmes d'un genre ou d'un autre qui nuisent aux affaires.

J'établis aussi une connexion avec une entreprise locale qui avait un lien direct avec son correspondant de New York, qui était aussi membre de la bourse de New York. Je fis installer un téléscripteur et commençai à négocier de manière conservatrice. Comme je vous l'avais dit, c'était un peu comme échanger dans des *bucket shops*, sauf que c'était un peu plus lent.

C'était un jeu que je pouvais battre, et c'est ce que je fis. Je ne parvins jamais à gagner 100% du temps , mais je gagnai dans l'ensemble, semaine après semaine. Je vivais à nouveau assez bien, néanmoins j'économisais constamment quelque chose pour augmenter la mise que je devais ramener à Wall Street. J'obtins deux réseaux de plus dans deux autres de ces maisons de courtage, ce qui faisait cinq au total, sans compter, bien sûr, ma bonne société.

Il y eut des moments où mes plans avaient mal tourné et où mes actions avaient fait l'inverse de ce qu'elles auraient dû faire compte tenu du comportement des précédentes. Mais cela ne m'atteignit pas tellement, impossible vu mes marges minuscules. Mes relations avec mes courtiers étaient assez amicales. Leurs comptes et leurs rapports ne concordaient pas toujours avec les miens, et les différences semblaient être uniformément dirigées contre moi. Curieuse coïncidence, non ! Mais je me battais pour mes idées et obtenais généralement gain de cause à la fin. Ils avaient toujours l'espoir de récupérer ce que je leur avais pris. Ils considéraient mes gains comme des prêts temporaires, je pense.

Ils n'avaient vraiment pas l'esprit sportif, étant dans le business pour faire de l'argent à tort et à travers au lieu de se contenter du pourcentage de la maison. Puisque les pigeons perdent toujours de l'argent lorsqu'ils parient sur des actions (ils ne spéculent jamais vraiment), on pourrait penser que ces types gèrent ce qu'on pourrait appeler un business légitime illégitime. Mais ce n'est pas ce qu'ils faisaient. « Dépouillez vos clients et devenez riche » est un vieil adage véridique, mais ils ne semblaient pas en avoir entendu parler et ne s'arrêtaient pas à la simple entourloupe.

À plusieurs reprises, ils essayèrent de me doubler avec de vieux tours. Ils y parvinrent une ou deux fois alors que je ne faisais pas attention. Ils faisaient toujours cela lorsque je me contentais d'adopter ma ligne habituelle. Je les accusai d'être de mauvais joueurs ou pire, mais ils nièrent fermement et je finis par retourner au trading comme d'habitude. L'avantage de faire des affaires avec un escroc, c'est qu'il vous pardonne toujours de l'avoir démasqué, tant que vous n'arrêtiez pas d'échanger avec lui. Tout va bien en ce qui le concerne. Il est prêt à vous aider plus possible. Magnanimes âmes !

Finalement, je convins que je ne pouvais pas me permettre d'avoir le taux normal de croissance de ma mise altérée par les astuces de ces escrocs, alors je décidai de leur donner une leçon. Je choisis une action qui après avoir été une favorite de la spéculation était devenue inactive. Elle avait pris l'eau. Si j'en avais pris une qui n'avait jamais été active jusque-là, ils auraient soupçonné mon intention. Je donnai des ordres d'achat sur cette action à mes cinq courtiers. Lorsque les ordres furent pris et qu'ils attendaient l'apparition de la cotation suivante sur la bande, j'envoyai un ordre à travers ma maison boursière pour vendre une centaine de parts de cette action particulière sur le marché. Je demandai une réponse rapide. Eh bien, vous pouvez imaginer ce qui se passa quand l'ordre de vente arriva sur le parquet de la Bourse ; un stock inactif terne qu'une maison de commission avec des relations externes à la ville voulait vendre en toute hâte. Quelqu'un avait des actions bon marché. Mais la transaction telle qu'elle était imprimée sur la bande était le prix que j'allais payer pour mes cinq ordres d'achat. J'étais déjà sur un solde de 400 actions de ce titre à un prix bas. La maison me demanda ce que j'avais entendu, et je répondis que j'avais eu un tuyau sur le sujet. Juste avant la clôture du marché, j'envoyai à ma maison réputée, l'ordre de racheter ces cent actions, sans perdre de temps, car je ne voulais en aucun cas être à découvert et me fichais de ce qu'ils allaient payer. Ils contactèrent donc New York et l'ordre de rachat de cette centaine d'actions se traduisit par une forte avance. J'avais bien sûr placé des ordres de vente pour les cinq cents actions que mes amis avaient achetées. Cela fonctionna comme sur des roulettes.

Pourtant, ils ne changèrent pas leurs méthodes, alors j'utilisai cette astuce à plusieurs reprises. Je n'osai pas les punir aussi sévèrement qu'ils le méritaient, rarement plus d'un point ou deux sur une centaine d'actions. Mais cela aida à gonfler le petit pactole que j'économisais pour ma prochaine aventure à Wall Street. Je variai parfois le processus en vendant quelques actions

à découvert, sans en faire trop. J'étais satisfait de mes six ou huit cents dollars de profits pour chaque opération.

Un jour, le coup fonctionna tellement qu'il dépassa de loin toutes mes espérances pour un swing de dix points. Je ne m'y attendais pas. En fait, il se trouvait que j'avais deux cents actions au lieu de mes cent habituelles chez un courtier, mais seulement cent dans les quatre autres magasins. C'était trop bien pour être vrai, à leurs yeux. Ils étaient furieux et commencèrent à dire des choses dans mon dos. Alors, j'allai voir le directeur, celui-là même qui avait été si pressé d'obtenir mon compte et si indulgent chaque fois que je le surprenais à essayer de m'entourlouper. Il parlait plutôt bien pour un homme dans sa position.

« C'était un marché fictif pour cette action, et nous ne te paierons pas un maudit centime ! jura-t-il.

- Ce n'était pas un marché fictif quand vous aviez accepté mon ordre d'achat. Vous m'avez laissé entrer, d'accord, et maintenant vous devez me laisser sortir. Vous ne pouvez pas contourner cette règle par souci d'équité, n'est-ce pas ?

- Si, je peux ! cria-t-il. Je peux prouver que quelqu'un a magouillé.

- Qui ça ? demandai-je.

- Quelqu'un !

- Qui l'a mis en place ? demandai-je.

- Des amis à toi étaient dans le coup, c'est sûr, répondit-il.

Mais je lui dis : « Vous savez très bien que je joue en solitaire. Tout le monde dans cette ville le sait. Ils le savent depuis que j'ai commencé le trading. Maintenant, je veux vous donner un conseil d'ami : vous avez juste à envoyer quelqu'un récupérer cet argent pour moi. Je ne veux pas être désagréable. Faites juste ce que je vous dis. »

« Je ne le paierai pas. C'était une transaction truquée », hurla-t-il.

J'en avais assez de son discours. Alors je lui dis : « Vous allez me le payer tout de suite et ici même »

Toutefois, il continua à fanfaronner un peu plus et m'accusa carrément d'être un truand coupable, mais il finit par me remettre l'argent. Les autres n'étaient pas aussi turbulents. Dans un des bureaux, le directeur avait étudié mes actions inactives et quand il reçut mon ordre, il acheta l'action à la fois pour moi et pour lui-même dans le Little Board, ainsi, il se fit pas mal d'argent. Ces gars-là ne se souciaient pas d'être poursuivis en justice par des clients pour fraude, car ils avaient généralement une bonne défense juridique technique prête. Mais ils avaient peur que je ne saisisse les meubles étant donné que l'argent en banque était hors de portée : ils avaient pris soin de ne pas avoir des fonds exposés à ce danger. Cela ne leur ferait pas de mal d'être perçus comme assez rusés, mais avoir une réputation d'escroc était fatal. Pour un client, perdre de l'argent chez son courtier n'est pas un événement rare. Mais pour lui, gagner de l'argent et ne pas l'obtenir est le pire crime reconnu sur les livres de statuts des spéculateurs.

J'obtins mon argent de la part de tous, mais ce saut de dix points mit fin au plaisant passe-temps de dépouillage des dépouilleurs. Ils étaient à l'affût de la moindre petite astuce qu'ils avaient eux-mêmes utilisée pour escroquer des centaines de pauvres clients. Je repris mes opérations habituelles, mais le marché ne convenait pas toujours à mon système, c'est-à-dire que, limité par la taille des ordres qu'ils acceptaient, je ne pouvais pas réaliser de gros coup.

J'y étais depuis plus d'un an, durant lequel j'avais utilisé tous les dispositifs auxquels j'avais pu penser pour gagner de l'argent en négociant dans ces maisons de courtage. J'avais vécu très confortablement, avais acheté une voiture et ne m'étais pas limité par rapport à mes dépenses. Je devais faire un pari, mais je devais aussi vivre en le faisant. Si ma position sur le marché était bonne, je ne pouvais pas dépenser autant que ce que je gagnais, de sorte à toujours économiser un peu. Parallèlement, si j'avais tort, je ne gagnais pas d'argent et ne pouvais donc pas en dépenser. Comme je l'avais dit, j'avais économisé un pactole assez important, et il n'y avait plus beaucoup d'argent à gagner dans les cinq maisons de courtage. Je décidai donc de retourner à New York.

J'avais ma propre voiture et j'invitai alors un de mes amis, également trader, à m'accompagner à New York. Il accepta et nous commençâmes notre périple. Nous nous arrêtâmes à New Haven pour dîner. À l'hôtel, je rencontrai une vieille connaissance du monde du trading et, entre autres, il me dit qu'il y avait un magasin en ville qui avait un réseau et faisait d'assez bonnes affaires.

Nous quittâmes l'hôtel en direction de New York, mais je passai par la rue où se trouvait le *bucket shop* pour voir à quoi ressemblait l'extérieur. Nous le repérâmes et nous ne résistâmes pas à la tentation de nous y arrêter pour jeter un coup d'œil à l'intérieur. Ce n'était pas très somptueux, mais le vieux tableau noir était là, les clients aussi, et le jeu était lancé.

Le manager était un type qui avait l'air d'avoir été acteur ou orateur par le passé. Il était très impressionnant. Il disait bonjour comme s'il avait découvert la bonté de bon matin après l'avoir cherchée au microscope pendant dix ans et qu'il vous faisait cadeau de cette découverte, ainsi que du ciel, du soleil et des billets de sa caisse. Il nous vit arriver dans mon automobile à l'allure sportive, et comme nous étions tous les deux jeunes et insouciants (je suppose que je n'avais pas l'air d'avoir vingt ans) il en avait naturellement conclu que nous étions deux garçons de Yale. Je ne le contredis pas. Il ne m'en laissa pas la chance, puisqu'il enchaina directement sur son discours. Il était très heureux de nous voir. Aurions-nous besoin d'un siège confortable ? Le marché, nous le découvririons, était d'humeur philanthropique ce matin-là ; en fait, il clamait à grands cris son désir d'augmenter l'argent de poche des étudiants, dont aucun justement ne disposait suffisamment depuis la nuit des temps. Mais ici et maintenant, grâce à la bienveillance du téléscripteur, un petit investissement initial rapporterait des milliers. Plus d'argent de poche que quiconque pouvait dépenser était ce que le marché boursier promettait.

Au final, je pensai qu'il aurait été dommage de ne pas faire ce que ce si gentil homme du *bucket shop* était si désireux de nous faire faire, alors j'obtempérais en lui disant que j'avais entendu dire que beaucoup de gens faisaient fortune sur le marché boursier.

Je commençai à échanger, de façon très prudente, mais en augmentant la mise au fur et à mesure que je gagnais. Mon ami m'emboita le pas.

Nous passâmes la nuit à New Haven et le lendemain matin nous nous retrouvâmes à l'accueillant *bucket shop* à dix heures moins cinq. L'orateur était heureux de nous voir, pensant que son tour viendrait ce jour-là. Mais je ne gagnai que quelques dollars, mille cinq cents au total. Le lendemain matin, quand nous passâmes chez le grand orateur, et que nous lui remîmes un ordre de vente de cinq cents Sugar, il hésita un bref instant, mais accepta finalement, en silence ! L'action dégringola de plus d'un point, je la clôturai et lui donnai le ticket. Il y avait exactement cinq cents dollars de bénéfices, ainsi que ma marge de cinq cents dollars. Il prit 20 billets de 50 dans le coffre, les compta trois fois très lentement, puis il les recompta devant moi. On aurait dit que ses doigts transpiraient tant les billets semblaient lui coller à la peau, mais finalement il me tendit l'argent. Il croisa les bras, se mordit la lèvre inférieure, la garda ainsi, et fixa le haut d'une fenêtre derrière moi.

Je lui dis que j'aimerais vendre deux cents Steel. Mais il ne bougea pas d'un geste. Il ne m'avait pas entendu. Je répétai alors mon souhait, mais le changeai à trois cents actions. Il tourna la tête. Je sentais le discours arriver. Mais tout ce qu'il fit c'était de me regarder. Puis il détacha ses lèvres et déglutit, comme s'il allait commencer une plaidoirie contre cinquante ans de mauvaise gestion politique par les greffeurs innommables de l'opposition.

Enfin, il fit un signe de la main en direction des sacs jaunes que je tenais et dit : « Enlève-moi cette babiole ! »

« Enlever quoi ? » demandai-je. Je n'avais pas bien compris ce qu'il voulait dire.

« Où vas-tu comme ça, cher étudiant? » Il parlait de façon très impressionnante.

« New York, répondis-je.

- C'est exact, confirma-t-il en hochant la tête une vingtaine de fois. C'est tout à fait exact. Vous allez partir d'ici sans problème, parce que maintenant je sais deux choses, deux, cher étudiant ! Je sais ce que tu n'es pas, et je sais ce que tu es. Oui ! Oui ! Oui !

- C'est vrai ? dis-je très poliment.

- Oui. Vous deux... ». Il fit une pause ; puis il cessa de se comporter comme s'il était au Congrès et grogna : « Vous deux êtes les plus grands requins des États-Unis d'Amérique ! Des étudiants? Oui, oui ! Vous devez être des étudiants en première année! Oui ! »

On le laissa se parler à lui-même. L'argent ne devait pas le déranger tant que ça. Aucun joueur professionnel ne s'en soucie. Tout est dans le jeu et sa chance venait de tourner. C'est le fait de s'être fait avoir par nous qui avait blessé sa fierté.

C'est ainsi que je revins à Wall Street pour une troisième tentative. J'avais étudié, bien sûr, en essayant de localiser le problème exact dans mon système qui avait été responsable de mes défaites dans le bureau de A. R. Fullerton & Co. J'avais vingt ans quand je gagnai mes premiers dix mille dollars, puis je les perdis. Mais je savais comment et pourquoi : tout simplement parce que j'échangeais hors saison tout le temps ; parce que lorsque je ne pouvais pas jouer selon mon système, qui était basé sur l'étude et l'expérience, je fonçais et pariais quand même sur le hasard. J'espérais gagner, au lieu de savoir qu'il fallait gagner dans les normes. Quand j'avais environ vingt-deux ans, j'augmentai ma mise à cinquante mille dollars et la perdis le 9 mai. Mais je savais exactement pourquoi et comment. C'était dû à la bande qui avait accumulé du retard et à la violence sans précédent des opérations en ce jour terrible. Or j'ignorais pourquoi j'avais perdu après mon retour de St. Louis ou après la panique du 9 mai. J'avais des théories, c'est-à-dire des remèdes pour certaines fautes que je pensais avoir commises. Mais j'avais besoin d'une pratique réelle.

Il n'y a rien de tel que de perdre tout ce que vous avez au monde pour vous apprendre ce qu'il ne faut pas faire. Et quand vous savez ce qu'il ne faut pas faire pour ne pas perdre de l'argent, vous commencez à apprendre ce qu'il faut faire pour en gagner. Vous avez compris ? Vous commencez à apprendre !

Chapitre 5 : « C'est un marché haussier ! »

Le lecteur standard du téléscripteur, ou comme on l'appelait autrefois, le « ver à bande », se trompait sur toute la ligne, selon moi, autant sur cette surspécialisation qu'autre chose. Mais une chose est sûre, l'inélasticité est très coûteuse. Après tout, le jeu de la spéculation ne consiste pas seulement en des mathématiques ou des règles fixes, aussi rigides que les lois principales puissent l'être. Même dans ma propre lecture de la bande, je prends en compte plus de facteurs que la simple arithmétique. Il y a ce que j'appelle le comportement d'une action, qui vous permet de juger si oui ou non elle procédera en accord avec vos précédentes observations. Si une action ne se comporte pas comme prévu, n'y touchez pas ; car, ne pouvant pas dire précisément ce qui ne va pas, vous ne pouvez pas déterminer non plus dans quelle direction elle se dirigera. Pas de diagnostic, pas de pronostic. Pas de pronostic, pas de profit.

C'est une chose très ancienne que de noter le comportement d'une action et d'étudier ses performances passées. Quand j'étais arrivé à New York pour la première fois, il y avait un bureau de courtier où un Français avait l'habitude de parler de ses calculs. Au début, j'avais pensé que c'était une sorte d'animal de compagnie particulier gardé par la firme parce qu'ils avaient bon caractère. Puis j'appris que c'était un orateur persuasif et très impressionnant. Il disait que la seule chose qui ne mentait pas tout simplement parce qu'elle ne le pouvait, c'était les mathématiques. Au moyen de ses courbes, il pouvait prévoir les mouvements du marché. Il pouvait également les analyser, et dire, par exemple, pourquoi Keene avait fait le bon choix dans sa fameuse manipulation haussière de l'Atchison, et plus tard pourquoi il s'était trompé dans son pool de Southern Pacific. À divers moments, certains des traders professionnels essayèrent le système du Français, mais ils revinrent très vite à leurs anciennes méthodes non scientifiques pour gagner leur vie. Leur système *"hit-or-miss"* était moins cher, disaient-ils. J'entendis dire que le Français avait dit que Keene admettait le fait que ses calculs soient exacts à 100 %, mais prétendait que la méthode était trop lente pour être utilisée sur un marché actif.

Par ailleurs, il y avait un bureau où un calcul de l'évolution quotidienne des prix était conservé. Il montrait en un coup d'œil ce que chaque action avait fait durant des mois. En comparant les courbes individuelles avec la courbe générale du marché et en gardant à l'esprit certaines règles, les clients pouvaient dire si l'action pour laquelle ils avaient reçu un conseil non scientifique les poussant à acheter était vraiment en attente d'une hausse. Ils utilisaient le tableau comme une sorte de conseiller complémentaire. Aujourd'hui, il y a des dizaines de maisons de commission où l'on peut trouver ce genre de calcul. Ils arrivent déjà prêts depuis les bureaux d'expertise statistique et comprennent non seulement les actions, mais aussi les matières premières.

Je me dois de préciser qu'un graphique aide ceux qui savent le lire ou plutôt ceux qui savent assimiler ce qu'ils lisent. Le lecteur moyen, cependant, est susceptible de devenir obsédé par l'idée que les creux et les sommets, les mouvements primaires et secondaires sont tout ce qu'il y a à savoir sur la spéculation boursière. S'il pousse sa confiance jusqu'à sa limite logique, il ne peut que se ruiner. Il y a un homme extrêmement compétent, un ancien associé d'une maison boursière bien connue, qui est vraiment un mathématicien de formation. Il est diplômé d'une célèbre école technique. Il a conçu des graphiques basés sur une étude très attentive et minutieuse du comportement des prix sur de nombreux marchés : actions, obligations, céréales, coton, argent, et ainsi de suite. Il remonta des années et des années en arrière à la recherche de corrélations et de mouvements saisonniers, oh oui, tout ! Il utilisa ses graphiques dans ses transactions pendant des années. Ce qu'il faisait vraiment, c'était de tirer profit d'une moyenne très intelligente. On m'apprit qu'il gagnait régulièrement, jusqu'à ce que la guerre mondiale rende toutes les expériences précédentes inutiles. J'entendis dire que ses nombreux disciples et lui avaient perdu des millions avant d'abandonner. Mais pas même une guerre mondiale ne peut empêcher le marché boursier d'être un marché haussier lorsque les conditions sont haussières, ou un marché baissier lorsque les conditions sont baissières. Et tout ce qu'un homme doit savoir pour gagner de l'argent est d'évaluer les conditions.

Je ne voulais pas laisser tomber cette piste comme ça, mais je ne peux pas m'en empêcher quand je pense à mes premières années à Wall Street. Je sais maintenant ce que j'ignorais à l'époque et je pense aux erreurs de mon ignorance parce que ce sont les mêmes erreurs que le spéculateur moyen commet année après année.

Après être revenu à New York pour essayer pour la troisième fois de battre le marché dans une maison de la Bourse, j'échangeai assez activement. Je ne m'attendais pas à réussir aussi bien que dans les *bucket shops*, mais je pensais qu'après un certain temps, je ferais beaucoup mieux parce que je serais capable d'adopter une ligne beaucoup plus lourde. Pourtant, je me rends compte maintenant que mon principal problème était mon incapacité à saisir la différence vitale entre le jeu et la spéculation boursière. Pourtant, en raison de mes sept années d'expérience dans la lecture de la bande et d'une certaine aptitude naturelle pour le jeu, mon pari était de gagner non pas une fortune, mais un taux d'intérêt très élevé. Je gagnais

et perdais comme avant, mais je gagnais tout compte fait. Plus je gagnais, plus je dépensais. C'est l'expérience habituelle que connaissent la plupart des hommes. Non, pas nécessairement avec les cueilleurs d'argent facile, mais avec tout être humain qui n'est pas soumis à l'instinct d'accumulation. Certains hommes, comme le vieux Russell Sage, ont un instinct qui les pousse autant à gagner de l'argent qu'à en accumuler, et bien sûr ils meurent ignoblement riches.

Le jeu consistant à battre le marché m'intéressait exclusivement de 10 heures à 15 heures chaque jour et passé cette heure-ci, je me consacrais à vivre ma vie. Ne vous méprenez pas. Je ne laissais jamais le plaisir interférer avec les affaires. Quand je perdais, c'était parce que je me trompais et non parce que j'étais dissipé ou dans l'excès. Il n'y avait jamais eu de nerfs qui lâchaient ou de membres engourdis par le rhum pour gâcher mon jeu. Je ne pouvais me permettre quoi que ce soit qui m'empêcherait de me sentir en forme physiquement et mentalement. Maintenant encore, je suis généralement au lit à 22 heures. Quand j'étais jeune, je ne travaillais jamais tard, car je ne pouvais pas me concentrer correctement en ayant un manque de sommeil. Je faisais mieux que simplement rentrer dans mes frais et c'est pourquoi je ne pensais pas qu'il était nécessaire de me priver des bonnes choses de la vie. Le marché était toujours là pour me les fournir. J'acquérais la confiance qui vient à un homme d'une attitude professionnellement impartiale envers sa propre méthode visant à lui fournir de quoi subsister.

Le premier changement que je fis dans mon jeu concernait la question du temps. Je ne pouvais pas attendre que ma certitude se présente et ensuite prendre un point ou deux comme je pouvais le faire dans les *bucket shops*. Je devais commencer beaucoup plus tôt si je voulais rattraper le mouvement dans le bureau de Fullerton. Autrement dit, je devais étudier ce qui allait se passer, anticiper les mouvements des actions. Cela semble banal et stupide, mais vous voyez ce que je veux dire. C'était le changement de ma propre attitude envers le jeu qui revêtait de l'importance suprême à mes yeux. Cela m'apprit, petit à petit, la différence essentielle entre parier sur les fluctuations et anticiper les déclins inévitables, entre le jeu et la spéculation.

Je dus remonter plus loin qu'une heure dans mes études du marché, ce que je n'aurais jamais pu apprendre à faire même dans le plus grand *bucket shop* du monde. Je m'intéressai aux rapports commerciaux, aux revenus des chemins de fer et aux statistiques financières et commerciales. Bien sûr, j'aimais faire de grosses transactions et on m'appelait le *"Boy Plunger"* ; mais j'aimais aussi étudier les mouvements. Je ne considérais jamais que quelque chose était ennuyeux si cela m'aidait à négocier plus intelligemment. Avant de pouvoir résoudre un problème, je dois me l'expliquer. Lorsque je pense avoir trouvé la solution, je dois prouver que j'ai raison. Je ne connais qu'un seul moyen de le prouver ; et c'est avec mon propre argent.

Aussi lents que puissent paraître mes progrès aujourd'hui, je suppose que j'appris aussi vite que possible, étant donné que je gagnais de l'argent. Si j'avais perdu plus souvent, peut-être cela m'aurait-il poussé à une étude plus continue. J'aurais certainement eu plus d'erreurs à repérer. Mais je ne suis pas sûr de la valeur exacte de ces échecs, car si j'avais perdu plus souvent, j'aurais manqué d'argent pour tester les améliorations de mes méthodes de trading.

En étudiant mes parties gagnantes dans le bureau de Fullerton, je découvris que bien que j'eusse souvent raison à 100% sur le marché, c'est-à-dire dans mon diagnostic des conditions et de la tendance générale, je ne gagnais pas autant d'argent que ma " justesse " sur le marché me le permettait. Pourquoi n'était-ce pas le cas ?

Il y avait autant à apprendre d'une victoire partielle que d'une défaite.

Par exemple, il m'était arrivé d'être optimiste dès le début d'un marché haussier, et j'avais soutenu mon opinion en achetant des actions. Une progression suivit, comme je l'avais clairement prévue. Jusque-là, tout allait bien. Mais que fis-je d'autre ? J'écoutai les hommes d'État les plus âgés et réfrénai mon impétuosité juvénile. Je décidai d'être sage et de jouer prudemment. Tout le monde savait que le moyen d'y parvenir était de prendre des bénéfices et de racheter ses parts en réaction. Et c'est précisément ce que je fis, ou plutôt ce que j'essayai de faire, car je prenais souvent des bénéfices et attendais une réaction qui ne venait jamais. Alors je vis mon action monter en flèche de dix points de plus alors que j'étais assis là avec mon bénéfice de quatre points en sécurité dans ma poche. On dit qu'on ne devient jamais pauvre en tirant des bénéfices. Non, c'est vrai. Mais on ne devient pas non plus riche en prenant un profit de quatre points dans un marché haussier.

Là où j'aurais dû gagner vingt mille dollars, j'en gagnais deux mille. C'est ce que ma prudence fit pour moi. Au moment où je découvris le faible pourcentage de ce que j'aurais dû gagner, je prenais conscience d'autre chose, à savoir que les nuls se différencient en fonction de leur degré d'expérience.

Le débutant ne sait rien, et tout le monde, y compris lui-même, le sait. Mais le débutant un peu plus expérimenté, au deuxième niveau, croit en savoir beaucoup et le fait croire aux autres. C'est le pigeon expérimenté, qui a étudié, non pas le marché en lui-même, mais quelques remarques sur le marché faites par une catégorie de pigeons encore plus élevée. Le pigeon de deuxième niveau sait comment éviter de perdre son argent de certaines façons sur lesquelles le débutant se fait avoir. C'est ce semi-pigeon, plutôt que l'article à 100%, qui est le véritable soutien des maisons de commission tout au long de l'année. Il a une durée de vie d'environ trois ans et demi en moyenne, alors qu'une saison unique dure entre trois et trente semaines, ce qui correspond à la longévité habituelle à Wall Street pour un premier délinquant. C'est naturellement le semi-pigeon qui cite toujours les fameux aphorismes du trading et les différentes règles du jeu. Il connaît toutes les choses à ne pas faire, récoltées à travers les paroles des vieux traders, sauf la principale, étant : ne pas être un pigeon !

Ce semi-pigeon est le type de personne qui pense avoir perdu ses dents de sagesse parce qu'il aime acheter lors des baisses. Il les attend. Il mesure ses transactions par le nombre de points qu'il a vendus depuis le sommet. Sur les grands marchés haussiers, le pigeon pur et dur, totalement ignorant des règles et des antécédents, achète aveuglément, car il espère aveuglément. Il gagne le plus d'argent, jusqu'à ce qu'une des réactions saines du marché le lui enlève d'un seul coup. Mais cet imbécile de « Mike le prudent » répète ce que je faisais quand je pensais jouer intelligemment, selon l'intelligence des autres. Je savais que je devais changer mes méthodes dans les *bucket shops* et je pensais résoudre mon problème avec n'importe quelle modification, en particulier celle qui donnait une valeur élevée à l'or selon les traders expérimentés parmi les clients.

La plupart, disons des clients, sont semblables. Vous en trouverez très peu capables de dire sincèrement que Wall Street ne leur doit pas d'argent. Chez Fullerton, il y avait la foule habituelle. De tous les niveaux ! Eh bien, il y avait un vieux type qui n'était pas comme les autres. Pour commencer, il était beaucoup plus âgé. Par ailleurs, il ne donnait jamais de conseils et ne se vantait jamais de ses gains. Il était très bien placé pour écouter attentivement les autres. Il ne semblait pas très enclin à obtenir des tuyaux, c'est-à-dire qu'il ne demandait jamais aux bavards ce qu'ils avaient entendu ou ce qu'ils savaient. Mais quand quelqu'un lui en donnait un, il le remerciait toujours très poliment. Parfois, il le remerciait à nouveau, lorsque le tuyau s'avérait correct. Mais même lorsqu'il s'avérait faux, il ne se plaignait jamais, de sorte que personne ne pouvait dire s'il l'avait suivi ou s'il l'avait ignoré. La légende au bureau disait que ce vieux était riche et pouvait faire d'excellentes affaires. Mais il ne donnait pas beaucoup à l'entreprise à travers les commissions, du moins pas à ce que l'on sache. Son nom était Partridge, mais on le surnommait Turkey dans son dos, parce qu'il avait une grosse poitrine et avait l'habitude de se pavaner dans les différentes pièces avec la pointe du menton posée sur sa poitrine.

Les clients, qui avaient tous envie d'être bousculés et forcés à faire des choses dans le but de faire porter le chapeau aux autres, avaient l'habitude d'aller voir le vieux Partridge et de lui raconter ce qu'un certain ami d'un ami d'un initié leur avait conseillé de faire sur une certaine action. Ils lui racontaient ce qu'ils n'avaient pas fait avec le conseil, alors il leur disait ce qu'ils devaient faire. Mais que le conseil soit d'acheter ou de vendre, la réponse du vieil homme était toujours la même.

Le client finissait le récit de sa perplexité et demandait alors :

« Que pensez-vous que je doive faire ? »

Le vieux Turkey penchait alors la tête sur le côté, contemplait son client avec un sourire paternel et finalement il disait de manière très impressionnante : « Vous savez, c'est un marché haussier ! »

Plus d'une fois, je l'entendis dire : « Eh bien, c'est un marché haussier, vous savez ! » comme s'il vous donnait un talisman inestimable emballé dans une politique d'assurance accident d'une valeur d'un million de dollars. Et bien sûr, je n'en avais pas saisi le sens.

Un jour, un certain Elmer Harwood se précipita dans le bureau, écrivit un ordre et le donna à l'employé. Puis il se précipita vers l'endroit où Mr. Partridge écoutait poliment l'histoire de John Fanning sur la fois où il avait entendu Keene donner un ordre à l'un de ses courtiers et tout ce que John avait récolté étaient trois misérables points sur une centaine d'actions, puis évidemment celle-ci dut monter de 24 points en trois jours juste après que John l'ait vendue. C'était au moins la quatrième fois que John lui racontait cette histoire malheureuse, mais le vieux Turkey souriait avec autant de sympathie que si c'était la première fois qu'il l'entendait.

Elmer se dirigea vers le vieil homme et, sans un mot d'excuse à John Fanning, dit à Turkey, « Mr. Partridge, je viens tout juste de vendre mes Climax Motors. Mon entourage dit que le marché a droit à une réaction et que je serai en mesure de le racheter moins cher. Donc vous feriez mieux de faire de même. Ceci étant si vous avez encore votre part. »

Elmer regarda d'un air soupçonneux l'homme à qui il avait donné le premier conseil d'achat. L'informateur amateur, ou gratuit, pense toujours qu'il possède corps et âme le destinataire de son tuyau, avant même de savoir ce qu'il en adviendra.

« Oui, M. Harwood, je l'ai toujours. Bien sûr ! » dit Turkey avec gratitude. C'était gentil de la part d'Elmer de penser au vieil homme.

« Eh bien, c'est le moment d'en tirer profit et d'attendre à nouveau la prochaine baisse» dit Elmer, comme s'il venait d'établir le bordereau de dépôt pour le vieil homme. Ne percevant pas la gratitude enthousiaste sur le visage du bénéficiaire, Elmer s'en poursuivit : « Je viens de vendre toutes les actions que je possédais ! »

D'après sa voix et ses manières, vous auriez estimé prudemment qu'il s'agissait de dix mille actions.

Mais M. Partridge secoua la tête avec regret et gémit : « Non ! Non ! Je ne peux pas faire ça !

- Quoi ? cria Elmer.

- Je ne peux tout simplement pas ! dit M. Partridge. Il avait de gros problèmes.

- Ne vous ai-je pas donné le tuyau pour l'acheter ?

- Vous l'avez fait, M. Harwood, et je vous en suis très reconnaissant. En effet, je le suis, Monsieur. Mais...

- Attendez ! Laissez-moi parler ! Et cette action n'a-t-elle pas grimpé de sept points en dix jours ? N'est-ce pas ?

- Si, et je vous en suis très reconnaissant, mon cher garçon. Mais je ne pouvais pas penser à vendre cette action.

- Vous ne pouviez pas ? demanda Elmer, commençant à douter de lui-même. C'est une habitude chez la plupart des conseillers de récupérer des tuyaux.

- Non, je ne pouvais pas.

- Pourquoi pas ? demanda Elmer en se rapprochant.

- C'est un marché haussier ! » Le vieil homme l'annonça comme s'il avait donné une explication longue et détaillée.

« Ce n'est pas grave », dit Elmer, l'air furieux à cause de sa déception. « Je sais aussi bien que vous qu'il s'agit d'un marché haussier. Mais vous feriez mieux de leur glisser vos actions et de les racheter lors de la réaction. Vous pourriez tout aussi bien réduire le coût pour vous-même. »

« Mon cher garçon », dit le vieux Partridge, en grande détresse, « mon cher garçon, si je vendais cette action maintenant, je perdrais ma position ; alors ensuite où en serais-je ? »

Elmer Harwood leva les mains au ciel, secoua la tête et s'approcha de moi cherchant de la sympathie : « Pouvez-vous le battre ? » me demanda-t-il dans un murmure théâtral. « Je vous le demande ! »

Je ne dis rien. Alors il continua : « Je lui donne un tuyau sur Climax Motors. Il achète cinq cents actions. Il fait un bénéfice de sept points et je lui conseille de pour les racheter lors de la réaction qui est toujours retard même maintenant. Et que dit-il quand je le lui en fais part ? Il dit que s'il vend, il perdra son emploi. Qu'est-ce que vous en savez ? »

« Je vous prie de m'excuser, M. Harwood, je n'ai pas dit que je perdrais mon travail, ajouta le vieux Turkey. J'ai dit que je perdrais ma position. Et quand vous serez aussi vieux que moi et que vous aurez traversé autant de booms et de paniques que moi, vous saurez que perdre votre position est quelque chose que personne ne peut se permettre, pas même John D. Rockefeller. J'espère que l'action réagira et que vous serez capable de racheter votre ligne à une concession substantielle, monsieur. Pour ma part, je ne peux faire de transaction qu'en fonction de mon expérience de nombreuses années. J'ai payé un prix élevé pour cela et je n'ai pas envie de gaspiller d'autres frais. Mais je vous suis aussi redevable que si j'avais l'argent en banque. C'est un marché haussier, vous savez. » Et il s'en alla en se pavanant, laissant Elmer hébété.

Ce que le vieux Mr. Partridge expliqua n'avait pas grand sens pour moi jusqu'à ce que je commence à penser à mes propres échecs pour faire autant d'argent que je le pouvais alors que j'avais raison sur le marché général. Plus j'étudiais, plus je me rendais compte de la sagesse de ce vieil homme. Il avait manifestement souffert du même défaut dans sa jeunesse et connaissait ses propres faiblesses humaines. Il ne s'exposait pas à une tentation à laquelle l'expérience lui avait appris qu'il était difficile de résister et qui lui avait toujours coûté cher, pour lui comme pour moi.

Je pense que cela constitua un grand pas en avant dans mon éducation quand je compris enfin que lorsque le vieux Mr. Partridge continuait à dire aux autres clients « Eh bien, vous savez que c'est un marché haussier ! » il voulait vraiment leur dire que l'argent ne réside pas dans les fluctuations individuelles, mais dans les mouvements principaux, c'est-à-dire, non pas dans la lecture de la bande, mais dans l'évaluation du marché dans son ensemble et sa tendance.

Et permettez-moi de dire une chose : après avoir passé de nombreuses années à Wall Street et après avoir gagné et perdu des millions de dollars, je tiens à vous affirmer ceci : ce n'est jamais mon raisonnement qui me permit de faire fortune. C'était toujours ma position. Vous comprenez ? Ma position inflexible ! Ce n'est pas difficile du tout d'avoir raison sur le marché. On trouve toujours beaucoup de haussiers précoces dans les marchés haussiers et de baissiers précoces dans les marchés baissiers. J'avais connu beaucoup d'hommes qui avaient raison précisément au bon moment, et qui commencèrent à acheter ou à vendre des actions lorsque les prix atteignaient le niveau qui devrait montrer le plus grand profit. Et leur expérience correspondait invariablement à la mienne, c'est-à-dire qu'ils n'en avaient pas tiré d'argent réel. Les hommes qui peuvent à la fois avoir raison et maintenir leur position sont rares. Je trouvais que c'était l'une des choses les plus difficiles à apprendre. Mais ce n'est qu'une fois qu'un trader le comprend fermement qu'il peut gagner beaucoup d'argent. Il est littéralement vrai qu'un trader a plus facilement accès à des millions après avoir appris le trading qu'à des centaines dollars au temps de son ignorance.

La raison en est qu'un homme peut voir clair et net et pourtant devenir impatient ou dubitatif, lorsque le marché prend son temps pour faire ce qu'il pensait devoir faire. C'est pourquoi tant d'hommes à Wall Street, qui ne sont pas du tout dans la catégorie des pigeons, pas même au troisième niveau, perdent néanmoins de l'argent. Le marché ne les bat pas. Ils se battent eux-mêmes, car bien qu'ils soient intelligents, ils ne parviennent pas à tenir leur position. Le vieux Turkey eut raison de faire un tel choix et d'économiser ce qu'il avait. Il avait non seulement le courage de ses convictions, mais aussi la patience intelligente de garder sa position.

Ne pas tenir compte du grand mouvement balancier et essayer de sauter dedans puis dehors me fut fatal. Personne ne peut saisir toutes les fluctuations. Dans un marché haussier, votre jeu consiste à acheter et à conserver jusqu'à ce que vous pensiez que sa fin était proche. Pour ce faire, vous devez étudier les conditions générales et non les conseils ou les facteurs spéciaux affectant les actions individuelles. Ensuite, quittez toutes vos actions ; quittez-les pour de bon ! Attendez de voir, ou, si vous préférez, de croire voir, le retournement du marché, le début d'un renversement des conditions générales. Vous devez utiliser votre cerveau et votre vision pour le faire, sinon mes conseils seraient aussi stupides que de vous dire d'acheter bon marché et de vendre plus cher. L'une des choses les plus utiles que l'on puisse apprendre, c'est d'abandonner l'idée d'essayer d'attraper le dernier huitième, ou le premier. Ces deux-là sont les huitièmes les plus chers au monde. Ils ont coûté aux traders, dans l'ensemble, suffisamment de millions de dollars pour construire une autoroute en béton traversant le continent.

Autre chose que je remarquai en étudiant mes parties dans le bureau de Fullerton, après avoir commencé à négocier plus intelligemment, fut que mes opérations initiales me montraient rarement une perte. Cela m'avait naturellement poussé à commencer en visant grand. Cela me donna confiance en mon propre jugement avant que je ne me mette à tolérer les vices apportés par les conseils des autres ou même par ma propre impatience parfois. Sans foi en son propre jugement, aucun homme ne peut aller très loin dans ce jeu. C'est à peu près tout ce que j'appris : étudier les conditions générales, adopter une position et m'y tenir. Je peux attendre sans un semblant d'impatience. Je peux voir un revers sans être ébranlé, sachant qu'il n'est que temporaire. J'avais été à découvert de cent mille actions, mais avais vu un grand rebond arriver. J'avais compris, et ce, correctement, qu'un tel rebond, que j'estimais inévitable et même salutaire, ferait une différence d'un million de dollars dans mes bénéfices sur papier. Et pourtant, je restai les bras croisés et vis la moitié de mes bénéfices sur papier disparaitre, sans considérer une seule fois la possibilité de couvrir mon découvert pour le ressortir lors du rebond. Je savais que si je le faisais, je perdrais ma position et avec elle la certitude d'un gros coup. C'est le grand ''swing'' qui vous fait gagner beaucoup d'argent.

Si j'avais appris tout cela si lentement, c'est parce que j'avais appris de mes erreurs, or il s'écoule toujours un certain temps entre le moment où l'on fait une erreur et celui où l'on s'en rend compte, et encore plus de temps entre le moment où on s'en rend compte et celui où on la détermine exactement. Mais en même temps, je m'en sortais plutôt bien et j'étais très jeune, ce qui me permettait de compenser par d'autres moyens. La plupart de mes gains étaient encore réalisés en partie grâce à ma lecture de bandes, car le type de marché que nous avions se prêtait assez bien à ma méthode. Je ne perdais pas aussi souvent ou de manière aussi irritante qu'au début de mes expériences à New York. Il n'y avait pas de quoi en être fier quand on pense que j'avais été ruiné trois fois en moins de deux ans. Et comme je vous l'avais dit, être fauché est une école très efficace.

Je n'augmentais pas ma mise très rapidement, car je vivais tout le temps le moment présent. Je ne me privais pas de beaucoup de choses qu'un homme de mon âge et de mes goûts aurait voulu avoir. J'avais ma propre voiture et je ne voyais pas l'intérêt de lésiner sur la vie alors que je tirais du marché. Le téléscripteur ne s'arrêtait que les dimanches et jours fériés, ce qui était normal. Chaque fois que je trouvais la raison d'un échec ou le pourquoi et le comment d'une autre erreur, j'ajoutais un tout nouveau "À ne pas faire !" à ma liste d'atouts. Et la plus belle façon de capitaliser mes actifs croissants était de ne pas réduire mes frais de subsistance. Bien sûr, j'eus des expériences amusantes et d'autres qui l'étaient moins, mais si je les racontais toutes en détail, je n'en finirais jamais. En fait, les seuls incidents dont je me souvienne sans effort particulier sont ceux qui m'enseignèrent quelque chose d'une valeur certaine pour mon trading, quelque chose qui me permit d'enrichir ma connaissance du jeu, et de moi-même !

Chapitre 6 : Une sacrée intuition

Au cours du printemps 1906, j'étais à Atlantic City pour de courtes vacances. Je n'avais plus d'actions et je ne pensais qu'à changer d'air et à bien me reposer. D'ailleurs, j'étais retourné chez mes premiers courtiers, Harding Brothers, et mon compte était devenu assez actif. Je pouvais échanger trois ou quatre mille actions. Ce n'était pas vraiment supérieur à ce que j'avais fait dans l'ancien magasin Cosmopolitan alors que j'avais à peine vingt ans. Mais il y avait une certaine différence entre ma marge d'un point dans le *bucket shop* et la marge exigée par les courtiers qui achetaient ou vendaient des actions pour mon compte à la bourse de New York.

Vous vous souvenez peut-être de l'histoire que je vous avais racontée à propos de la fois où j'étais à court de 3500 actions Sugar dans le Cosmopolitan puis j'avais eu le pressentiment que quelque chose n'allait pas et qu'il valait mieux clôturer la transaction ? Eh bien, j'ai souvent ce curieux sentiment. En règle générale, je m'y soumets. Mais parfois, il m'est arrivé de l'ignorer et de me dire que c'était tout simplement stupide de suivre l'une de ces soudaines impulsions aveugles dans l'espoir d'inverser ma position. J'avais attribué mon intuition à un état nerveux résultant d'un surplus de cigares, d'un manque de sommeil ou d'une torpeur hépatique, bref quelque chose de ce genre-là. Lorsque je m'étais persuadé de ne pas tenir compte de mes impulsions et de rester campé sur ma position, j'eus toujours des raisons de le regretter. J'ai en tête une douzaine de cas où je ne vendis pas selon mon intuition, et le lendemain, en allant en ville, je trouvai un marché fort ou peut-être même en avance, et me disais qu'il aurait été stupide d'obéir à l'impulsion aveugle de vendre. Mais le jour suivant, il se produisait une chute assez importante. Quelque chose d'explicable survenait et j'aurais assurément gagné de l'argent en n'ayant pas été aussi sage et logique. La raison n'était clairement pas physiologique, mais psychologique.

Je ne veux vous évoquer que l'un de ces cas à cause de ce qu'il fit pour moi. Cela arriva pendant mes courtes vacances à Atlantic City au printemps 1906. J'avais un ami avec moi qui se trouvait aussi être un client de Harding

Brothers. Je ne portais aucun intérêt au marché, d'une manière ou d'une autre, profitant seulement de mon repos. Je peux toujours abandonner le trading pour jouer, à moins, bien sûr, qu'il ne s'agisse d'un marché exceptionnellement actif dans lequel mes engagements sont plutôt lourds. C'était un marché haussier, si je me souviens bien. Les perspectives étaient favorables pour les affaires en général et le marché boursier avait ralenti, mais le rythme était ferme et toutes les indications laissaient présager une hausse des prix.

Un matin, après avoir pris notre petit-déjeuner et terminé la lecture de tous les journaux matinaux de New York, et puisque nous étions fatigués de regarder les goélands ramasser des palourdes et les entrainer à vingt pieds du sol pour les laisser tomber sur le sable mouillé et dur afin de les ouvrir et en faire leur petit déjeuner, mon ami et moi commençâmes à remonter le long de Boardwalk. C'était la chose la plus excitante que nous ayons faite dans la journée.

Il n'était pas encore midi, et nous avions marché lentement pour tuer le temps et respirer l'air salin. Harding Brothers possédait une succursale sur la Boardwalk et nous avions l'habitude d'y passer chaque matin pour jeter un coup d'œil à leur ouverture de marché. C'était plus une question d'habitude qu'autre chose, car je ne faisais rien.

Comme nous l'avions constaté, le marché était fort et actif. Mon ami, qui était plutôt du type haussier, trainait une ligne modérée achetée plusieurs points plus bas. Il commença à me dire qu'il était manifestement sage de conserver des actions pour des prix beaucoup plus élevés. Je ne lui prêtais pas assez d'attention pour prendre la peine de lui donner raison. Je regardais le tableau des cotations, notant les changements qui pour la plupart étaient des avances, jusqu'à arriver à l'Union Pacific. J'eus le sentiment que je devais la vendre. Je ne peux pas vous en dire plus. J'avais juste envie de la vendre. Je m'étais demandé pourquoi est-ce que je ressentais cela, sans trouver la moindre raison pour ne pas vendre de UP.

Je fixai le dernier prix sur le tableau jusqu'à ne plus pouvoir distinguer aucun chiffre ni même le tableau ou quoi que ce soit d'autre, d'ailleurs. Tout ce que je savais, c'est que je voulais vendre l'Union Pacific et je n'arrivais pas me l'expliquer.

Je dus avoir l'air bizarre, car mon ami, qui se tenait à mes côtés, me donna soudain un coup de coude et me demanda : « Hé, qu'est-ce qui se passe ? »

« Je ne sais pas, répondis-je.

- Tu vas dormir ? interrogea-t-il.

- Non, répondis-je. Je ne vais pas dormir. Ce que je vais faire c'est vendre cette action. » J'avais toujours gagné de l'argent en écoutant mes intuitions.

Je me dirigeai vers une table où se trouvaient des carnets d'ordres vierges. Mon ami me suivit. Je rédigeai un ordre de vente de mille actions de l'Union Pacific sur le marché et le remis au gérant. Il souriait quand je l'écrivais et quand il le prit. Mais dès lors qu'il le lut, il arrêta de sourire et me regarda.

« C'est bien correct ? » me demanda-t-il. Mais je me contentai de le fixer et il s'empressa de le donner à l'opérateur.

« Qu'est-ce que tu fais ? » demanda mon ami.

« Je le vends ! » lui expliquai-je.

« Vendre quoi ? » me cria-t-il dessus. S'il était du genre haussier, comment pouvais-je être baissier ? Il y avait un problème.

« Mille UP, annonçai-je.

- Pourquoi ? » me demanda-t-il, très excité.

Je secouai la tête, indiquant que je n'en avais pas la moindre idée. Mais il dut penser que j'avais un tuyau, parce qu'il me prit par le bras et me fit sortir dans le hall, où nous pouvions être à l'abri des regards et des oreilles indiscrètes des autres clients et de toute autre personne présente.

« Qu'est-ce que tu as entendu dire ? » me demanda-t-il.

Il était très enthousiaste. UP était l'un de ses protégés et il était optimiste à son sujet en raison de ses bénéfices et de ses perspectives. Mais il était prêt à écouter un conseil de baisse sur ce titre.

« Rien ! m'exclamai-je.

- Tu n'as rien entendu ? » Il semblait sceptique et le montrait clairement.

« Je n'ai rien entendu.

- Alors pourquoi diable vends-tu ?

- Je n'en sais rien, lui dis-je. C'était la pure vérité.

- Oh, crache le morceau, Larry », dit-il.

Il savait que j'avais pour habitude de connaitre la raison derrière chaque transaction. J'avais vendu un millier d'actions de l'Union Pacific. Je devais avoir une très bonne raison pour vendre autant d'actions face à un marché fort.

« Je ne sais pas, répétai-je. Je sens juste que quelque chose va bientôt se produire.

- Qu'est-ce qui va se passer ?

- Je l'ignore. Je ne peux pas te donner de raison. Tout ce que je sais, c'est que je veux vendre ces actions. Et je vais les laisser en avoir mille de plus. »

Je retournai dans le bureau et donnai l'ordre de vendre un deuxième millier. Si j'avais eu raison de vendre les premiers milliers, je devais en avoir un peu plus.

« Qu'est-ce qui pourrait bien se produire ? » insista mon ami, qui se refusait à suivre mon exemple. Si je lui avais dit que j'avais entendu dire qu'UP allait baisser, il l'aurait vendu sans même me demander de qui je l'avais entendu ni pourquoi. « Qu'est-ce qui pourrait bien se produire ? » demanda-t-il à nouveau.

« Un million de choses pourraient arriver. Mais je ne peux pas te promettre que l'une d'entre elles arrivera vraiment. Je ne peux pas te fournir de raisons et je ne peux pas prédire l'avenir, lui dis-je.

- Alors tu es fou, dit-il. Fou furieux, de vendre ces actions sans aucune raison. Tu ne sais pas pourquoi tu veux les vendre ?

- Je ne sais pas pourquoi je veux les vendre. Je sais seulement que je veux le faire, dis-je. Je le veux, comme tout le reste. » L'envie était si forte que je vendis un autre millier.

C'était trop pour mon ami. Il m'attrapa par le bras et me dit : « Viens ! Sortons de cet endroit avant que tu ne vendes tout le capital boursier. »

J'avais vendu tout ce dont j'avais besoin pour satisfaire mon sentiment, alors je le suivis sans attendre de rapport sur les deux mille dernières actions. C'était un bon paquet d'actions que je devais vendre, même avec les meilleures raisons. Cela semblait plus que suffisant pour être à découvert sans aucune raison, particulièrement quand le marché entier était si fort et qu'il n'y avait rien en vue qui fasse penser à quiconque une future baisse. Mais je me souvins que les fois précédentes où j'avais eu la même envie de vendre, mais ne le fis pas, j'eus toujours des raisons de le regretter.

J'avais raconté certaines de ces histoires à des amis, et certains d'entre eux me dirent que ce n'est pas une intuition, mais le subconscient, qui est l'esprit créatif, au travail. C'est l'esprit qui fait faire des choses aux artistes sans qu'ils ne sachent comment ils sont arrivés à les faire. Peut-être qu'avec moi, c'était l'effet cumulatif d'un tas de petites choses individuellement insignifiantes, mais collectivement puissantes. Il est possible que la mauvaise humeur de mon ami eût éveillé un esprit de contradiction et que j'eus choisi UP parce qu'il avait été tellement orgueilleux. Je ne peux pas vous dire quelle peut être la cause ou le motif des intuitions. Tout ce que je sais, c'est que je suis sorti de la filiale Atlantic City de Harding Brothers à découvert de trois mille actions d'Union Pacific dans un marché en hausse, et je n'étais pas du tout inquiet.

Je voulais savoir quel prix ils avaient obtenu pour mes deux mille dernières actions. Donc après le déjeuner, nous nous rendîmes au bureau. J'eus le plaisir de voir que le marché général était fort et que l'Union Pacific était plus haute.

« Je vois se profiler votre faillite », dit mon ami. Vous pouviez voir qu'il était heureux de ne pas en avoir vendu.

Le lendemain, le marché général progressa encore plus et mon ami ne put s'empêcher de jubiler à travers ses remarques. Mais j'étais certain que j'avais bien fait de vendre UP, et je ne m'impatiente jamais quand je sens que j'ai raison. Quel en est le sens ? Cet après-midi-là, l'Union Pacific cessa de grimper, et vers la fin de la journée, elle commença à baisser. Assez rapidement, elle descendit à un point en dessous du niveau de la moyenne de mes trois mille actions. Je me sentais plus satisfait d'être du bon côté, et puisque je me sentais ainsi, je devais naturellement en vendre un peu plus. Donc, vers la fin de la journée, je vendis deux mille actions supplémentaires.

Et voilà, j'étais à court de cinq mille actions d'UP à cause d'une intuition. C'était tout ce que je pouvais vendre dans le bureau de Harding avec la marge que j'avais. C'était trop d'actions pour moi pour lesquelles je pouvais me permettre d'être à découvert, surtout en vacances, je renonçai donc à mon repos et retournai à New York la nuit même. On ne pouvait pas savoir ce qui pouvait arriver et je me dis qu'il valait mieux être sur place. Là, je pourrais agir rapidement s'il le fallait.

Le lendemain, nous reçûmes la nouvelle du tremblement de terre de San Francisco. C'était un désastre terrible. Mais le marché ouvrit en baisse de deux points seulement. Les forces haussières étaient à l'œuvre, et le public ne réagissait jamais indépendamment aux nouvelles. Vous voyez cela tout le temps. S'il y a une solide fondation haussière, par exemple, peu importe si ce que les journaux appellent parfois "manipulation haussière" est en train de se produire ou non au même moment, certaines informations n'ont pas l'effet qu'elles auraient si la bourse était baissière. Tout dépend de l'état d'esprit du moment. Dans ce cas, la bourse n'évalua pas l'étendue de la catastrophe parce qu'elle ne le souhaitait pas. Avant la fin de la journée, les prix revinrent à la normale.

J'étais à court de cinq mille actions. Le vent était retombé, mais sans mes actions. Mon intuition était bonne, mais mon compte en banque n'augmentait pas, même sur le papier. L'ami qui était à Atlantic City avec moi quand je sortis ma ligne courte en UP était à la fois heureux et triste à la fois.

Il me dit : « C'était une sacrée intuition, gamin. Mais, disons, quand le talent et l'argent sont tous du côté haussier, à quoi bon s'opposer à eux ? Ils vont forcément l'emporter. »

« Donne-leur du temps », dis-je. Je parlais des prix. Je ne voulais pas couvrir parce que je savais que les dommages étaient énormes et que l'Union Pacific serait l'une des plus grandes victimes. Mais c'était exaspérant de voir l'aveuglement de Wall Street.

« Donne-leur du temps et ta peau rejoindra toutes les autres peaux de baissiers étendues au soleil, en train de sécher, m'assura-t-il.

- Que ferais-tu ? lui demandai-je. Acheter UP sur la seule force des millions de dollars de dommages subis par la Southern Pacific et d'autres lignes ? D'où viendront les gains pour les dividendes après avoir payé pour tout ce qu'ils ont perdu ? Le mieux que vous puissiez dire c'est que les problèmes ne sont peut-être pas aussi graves qu'on les dépeints. Mais est-ce une raison pour acheter les actions des routes les plus touchées ? Réponds-moi. »

Mais tout ce que mon ami ajouta, c'est : « Oui, cela tient la route. Mais je te le dis, le marché n'est pas d'accord avec toi. La bande ne ment pas, n'est-ce pas ?

- Elle ne dit pas toujours la vérité immédiatement, dis-je.

- Écoute. Un homme parlait à Jim Fisk un peu avant Vendredi noir, donnant dix bonnes raisons pour lesquelles l'or devrait baisser pour de bon. Il a été tellement encouragé par ses propres mots qu'il a fini par dire à Fisk qu'il allait vendre quelques millions. Et Jim Fisk l'a simplement regardé en disant "Vas-y ! Fais-le ! Vends-le à découvert et invite-moi à ton enterrement."

- Oui, dis-je ; et si ce type l'avait vendu à découvert, regarde le chaos qu'il aurait fait ! Vends un peu de UP toi-même.

- Pas moi ! Je suis du genre à m'épanouir quand on ne rame pas contre le vent et la marée. »

Le jour suivant, quand des rapports plus complets arrivèrent, le marché commença à baisser, mais même alors, pas aussi violemment qu'il le devait. Sachant que rien sous le soleil ne pourrait empêcher une rupture substantielle, je doublai la mise et vendis cinq mille actions. Oh, à ce moment-là, c'était évident pour la plupart des gens, et mes courtiers étaient assez tolérants. Ce n'était pas imprudent de leur part ou de ma part, pas de la façon dont j'avais évalué le marché. Le jour suivant, le marché commença à devenir équitable. Il y avait une somme astronomique à payer. Bien sûr, je poussai ma chance pour ce qu'elle valait. Je doublai à nouveau la mise et vendis dix mille actions de plus. C'était le seul jeu possible.

Je ne pensais à rien d'autre qu'au fait que j'avais raison, à 100%, et que c'était une opportunité inespérée. C'était à moi d'en profiter. Je vendis davantage. Est-ce que je pensais qu'avec une si grande ligne de vente à découvert, il ne faudrait pas un énorme mouvement pour effacer mes bénéfices sur papier et peut-être même mon capital ? Je ne sais pas si j'y avais pensé ou pas, mais si c'était le cas, cela n'eut pas beaucoup de poids pour moi. Je ne plongeais pas inconsidérément. Je jouais vraiment de manière prudente. Il n'y avait rien que l'on puisse faire pour annuler le tremblement de terre, n'est-ce pas ? Ils ne pouvaient pas restaurer les bâtiments froissés en une nuit, gratuitement, pour rien, n'est-ce pas ? Tout l'argent du monde ne pouvait pas être d'un grand secours dans les prochaines heures, n'est-ce pas ?

Je ne pariais pas aveuglément. Je n'étais pas un baissier fou. Je n'étais pas ivre de succès ou pensais que parce que Frisco avait été rayé de la carte, le pays tout entier se dirigeait vers la casse. Non, justement ! Je ne cherchai pas la panique. Le lendemain, je fis le ménage. Je gagnai deux cent cinquante mille dollars. C'était mon plus gros gain pour le moment. Tout avait été fait en quelques jours. Wall Street ne prêta pas attention au tremblement de terre le premier ou le deuxième jour. Ils vous diront que c'était parce que les premières dépêches n'étaient pas si alarmantes, mais je pense que c'était parce qu'il fallut si longtemps pour changer le point de vue du public à l'égard des marchés de valeurs mobilières. Même les traders professionnels, pour la plupart, furent lents et peu perspicaces.

Je n'ai aucune explication à vous fournir, qu'elle soit scientifique ou enfantine. Je vous dis ce que j'ai fait, pourquoi, et ce que cela a donné. J'étais beaucoup moins intéressé par le mystère de l'intuition que par le fait d'en avoir tiré un quart de million. Cela signifiait que je pouvais maintenant balancer une ligne plus grande que jamais, si ou quand le moment viendrait.

Cet été-là, j'allai à Saratoga Springs. C'était censé être des vacances pour moi, mais je gardai quand même un œil sur le marché. Pour commencer, je n'étais pas si fatigué que ça d'y penser. Et puis, tous ceux que je connaissais là-bas s'y intéressaient ou s'y étaient intéressés. On en parlait naturellement. Je remarquai qu'il y avait une grande différence entre parler et échanger. Certains de ces gars vous rappellent l'employé audacieux qui s'adresse à son employeur acariâtre comme à un chien jaune, lorsqu'il vous le raconte.

Harding Brothers avait une succursale à Saratoga. Beaucoup de leurs clients étaient là. Mais la vraie raison, je suppose, était la valeur publicitaire. Avoir une succursale dans une station balnéaire est simplement l'équivalent d'un panneau publicitaire de grande classe. J'avais l'habitude d'y passer et de m'asseoir avec le reste de la foule. Le directeur était un gars très gentil du bureau de New York qui était là pour tendre la main aux amis et aux étrangers et, si possible, pour obtenir des contrats. C'était un endroit merveilleux pour les tuyaux - toutes sortes de tuyaux, courses de chevaux, bourse, et serveurs. Le bureau savait que je n'en prenais pas, donc le directeur ne venait pas pour me chuchoter confidentiellement à l'oreille ce qu'il venait d'avoir sur le Q.T. du bureau de New York. Il faisait simplement passer les télégrammes, en disant, "C'est ce qu'ils envoient", ou quelque chose de ce genre.

Bien sûr, j'observais le marché. Pour moi, regarder le tableau des cotations et y décrypter les signes est un véritable processus. Je remarquai que mon bon ami Union Pacific, semblait monter. Le prix était élevé, mais l'action se comportait comme si elle avait été accumulée. Je l'observai quelques jours sans faire de transactions, et plus je la regardais, plus j'étais convaincu qu'elle était achetée par quelqu'un loin d'être un rigolo, quelqu'un qui n'avait pas seulement un gros portefeuille, mais qui savait ce que chaque chose était. Une accumulation très intelligente, pensai-je.

Dès que j'en eus la certitude, je commençai naturellement à l'acheter, à environ 160 dollars. Elle continua à se porter comme un charme, ainsi je continuai à en acheter, cinq cents actions à la fois. Plus j'en achetais, plus elle devenait forte, sans aucune perturbation, et je me sentais très à l'aise. Je ne voyais aucune raison pour que cette action ne grimpe pas davantage ; pas avec ce que je lisais sur la bande.

Tout à coup, le manager vint me voir et me dit qu'ils avaient reçu un message de New York (ils avaient une liaison directe bien sûr) demandant si j'étais présent dans le bureau, et quand ils répondirent que oui, un autre vint en disant : "Gardez-le là. Dites-lui que M. Harding veut lui parler."

Je dis que j'attendrais, et j'achetai 500 actions supplémentaires d'UP. Je ne pouvais pas imaginer ce que Harding pouvait avoir à me dire. Je ne pensais pas que c'était quelque chose en lien avec les affaires. Ma marge était plus que suffisante pour ce que j'achetais. Très vite, le directeur vint et me dit que M. Harding souhaitait me joindre au téléphone longue distance.

« Bonjour, Ed », le saluai-je.

Mais il me répondit : « Qu'est-ce qui te prend ? Tu es fou ?

- Je vous retourne la question, répliquai-je.

- Qu'est-ce que tu fais ? demanda-t-il.

- Qu'est-ce que vous voulez dire par là ?

- Acheter toutes ces actions.

- Pourquoi, ma marge n'est-elle pas bonne ?

- Ce n'est pas une question de marge, mais plutôt d'être un parfait imbécile.

- Je ne vous suis pas.

- Pourquoi achètes-tu toutes ces actions de l'Union Pacific ?

- Ça monte, dis-je simplement.

- Ça monte, bon sang ! Tu ne sais pas qu'en interne ils te le font croire exprès ? Tu es la cible la plus facile, là-bas. Tu t'amuserais plus en pariant ton argent sur les poneys. Ne les laisse pas se moquer de toi.

- Personne ne se moque de moi, lui dis-je. Je n'en ai parlé à personne. »

Mais il revint à la charge : « Tu ne peux pas t'attendre à ce qu'un miracle te sauve à chaque fois que tu plonges dans cette action. Sors tant que tu en as encore la chance, dit-il. C'est un crime d'accumuler cette action à ce niveau alors que ces investisseurs en vendent par tonnes.

- La bande dit qu'ils l'achètent, insistai-je.

- Larry, j'ai failli faire une crise cardiaque quand tes ordres ont commencé à arriver. Pour l'amour de Mike, ne sois pas un pigeon. Sors ! Et tout de suite. C'est susceptible d'éclater d'une minute à l'autre. Sur ce, j'ai accompli mon devoir. Au revoir ! » Et il raccrocha.

Ed Harding était un type très intelligent, exceptionnellement bien informé et un véritable ami, désintéressé et bienveillant. Et ce qui était encore plus important, c'était que je savais qu'il était en position d'entendre des choses. Tout ce que j'avais à suivre, dans mes achats d'UP, c'était mes années d'étude du comportement des actions et ma perception de certains symptômes dont l'expérience m'avait appris qu'ils accompagnaient généralement une hausse substantielle. Je ne sais pas ce qui m'était arrivé, mais je suppose que j'avais dû conclure que ma lecture de bande me disait que l'action était absorbée simplement parce qu'une manipulation très intelligente en interne fit en sorte que la bande raconte une histoire qui était fausse. Peut-être avais-je été impressionné par les efforts d'Ed Harding pour m'empêcher de faire ce qu'il considérait être une erreur colossale de ma part. Ni son intelligence ni ses motivations ne devaient être mises en doute. Quelle que soit la raison qui m'eut poussé à suivre son conseil, je ne peux pas vous la dire ; mais je l'ai bel et bien suivi.

Je vendis toutes mes actions de l'Union Pacific. Bien sûr, s'il était imprudent d'en accumuler, il était tout aussi imprudent d'en être à court. Donc après m'être débarrassé de mes actions long terme, je vendis 4 000 actions courtes. Je vendis la plupart autour de 162.

Le jour suivant, les directeurs de l'Union Pacific Company déclarèrent un dividende de 10% sur l'action. Au début, personne à Wall Street n'y crut. Cela faisait trop penser à une manœuvre désespérée de joueurs acculés. Tous les journaux se jetèrent sur les directeurs. Mais tandis que les talents de Wall Street hésitaient à agir, le marché s'emballa. L'Union Pacific prit la tête, et sur d'énormes transactions, établit un nouveau record de prix. Certains des traders de la salle firent fortune en une heure et je me souviens avoir entendu parler plus tard d'un spécialiste plutôt bête qui fit une erreur lui ayant permis de mettre trois cent cinquante mille dollars dans sa poche. Il vendit sa place la semaine suivante et devint un fermier gentleman le mois suivant.

Bien sûr, dès que j'entendis la nouvelle de la déclaration du dividende sans précédent de 10%, je réalisai que j'avais eu ce que je méritais pour avoir ignoré la voix de l'expérience et écouté celle d'un informateur. J'avais mis de côté mes propres convictions pour les soupçons d'un ami, simplement parce qu'il était désintéressé et qu'il savait en général ce qu'il faisait.

Dès que je vis l'Union Pacific battre des records, je m'étais dit : « Ce n'est pas une action dont je dois être à court ».

Tout ce que je possédais au monde était en marge dans le bureau de Harding. Je n'étais ni encouragé ni découragé par la connaissance de ce fait. Ce qui était clair, c'est que j'avais lu la bande avec précision et que j'avais été un nigaud de laisser Ed Harding ébranler ma propre résolution. Il n'y avait aucun intérêt à ces récriminations, car je n'avais pas de temps à perdre; et puis, ce qui est fait est fait. Je donnai donc l'ordre de rentrer dans mes actions courtes. L'action était autour de 165 quand j'envoyai cet ordre d'achat pour les quatre mille UP sur le

marché. J'avais une perte de trois points sur ce chiffre. Eh bien, mes courtiers payèrent 172 et 174 pour certaines d'entre elles avant même d'avoir fini. Lorsque je reçus mes rapports, je découvris que l'interférence bien intentionnée d'Ed Harding m'avait coûté quarante mille dollars. Un faible prix à payer pour un homme qui n'a pas le courage de se fier à ses propres convictions ! C'était une leçon pas chère.

Je n'étais pas inquiet, car la bande annonçait des prix encore plus élevés. C'était un mouvement inhabituel et il n'y avait aucun précédent à l'action des directeurs, mais je fis cette fois-ci ce que je pensais devoir faire. Dès que je donnai le premier ordre d'achat de quatre mille actions pour couvrir mon découvert, je décidai de profiter de ce que la bande indiquait et je poursuivis donc. J'achetai quatre mille actions et les gardai jusqu'au lendemain matin. Puis je clôturai. Je parvins non seulement à récupérer les quarante mille dollars que j'avais perdus, mais aussi à gagner environ quinze mille autres de plus. Si Ed Harding n'avait pas essayé de sauver mon argent, j'aurais fait un malheur. Finalement, il m'avait rendu un très grand service, grâce à la leçon tirée de cet épisode qui, je le crois fermement, compléta ma formation de trader.

Tout ce que j'avais à apprendre ne se résumait pas seulement à éviter de suivre des conseils, mais de suivre ma propre intuition. J'appris aussi que j'avais gagné confiance en moi et que je pouvais enfin me débarrasser de l'ancienne méthode de trading. Cette expérience à Saratoga fut ma dernière opération hasardeuse et faite sur un coup de tête. À partir de ce moment-là, je commençai à penser aux conditions de base plutôt qu'aux actions individuelles. Je m'élevai à un niveau supérieur au sein de la dure école de la spéculation. Ce fut une étape longue et difficile à franchir.

Chapitre 7 : L'art du trading

Je n'hésite jamais à informer un individu de ma tendance haussière ou baissière. Mais cela ne signifie pas que je pousse les gens à acheter ou à vendre telle ou telle action. Dans un marché baissier, toutes les actions chutent tandis que dans un marché haussier, elles grimpent. Bien évidemment, je ne veux pas dire par là que dans un marché baissier causé par une guerre, les actions de munitions ne montent pas. Je parle plutôt d'un point de vue général. Mais l'homme moyen ne souhaite pas qu'on lui dise qu'il s'agit d'un marché haussier ou baissier. Ce qu'il désire, c'est qu'on lui indique précisément quelle action acheter ou vendre. Il veut à tout prix obtenir quelque chose gratuitement. Il ne souhaite pas travailler. Il ne souhaite même pas avoir à penser. Cela représente une nuisance à ses yeux que de devoir compter l'argent qu'il ramasse.

Pour ma part, je n'étais pas si paresseux, mais trouvai cela plus facile de penser à des actions individuelles qu'au marché dans sa globalité et donc à des fluctuations individuelles plutôt qu'à des mouvements généraux. Je savais pertinemment que je devais changer, ce que je fis d'ailleurs.

Les gens ne semblent pas saisir si facilement les principes fondamentaux du trading. J'ai souvent dit qu'acheter sur un marché en hausse est la manière la plus confortable d'acheter des actions. Désormais, le but n'est pas tant d'acheter le moins cher possible ou de vendre à découvert aux prix les plus élevés, mais d'acheter ou de vendre au bon moment. Lorsque je suis baissier et que je vends une action, chaque vente doit se faire à un niveau inférieur à celui de la vente précédente. Lorsque je suis acheteur, l'inverse s'applique également. Je dois obligatoirement acheter sur une échelle croissante. Je n'achète pas une action longue sur une échelle descendante, mais plutôt ascendante.

Supposons, par exemple, que j'achète des actions. J'achèterai deux mille actions à 110. Si l'action monte à 111 après mon achat, je me trouve, au moins temporairement, en position de force, car cela reste un point de plus et m'apporte un bénéfice. Eh bien, étant donné que j'ai raison, j'achèterai deux mille autres actions de plus. Si le marché continue encore à monter, j'achèterai un troisième lot de deux mille actions. Imaginons que le prix monte à 114. Je pense que c'est suffisant pour l'instant. Je dispose maintenant d'une base me permettant de me mettre au travail. Je suis en avance de six mille actions à une moyenne de 111¾, et l'action se vend à 114. Je n'en achèterai pas plus à ce moment-là. J'attendrai de voir. Je me dis qu'à un certain stade de la hausse, il y aura probablement une réaction. Je souhaite voir comment le marché se débrouillera tout seul suite à cette réaction. Il réagira probablement au moment où j'ai obtenu mon troisième lot. Supposons qu'après être monté, il retombe à 112¼, puis se reprend. Et bien, justement au moment où il revient à 113¾, je lance un ordre d'achat de 4000, sur le marché, bien sûr. Dès lors, si j'obtiens ces quatre mille à 113¾, je saurai que quelque chose ne tourne pas rond et donnerai un ordre de test, c'est-à-dire que je vendrai mille actions pour analyser comment le marché y fait face. Mais supposons qu'à partir de l'ordre d'achat des quatre mille actions que j'ai passées lorsque le prix était de 113¾, j'en obtiens 2000 à 114, 500 à 114½ et le reste à la hausse, de sorte que pour les 500 dernières, je paie 115½. Je saurai alors que j'ai raison. C'est justement la façon dont j'obtiens les quatre mille actions qui me prouve si j'ai raison d'acheter cette action particulière à ce moment-là, car bien sûr, je travaille sur la base de l'hypothèse que j'ai bien vérifié les conditions générales et qu'elles sont à la hausse. Je ne veux en aucun cas acheter des actions trop bon marché ou trop facilement.

Je me souviens d'une histoire que j'avais entendue au sujet de Deacon S. V. White lorsqu'il était l'un des grands opérateurs de Wall Street. C'était un vieil homme très bon, intelligent comme jamais, et surtout courageux. Il fit des merveilles à son époque, d'après ce que j'avais entendu.

C'était à l'époque où Sugar était l'un des fournisseurs les plus constants de feux d'artifice sur le marché. H. O. Havemeyer, président de la compagnie, était à l'apogée de son pouvoir. Je compris, en parlant avec les anciens, que H.O. et ses disciples disposaient de toutes les ressources financières et de l'ingéniosité nécessaires pour mener à bien n'importe quelle transaction de leurs propres actions. Ils m'informèrent que Havemeyer avait éliminé plus de petits traders professionnels dans cette action que n'importe quel autre initié dans n'importe quelle autre action.

En règle générale, les négociants en bourse sont plus susceptibles de contrecarrer le jeu des initiés que de l'aider.

Un jour, un homme qui connaissait Deacon White se précipita dans le bureau, tout excité et dit : « Deacon, vous m'aviez dit que si jamais je tombais sur une bonne information, de venir vous voir tout de suite avec et que si vous l'utilisiez, vous me feriez gagner quelques centaines d'actions ». Il fit une pause pour respirer, en attente d'une confirmation.

Deacon le regarda de cette façon méditative qui lui était propre et lui dit : « Je ne sais pas si j'ai déjà dit une telle chose, mais je suis prêt à payer pour des informations que je peux utiliser ».

« Eh bien, je l'ai pour vous.

- C'est bien », dit Deacon, si gentiment que l'homme avec l'information se mit à pavaner et dit : « Oui, monsieur Deacon ». Puis il se rapprocha afin que personne ne l'entende et dit : « H. O. Havemeyer achète du sucre ».

« Vraiment ? » demanda Deacon très calmement.

Cela énerva l'informateur, qui répondit de manière impressionnante : « Oui, monsieur. Il achète tout ce qu'il peut avoir, Deacon.

- Mon ami, es-tu sûr ? demanda le vieux S.V.

- Deacon, je le sais avec certitude. Le vieux gang interne achète tout ce sur quoi ils peuvent mettre la main. Cela a quelque chose à voir avec le tarif et il va y avoir une véritable tuerie dans la commune. Cela surpassera les privilégiés habituels et assurera une garantie de trente points pour un débutant.

- Le penses-tu vraiment ? Et le vieil homme le regarda par-dessus les verres de ses lunettes à monture argentée qu'il avait mises pour regarder la bande.

- Est-ce que je le pense ? Non, je ne le pense pas ; je le sais. Absolument ! Pourquoi, Deacon, quand H.O. Havemeyer et ses amis achètent du sucre comme ils le font maintenant, ils ne se contentent jamais de moins de 40 points nets. Je ne serais pas surpris de voir le marché leur échapper d'une minute à l'autre et grimper en flèche avant qu'ils n'aient eu toutes leurs lignes. Il n'y en a pas autant dans les bureaux des courtiers qu'il n'y en avait il y a un mois.

- Il achète du sucre, hein ? répéta Deacon distraitement.

- L'acheter ? Il l'amasse aussi vite qu'il peut sans faire monter le prix pour lui-même.

- Et alors ? » dit Deacon. Sa réponse s'arrêtait là.

Mais c'était suffisant pour mettre à mal l'informateur qui s'empressa d'ajouter : « Oui, monsieur ! Et j'appelle cela une très bonne information. Pourquoi ? Car c'est tout à fait exact.

- Vraiment ?

- Oui ; et ça devrait valoir beaucoup. Allez-vous l'utiliser ?

- Oh, oui. Je compte l'utiliser.

- Quand ? demanda l'informateur avec méfiance.

- Tout de suite ». Et Deacon appela : « Frank ! » C'était le prénom de son courtier le plus avisé, qui se trouvait alors dans la pièce voisine.

« Oui, monsieur, répondit Frank.

- J'aimerais que vous alliez au tableau et que vous vendiez dix mille sucres.

- Vendre ? s'interloqua l'informateur. Il y avait une telle souffrance dans sa voix que Frank, qui s'était déjà mis à courir, s'arrêta net dans sa course.

- Oui, pourquoi ? dit Deacon avec douceur.

- Mais je vous ai dit que H. O. Havemeyer l'achetait !

- Je sais que vous l'avez fait, mon ami », dit calmement Deacon, et se tournant vers le courtier: « Dépêche-toi, Frank ! ».

Le courtier s'empressa d'exécuter l'ordre et le visage de l'informateur devint rouge.

« Je suis venu ici, commença-t-il furieux, avec la meilleure information que j'aie jamais eue. Je vous l'ai apporté parce que je pensais que vous étiez mon ami, mais loin de là. Je m'attendais à ce que vous agissiez en conséquence...

- J'agis en conséquence, interrompit Deacon d'une voix apaisante.

- Mais je vous ai dit que H.O. et sa bande achetaient !

- C'est vrai. Je vous ai entendu.

- Acheter ! Acheter ! J'ai dit d'acheter ! s'écria l'informateur.

- Oui, acheter ! C'est ce que j'ai compris que vous disiez, lui assura Deacon. Il était debout près du téléscripteur, regardant la bande.

- Mais vous le vendez.

- Oui, dix mille actions. Et Deacon hocha la tête. Je les vends, bien sûr ».

Il s'arrêta de parler pour se concentrer sur la cassette et l'informateur s'approcha pour distinguer ce que Deacon voyait, car le vieil homme était très rusé. Pendant qu'il regardait par-dessus l'épaule de Deacon, un employé entra muni manifestement du rapport de Frank. Deacon y jeta à peine un coup d'œil. Il avait vu sur la bande comment son ordre avait été exécuté.

Cela lui fit dire à l'employé: « Dites-lui de vendre encore dix mille actions de sucre.

- Deacon, je vous jure qu'ils achètent vraiment les actions !

- M. Havemeyer vous l'a dit ? demanda Deacon calmement.

- Bien sûr que non ! Il ne dit jamais rien à personne. Il ne remuerait même pas le petit doigt pour aider son meilleur ami à gagner un peu d'argent. Mais je sais que c'est vrai.

- Ne vous laissez pas emporter, mon ami ». Et Deacon leva alors une main. Il regardait la bande. L'informateur dit, avec amertume :

« Si j'avais su que vous alliez faire le contraire de ce que j'attendais, je n'aurais jamais gaspillé votre temps ni le mien. Mais croyez-moi, je ne vais même pas me sentir satisfait quand vous aurez à couvrir cette action par une perte terrible. Je suis désolé pour vous, Deacon. Honnêtement ! Si vous voulez bien m'excuser, je vais aller ailleurs et prendre en compte ma propre information.

- Je la prends en compte. Je pense m'y connaitre un peu concernant le marché, peut-être pas autant que vous et votre ami H. O. Havemeyer, mais un peu quand même. Ce que je fais, c'est ce que mon expérience me dit qu'il est sage de faire avec les informations que vous m'avez apportées. Après qu'un homme ait été à Wall Street aussi longtemps que moi, il est reconnaissant envers quiconque se sent désolé pour lui. Restez calme, mon ami ».

L'homme fixa Deacon, pour qui il avait un grand respect en raison de son jugement et son sang-froid.

Très vite, le greffier revint et remit un rapport à Deacon, qui le regarda et dit : « Maintenant, dites-lui d'acheter trente mille sucres. Trente mille ! ».

Le greffier s'empressa de partir et l'informateur se contenta de grogner et de regarder le vieil homme aux allures de renard.

« Mon ami, expliqua gentiment Deacon, je ne doutais pas de la véracité de vos propos tels que vous les voyiez. Mais même si j'avais entendu H. O. Havemeyer vous le dire lui-même, j'aurais quand même agi comme je l'ai fait. Et pour cause, il n'y avait qu'un seul moyen de savoir si quelqu'un achetait les actions de la façon dont vous avez dit que H.O. Havemeyer et ses amis le faisaient, et c'était de faire ce que j'ai fait. Les dix mille premières actions partirent assez facilement. Ce n'était pas tout à fait concluant. Mais les seconds dix mille furent absorbés par un marché qui ne cessa pas de monter. La façon dont les vingt mille actions furent acquises par quelqu'un me prouva qu'un individu était bel et bien prêt à prendre toutes les actions qui lui étaient offertes. À ce stade, son identité importe peu. Donc je couvris mes positions courtes et dispose de dix mille actions. De ce fait, je pense que votre information était bonne jusqu'à présent.

- Et jusqu'où cela va-t-il ? demanda l'informateur.

- Vous disposez de cinq cents actions dans ce bureau au prix moyen des dix mille actions, dit Deacon. Bonne journée, mon ami. Soyez calme la prochaine fois.

- Dites, Deacon, dit l'informateur, ne voulez-vous pas s'il vous plaît vendre les miennes au moment où vous vendrez les vôtres ? Je n'en sais pas autant que je le pensais ».

Il s'agit-là de la fameuse théorie. C'est pour cette raison que je n'achète jamais d'actions à bas prix. Bien sûr, j'essaie toujours d'acheter efficacement, de manière à aider mon côté du marché. Quand il s'agit de vendre des actions, il est clair que personne ne peut vendre si personne ne veut de ces actions.

Si vous opérez à grande échelle, vous devrez constamment garder cela à l'esprit. Un homme étudie les conditions, planifie ses opérations avec soin et passe ensuite à l'action. Il balance une ligne assez juste et accumule un gros profit, certes sur le papier. Eh bien, en réalité cet homme ne peut pas vendre à volonté. Vous ne pouvez pas vous attendre à ce que le marché absorbe cinquante mille parts d'une action aussi facilement qu'il le fait pour cent. Il devra attendre jusqu'à ce qu'il y ait un marché là-bas pour les prendre. Il arrive un moment où il pense que le pouvoir d'achat requis est bien là.

Quand cette opportunité se présente, il doit la saisir. En règle générale, il l'aura attendue. Il doit vendre quand il le peut et non pas quand il le veut. Pour apprendre à déterminer le moment adéquat, il doit observer et tester. Il n'est pas difficile de reconnaitre quand le marché peut prendre ce que vous lui donnez. Mais en entreprenant un mouvement, il n'est pas sage de prendre votre ligne complète à moins que vous ne soyez convaincu que les conditions sont exactement correctes. Rappelez-vous que les actions ne sont jamais trop élevées pour que vous commenciez à acheter ou trop basses pour que vous commenciez à vendre. Mais après la première transaction, n'en faites pas une deuxième à moins que la première ne vous rapporte un bénéfice. Il convient d'attendre et de regarder. C'est là que votre lecture de bande magnétique intervient, pour vous permettre de décider du bon moment pour commencer. Beaucoup de choses dépendent d'ailleurs du fait de commencer justement au bon moment. Il m'a fallu des années pour réaliser l'importance de ce facteur. Cela m'a aussi coûté quelques centaines de milliers de dollars.

Je ne veux pas que l'on interprète par-là que je conseille le pyramidage persistant. Bien sûr, un homme peut faire des pyramides et gagner bien plus d'argent qu'il ne pourrait en obtenir sans l'aide de pyramides. Mais ce que je voulais dire par-là correspond plutôt à ceci : supposons que la ligne d'un homme soit de cinq cents actions. Je dis alors qu'il ne devrait pas

tout acheter d'un coup, pas s'il spécule. S'il ne fait que jouer, le seul conseil que j'ai à lui donner est de ne surtout pas le faire !

Supposons qu'il achète ses premiers cent dollars, et que cela lui fasse rapidement perdre de l'argent. Pourquoi devrait-il se mettre au travail et acheter plus d'actions ? Il devrait voir tout de suite qu'il est dans l'erreur, du moins temporairement.

Chapitre 8 : Retour à la case départ

L'incident de l'Union Pacific à Saratoga survenu au cours de l'été 1906 m'a rendu plus indépendant que jamais face aux conseils et aux discussions, c'est-à-dire les opinions, les suppositions et les soupçons d'autres personnes, aussi amicales ou compétentes qu'elles puissent l'être. Les événements, et non la vanité, me prouvèrent que j'avais la capacité de lire la bande plus précisément que la plupart des gens autour de moi. J'étais aussi mieux équipé que le client moyen de Harding Brothers, car j'étais totalement libre de tout préjugé spéculatif. Le côté baissier ne m'attirait pas plus que le côté haussier, ou vice versa. Mon seul préjugé tenace était de ne pas avoir tort.

Même en étant plus jeune, j'avais toujours tiré mes propres conclusions des faits que j'observais moi-même. C'est la seule façon dont j'arrivais à les comprendre. Je ne peux pas tirer des conclusions de ce que quelqu'un me dit. Ce sont mes faits, vous ne voyez pas ? Si je crois quelque chose, vous pouvez être sûr que c'est parce que je le dois tout simplement. Quand j'ai de la marge sur les actions c'est parce que ma lecture des conditions m'a rendu haussier. Mais vous trouverez beaucoup de gens, réputés pour leur intelligence, qui sont haussiers justement parce qu'ils possèdent des actions. Je ne permets pas mes possessions, ni même mes prépossessions, de penser à ma place. C'est pourquoi, je le répète, j'évite à tout prix de contredire la bande. Se mettre en colère contre le marché parce qu'il va contre vous de façon inattendue ou même illogique, revient à être en colère contre vos poumons parce que vous avez une pneumonie.

J'avais progressivement réalisé que la spéculation boursière ne se limitait pas à la seule lecture des bandes dans la spéculation boursière. Le fait que le vieux Partridge insiste autant sur l'importance vitale d'être continuellement haussier au sein d'un marché haussier attira sans doute mon attention sur la nécessité, avant toute autre chose, de déterminer le type de marché dans lequel chacun négocie. Je commençai à réaliser que la grosse somme d'argent devait nécessairement dériver d'un gros coup. Quelle que soit l'origine de l'impulsion initiale à un grand mouvement, le fait est que son maintien n'est pas le résultat de manipulations par des groupes ou des artifices de financiers, mais dépend de conditions de base. Et peu importe qui s'y oppose, le coup doit inévitablement aller aussi loin, aussi vite et aussi longtemps que les forces motrices le déterminent.

Après Saratoga, je commençai à voir plus clairement, peut-être même devrais-je dire plus mûrement, que puisque toute la liste se déplace en fonction du courant principal, il n'était pas nécessaire, comme je l'avais imaginé, d'étudier les jeux individuels ou le comportement de telle ou telle action. Aussi, en pensant à son coup, quiconque n'était pas limité dans ses transactions. Il pouvait acheter ou vendre la liste entière. Pour certaines actions, une ligne courte est dangereuse après avoir vendu plus d'un certain pourcentage du capital-actions, le montant dépendant de comment, où et par qui l'action est détenue. Mais n'importe qui pourrait vendre un million d'actions de la liste générale, s'il en avait le prix, et ce, sans risquer d'être pressé. Une grande quantité d'argent était autrefois gagnée périodiquement par les initiés en profitant de l'effet de levier et de leurs craintes d'être écrasés, soigneusement entretenues.

Il est évident qu'il convenait d'être haussier dans un marché haussier et baissier dans un marché baissier. Cela semble stupide, n'est-ce pas ? Mais je dus saisir fermement ce principe fondamental avant de comprendre que le mettre en pratique signifiait en réalité d'anticiper les probabilités. Il me fallut beaucoup de temps pour apprendre à échanger sur ces bases. Mais pour ma défense, je dois vous rappeler que jusqu'alors je n'avais jamais eu de mise assez importante pour spéculer de cette façon. Un grand coup signifie beaucoup d'argent si votre ligne est grande, et pour être en mesure de faire un coup sur une grande ligne, vous avez besoin de disposer d'un gros solde chez votre courtier.

J'ai toujours dû, ou senti que je devais, gagner ma vie sur le marché boursier. Cela interféra avec mes efforts pour augmenter l'enjeu disponible vers une méthode de trading plus rentable, mais plus lente et donc plus coûteuse dans l'immédiat.

Cependant, non seulement ma confiance en moi se vit renforcée, mais mes courtiers cessèrent également de me considérer comme un jeune sporadiquement chanceux. Ils avaient gagné beaucoup d'argent grâce à mes commissions, mais désormais j'étais sur la bonne voie pour devenir leur client vedette et, en tant que tel, d'avoir une valeur dépassant le volume réel de mes transactions. Un client qui gagne de l'argent est un atout pour tout bureau de courtage.

Au moment où je cessai de me contenter d'étudier la bande, je cessai alors de me préoccuper exclusivement des fluctuations quotidiennes de certaines actions spécifiques, et quand cela se produisit, je dus simplement étudier le jeu sous un angle différent. Je travaillai en remontant de la cotation aux premiers principes, des fluctuations de prix aux conditions de base.

Bien sûr, je lisais régulièrement le Daily Dope depuis longtemps. Tous les traders le font. Mais la plupart des informations étaient des ragots, certaines étaient délibérément fausses, et le reste n'était que l'opinion personnelle des auteurs. Les revues hebdomadaires réputées, lorsqu'elles traitaient des conditions sous-jacentes, ne me satisfaisaient pas entièrement. Le point de vue des rédacteurs financiers n'était pas similaire au mien en règle générale. Ce n'était pas une question vitale pour eux que de rassembler les faits et d'en tirer des conclusions, mais pour moi, si. Il y avait également une grande différence dans notre évaluation de l'élément temporel. L'analyse de la semaine écoulée était moins importante pour moi que la prévision des semaines à venir.

Pendant des années, j'avais été la victime d'une combinaison malheureuse d'inexpérience, de jeunesse et de manque de capital. Mais maintenant, je ressentais l'exaltation d'un découvreur. Ma nouvelle attitude envers le jeu expliquait mes échecs répétés pour gagner beaucoup d'argent à New York. Mais désormais, avec des ressources adéquates, de l'expérience et de la confiance, j'étais tellement pressé d'essayer cette nouvelle clé que je ne remarquai même pas qu'il y avait un autre verrou sur la porte : un verrou temporel ! C'était un oubli parfaitement naturel. Je dus payer les frais de scolarité habituels, un bon coup pour chaque pas en avant.

J'étudiai la situation en 1906 et pensai que les perspectives d'argent étaient particulièrement sérieuses. Beaucoup de richesses réelles dans le monde entier avaient été détruites. Tout le monde devait tôt ou tard en ressentir les effets et par conséquent, personne ne serait en mesure d'aider qui que ce soit. Ce ne serait pas le type de périodes difficiles résultant habituellement de l'échange d'une maison de dix mille dollars contre un wagon de chevaux de course de huit mille dollars. C'était la destruction complète de la maison par le feu et de la plupart des chevaux par un accident de chemin de fer. C'est de l'argent bien placé qui était parti en fumée par les canons pendant la guerre des Boers, et les millions dépensés pour nourrir les soldats non productifs en Afrique du Sud n'indiquaient aucune aide de la part des investisseurs britanniques comme par le passé. De même, le tremblement de terre et l'incendie de San Francisco ainsi que d'autres désastres touchèrent tout le monde, que ce soient les fabricants, les agriculteurs, les marchands, les ouvriers ou même les millionnaires. Les chemins de fer devaient souffrir énormément. Je me dis que rien ne pourrait empêcher une catastrophe. Dans ce cas, il n'y avait qu'une chose à faire : vendre des actions !

Je vous ai dit que j'avais déjà observé que ma transaction initiale, après m'être décidé quant à la voie à suivre, était susceptible de me faire réaliser un certain profit. Et maintenant que je décidai de vendre, je plongeai. Comme nous entrions sans aucun doute dans un véritable marché baissier, j'étais sûr que je devais accomplir le plus gros coup de ma carrière.

Le marché explosa. Puis il se stabilisa. Il se dégrada, puis commença à progresser régulièrement. Mes bénéfices sur papier disparurent tandis que mes pertes sur papier émergèrent. Un jour, il sembla même qu'il ne resterait plus un seul baissier pour raconter l'histoire de ce véritable marché baissier. Je ne pouvais pas supporter cette gaffe. Dès lors, je couvris tout. C'était tout aussi bien. Si je ne l'avais pas fait, je n'aurais même plus eu assez pour acheter une carte postale. Je perdis la plupart de ma fortune, mais il valait mieux être toujours en vie pour combattre un autre jour.

J'avais fait une erreur. Mais où ? J'étais baissier dans un marché baissier, ce qui était parfaitement sage. J'avais vendu des actions à découvert. Cela était tout aussi correct. J'avais vendu trop tôt. Cela s'avéra coûteux. Ma position était bonne, mais mon jeu était mauvais. Cependant, chaque jour rapprochait le marché de l'inévitable fracas. J'attendis donc et lorsque le flux commença à faiblir et à faire une pause, je leur laissai avoir autant d'actions que mes marges tristement réduites le permettaient. J'avais eu raison cette fois-ci, durant exactement un jour entier, car le jour suivant, il y eut un autre mouvement. Une autre grosse bouchée de votre cher serviteur ! Alors je lus la bande, couvris et attendis. En temps voulu, je vendis à nouveau et une fois de plus, les actions baissèrent de manière prometteuse, puis se redressèrent brutalement.

Il semblait que le marché faisait de son mieux pour me faire revenir à mes anciennes et simples méthodes de négociation des *bucket shops*. C'était la première fois que je travaillais avec un plan prospectif défini, embrassant l'ensemble du marché au lieu d'une ou deux actions. Je me dis que j'allais forcément gagner si je tenais bon. Bien sûr, à ce moment-là, je n'avais pas encore développé mon système de placement de paris, sinon j'aurais placé ma ligne courte sur un marché en déclin, comme je l'ai expliqué la dernière fois. Je n'aurais alors pas perdu une si grande partie de ma marge. J'aurais eu tort, mais je n'aurais pas souffert. Voyez-vous, j'avais observé certes certains faits, mais n'avais pas appris à les coordonner. Non seulement mon observation incomplète ne m'aida pas, mais elle me gêna même.

J'ai toujours trouvé profitable d'étudier mes erreurs. Ainsi, je finis par découvrir qu'il était très bon de ne pas perdre sa position baissière sur un marché baissier, mais qu'à tout moment la bande devrait être lue pour déterminer la propension du moment pour opérer. Si vous commencez bien, vous ne verrez pas votre position rentable sérieusement menacée ; et de ce fait, vous n'aurez aucun problème à conserver votre position.

Bien sûr, aujourd'hui, j'accorde une plus grande confiance à l'exactitude de mes observations, dans lesquelles ni les espoirs ni les passions ne jouent aucun rôle, et j'ai aussi plus de facilités pour vérifier mes faits ainsi que pour tester la justesse de mes observations. Mais en 1906, la succession de mouvements altéra dangereusement mes marges.

J'avais presque vingt-sept ans et étais rentré dans le jeu depuis presque douze ans. Mais la première fois que je négociai en raison d'une crise à venir, je me rendis compte que j'avais utilisé un télescope. Entre mon premier aperçu du nuage orageux qui guettait et le moment d'encaisser le gros lot, l'écart était évidemment tellement plus grand que je ne le pensai, que je commençai même à me demander si j'avais réellement perçu ce que je pensais avoir perçu si clairement. Nous avions eu beaucoup d'avertissements et de montées sensationnelles des taux d'intérêt. Pourtant, certains des grands financiers parlaient avec espoir, du moins aux journalistes, et les mouvements qui suivirent sur le marché boursier firent démentir ceux qui ne juraient que par des atrocités. Avais-je fondamentalement tort d'être baissier ou simplement temporairement en ayant commencé à vendre à découvert trop tôt ?

Je jugeai alors que j'avais commencé trop tôt, mais que je ne pouvais pas vraiment m'en empêcher. Puis le marché commença à vendre. C'était là ma chance. Je vendis tout ce que je pouvais, puis les actions reprirent, à un niveau assez élevé.

Cela vida mes réserves.

J'étais là, en plein dans le mille !

Je vous l'assure, c'était remarquable. Voici ce qui se passa : je regardai devant moi et vis une grosse pile de dollars, d'où sortait un panneau. Il y avait écrit "Servez-vous", en grosses lettres. À côté, il y avait un chariot avec "Lawrence Livingston Trucking Corporation" peint sur le côté. J'avais justement une pelle toute neuve dans ma main. Il n'y avait personne d'autre en vue, donc je n'avais visiblement aucune concurrence dans l'extraction de l'or, ce qui est l'un des avantages de repérer un tas de dollars avant les autres. Les gens qui auraient pu l'apercevoir s'ils s'étaient arrêtés pour observer étaient en train de regarder les matchs de baseball à la place, ou se déplaçaient en voiture ou achetaient des maisons à payer avec les mêmes dollars que je voyais. C'était la première fois que je voyais une telle somme d'argent devant moi, et j'entrepris naturellement de courir vers elle. Avant que je ne puisse l'atteindre, le vent me fit reculer et je tombai piètrement sur le sol. Le tas de dollars était toujours là, mais j'avais perdu la pelle, ainsi que le chariot qui avait disparu. Un tel sprint pour rien ! J'étais trop impatient de

me prouver que j'avais vu de vrais dollars et non un mirage. Je l'avais vu, j'en étais convaincu. Penser à la récompense pour mon excellente vue m'empêcha de véritablement considérer la distance qui me séparait du tas de dollars. J'aurais dû marcher et non sprinter.

C'est ce qui se passa. Je n'ai pas attendu pour décider si oui ou non le moment était venu de plonger du côté des baissiers. À la seule occasion où j'aurais dû invoquer l'aide de ma bande, je ne le fis pas. C'est ainsi que j'appris que même si l'on est correctement baissier au tout début d'un marché qui l'est, il est préférable de ne pas commencer à vendre grossièrement tant qu'il n'y a pas de risque que cela se retourne contre vous.

J'avais négocié plusieurs milliers d'actions au bureau de Harding au cours de toutes ces années, de plus, la firme avait confiance en moi et nos relations étaient au beau fixe. Je suis convaincu qu'ils sentirent que j'étais destiné à un coup de génie assez rapidement et ils savaient qu'avec mon habitude à faire jouer la chance, il me suffirait d'un bon départ pour récupérer plus que ce que j'avais perdu. Ils avaient déjà amassé beaucoup d'argent grâce à mon activité et ils en gagneraient d'autant plus. Il n'y avait donc aucun problème à ce que je puisse à nouveau exercer là-bas tant que mon crédit restait élevé.

La succession de corrections que j'avais reçues m'avait rendu moins agressif, peut-être devrais-je même dire moins insouciant, car je savais bien sûr que je me rapprochais dangereusement de la catastrophe. Tout ce que je pouvais faire était d'attendre attentivement, comme j'aurais dû le faire avant de plonger. Ce n'était pas juste similaire au fait de verrouiller l'écurie après que le cheval ait été volé. Je devais simplement être sûr de moi, la prochaine fois que j'essayerai. Et pour cause, si on ne faisait pas d'erreurs, on posséderait le monde entier en un mois. Paradoxalement, si on ne profitait pas de ses erreurs, on ne posséderait pas la moindre chose.

Eh bien, monsieur, un beau matin, j'arrivai en ville, me sentant à nouveau sûr de moi. Il n'y avait aucun doute cette fois-ci. J'avais lu une publicité présente dans les pages financières de chaque journal, ce qui constituait le meilleur signe prouvant que je n'avais pas eu le bon sens d'attendre avant de plonger. C'était l'annonce d'une nouvelle émission d'actions par la Northern Pacific et la Great Northern. Les paiements devaient être effectués sous forme de versements afin que cela soit plus commode pour les actionnaires. Cette considération était quelque chose de nouveau à Wall Street. De ce fait, elle me parut plus que menaçante.

Pendant des années, l'information la plus importante sur la Great Northern avait été l'annonce qu'un autre melon allait être coupé, ledit melon consistant en le droit des heureux actionnaires de souscrire au pair à une nouvelle émission d'actions de la Great Northern. Ces droits étaient précieux, puisque le prix du marché était toujours bien supérieur au pair. Mais désormais, le marché financier était tel que les plus puissantes maisons de banque du pays n'étaient plus trop sûres du fait que les actionnaires seraient en mesure de payer au comptant pour l'affaire. Sans compter que la Great Northern se vendait à environ 330 !

Dès que j'arrivai au bureau, je dis à Ed Harding » « C'est le moment de vendre, maintenant. C'est à ce moment-là que j'aurais dû commencer. Regardez cette annonce, voulez-vous ? »

Il l'avait déjà vue. J'expliquai ce que les aveux des banquiers représentaient à mon humble avis, mais il ne parvenait pas à voir l'énorme menace qui planait juste au-dessus de nous. Il pensait qu'il valait mieux attendre avant de mettre en place une très grosse ligne courte, car le marché avait l'habitude d'avoir de grandes reprises. Si j'attendais, les prix pourraient certes être plus bas, mais l'opération serait plus sûre.

« Ed, lui dis-je, plus le délai de démarrage est long, plus la rupture sera nette lorsqu'elle commencera. Cette annonce est un véritable aveu signé de la part des banquiers. Ce qu'ils craignent correspond à ce que j'espère. C'est un signe pour nous pousser à monter à bord du wagon baissier. C'est tout ce dont nous avions besoin. Si j'avais dix millions de dollars, j'en miserais chaque centime à la minute même ».

Toutefois, je dus parler et argumenter un peu plus. Il n'allait certainement pas se contenter des seules déductions qu'un homme aussi sain d'esprit que moi pouvait tirer de cette étonnante publicité. C'était certes suffisant pour moi, mais pas pour la plupart des gens dans le bureau. Je vendis un peu ; un peu trop peu.

Quelques jours plus tard, St. Paul annonça très aimablement une émission de ses propres titres, je ne me souviens plus s'il s'agissait d'actions ou de billets. Mais cela n'a pas d'importance. Ce qui importait alors, c'est que j'avais remarquai au moment où je l'avais lue, que la date de paiement était fixée avant les paiements de la Great Northern et de la Northern Pacific, qui avaient été annoncés plus tôt. Il était aussi clair que s'ils avaient utilisé un mégaphone pour l'annoncer, que le vieux St. Paul essayait de battre les deux autres chemins de fer pour le peu d'argent qui flottait à Wall Street. Les banquiers de St. Paul craignaient de toute évidence qu'il n'y en ait pas assez pour les trois et ils se gardaient de dire « Après vous, mon cher Alphonse ! ». Si l'argent était déjà si rare, et je mets ma main au feu que les banquiers en étaient au courant, qu'en serait-il plus tard ? Les chemins de fer en avaient désespérément besoin. Or, il n'y en avait pas. Quelle était la solution ?

Les vendre ! Bien sûr ! Avec ses yeux fixés sur le marché boursier, le public distingua peu de choses cette semaine-là. Les opérateurs boursiers avisés, eux, virent beaucoup, cette année-là. C'était là toute la différence.

Pour moi, cela signait la fin du doute et de l'hésitation. Je pris ma décision pour de bon à ce moment-là. Ce même matin, j'entrepris ce qui était véritablement ma première campagne dans le sens qui me guidera toujours par la suite. Je dis à Harding ce que je pensais ainsi de la position que j'adoptais, et il ne fit pas d'objection à ce que je vende les actions privilégiées de la Great Northern à environ 330, ajoutant à cela d'autres actions à prix élevés. Je profitais de mes erreurs antérieures et coûteuses pour vendre plus intelligemment.

Ma réputation et mon crédit furent rétablis en un clin d'œil. C'est tout l'avantage d'avoir raison dans le bureau d'un courtier, que ce soit par accident ou pas. Mais cette fois-ci, j'avais raison grâce à mon sang-froid, non à cause d'une intuition ou d'une lecture habile de la bande, mais plutôt à la suite de mon analyse des conditions affectant le marché boursier en général. Je n'étais pas en train de deviner. J'anticipais plutôt l'inévitable. Cela ne demandait aucun courage que de vendre des actions. Je ne pouvais simplement pas voir autre chose que des prix plus bas, et je devais agir en conséquence, n'est-ce pas ? Que pouvais-je faire d'autre ?

Toute la liste était aussi molle que de la bouillie. Puis il y eut un mouvement et les gens en profitèrent pour venir me voir afin de m'avertir que la fin de la baisse avait été atteinte. Les gros bonnets, sachant que les intérêts à découvert étaient énormes, avaient décidé de presser les baissiers. Cela nous ramènerait, à nous, pessimistes, quelques millions de dollars. Il était certain que les gros bonnets n'auraient aucune pitié. J'avais l'habitude de remercier ces gentils conseillers. Je ne discutais même pas, parce qu'ils auraient pu alors penser que je n'étais pas reconnaissant pour les avertissements.

L'ami qui avait été à Atlantic City avec moi était à l'agonie. Il arrivait à comprendre le pressentiment qui a été suivi du tremblement de terre. Il ne pouvait pas ne pas croire à de telles agences, puisque j'avais gagné un quart de million en obéissant intelligemment à mon impulsion aveugle de vendre l'Union Pacific. Il dit même que c'était le destin qui travaillait, à sa manière mystérieuse, pour me pousser à vendre des actions alors que lui-même était haussier. Ainsi, il pouvait comprendre ma deuxième transaction UP à Saratoga parce qu'il arrivait à comprendre n'importe quelle transaction impliquant une unique action, sur laquelle le tuyau reçu avait définitivement fixé le mouvement à l'avance, que ce soit à la hausse ou à la baisse. Mais ce fait de prédire que toutes les actions étaient vouées à la baisse l'exaspérait. Qu'est-ce que ce genre ce genre d'information aidait quelqu'un ? Comment un gentleman pourrait-il dire ce qu'il faut faire ?

Je me rappelai alors la remarque favorite du vieux Partridge : « Eh bien, c'est un marché haussier, vous savez », comme si cela suffisait à quiconque était assez sage, ce qui était le cas en réalité. Il était très curieux de voir comment, après avoir subi d'énormes pertes suite à une rupture de quinze ou vingt points, les gens qui s'accrochaient encore, accueillaient une rentrée de trois points en étant certains que le fond avait été atteint et que la reprise complète avait commencé.

Un jour, mon ami vint me voir et me demanda : « As-tu couvert tes ventes ?

- Pourquoi devrais-je le faire ? répondis-je.

- Pour la seule et unique bonne raison au monde.

- Et quelle est-elle ?

- Pour gagner de l'argent. Elles ont touché le fond or tout ce qui descend finit par remonter. N'est-ce pas ?

- Oui, répondis-je. D'abord, elles touchent le fond, puis remontent ; mais pas tout de suite. Il faut qu'elles soient bel et bien mortes depuis au moins deux jours. Ce n'est pas encore le moment pour ces cadavres de remonter à la surface. Ils ne sont pas encore tout à fait morts ».

Un vieil homme m'entendit. C'était l'un de ces gars qui, bizarrement, se souviennent toujours de quelque chose. Il dit que William R. Travers, qui était baissier, rencontra un jour un ami qui, lui, était haussier. Ils échangèrent leurs points de vue sur le marché et l'ami lui dit : « M. Travers, comment pouvez-vous être baissier avec un marché aussi rigide ? », chose à laquelle Travers rétorqua « Oui ! La r-r-rigidité de la m-mort ! ». C'était Travers qui s'en alla au bureau d'une compagnie et demanda à voir les registres. Le greffier lui demanda : « Avez-vous un intérêt dans cette société

? » et Travers répondis, « Je d-d-devrais plutôt d-dire que j' en a-a-avais ! Je suis à c-c-court de vingt mille actions de la société ! ».

Eh bien, les reprises devinrent de plus en plus faibles. Je poussais ma chance, pour tout ce qu'elle pouvait valoir. Chaque fois que je vendais quelques milliers d'actions de Great Northern privilégiées, le prix chutait de plusieurs points. Je repérai des points faibles ailleurs et leur en laissai quelques-uns. Tout fonctionna comme prévu, à une exception près, impressionnante, celle de Reading.

Quand tout le reste dégringola, Reading se maintint en place tel le rocher de Gibraltar. Tout le monde disait que le titre était bloqué. D'ailleurs, il agissait certainement comme tel. On avait pour habitude de me dire que c'était pur suicide que de vendre Reading à découvert. Il y avait des gens dans le bureau qui étaient désormais aussi baissiers que moi. Mais aussitôt que quelqu'un faisait allusion à la vente de Reading, il criait à l'aide. J'avais moi-même vendu des actions à découvert et restais sur mes positions. En même temps, je préférais naturellement chercher et frapper les points faibles plutôt que de m'attaquer aux spécialités plus fortement protégées. Ma lecture de bande repéra plus facilement de l'argent pour moi dans d'autres actions.

J'entendis beaucoup parler du groupe haussier de Reading. C'était un groupe puissant. Pour commencer, ils disposaient de beaucoup d'actions à bas prix, de sorte que leur moyenne était en fait inférieure au niveau actuel, selon les amis qui m'en parlèrent. De plus, les principaux membres du groupe avaient des liens étroits et des plus amicaux avec les banques dont ils utilisaient l'argent pour transporter leurs énormes avoirs de Reading. Tant que le prix restait élevé, l'amitié des banquiers était solide et inébranlable. Le bénéfice sur papier d'un membre du groupe s'élevait à plus de trois millions. Cela permettait un certain déclin sans causer de fatalité. Pas étonnant que cette action ait résisté et défié les baissiers. De temps en temps, les traders de la salle regardaient le prix, se pinçaient les lèvres et procédaient à des tests avec un millier d'actions ou deux. Ils ne pouvaient pas déloger une action, alors ils la couvraient et allaient chercher ailleurs de l'argent plus facile. Chaque fois que je la regardais, j'en vendais un peu plus, juste assez pour me convaincre que j'étais fidèle à mes nouveaux principes de trading et que je ne faisais pas de favoritisme.

Autrefois, la force de Reading aurait pu me tromper. La bande persistait à me dire : « Laisse tomber ! ». Mais ma raison me poussait vers l'inverse. Je m'attendais à une pause générale, et il n'y aurait pas d'exception, groupe ou pas.

J'avais toujours joué une main solitaire. J'avais commencé de cette manière dans les magasins de seaux et continué de la sorte. C'est la façon dont mon esprit fonctionne. Je dois me faire ma propre vision et penser par moi-même. Mais je peux vous assurer qu'après que le marché ait commencé à aller dans mon sens, je sentis pour la première fois de ma vie que j'avais des alliés, les plus forts et les plus vrais du monde, qui n'étaient autres que les conditions sous-jacentes. Elles m'aidaient de toutes leurs forces. Peut-être étaient-elles parfois un peu lentes à faire monter les réserves, mais elles étaient fiables, à condition que je ne sois pas trop impatient. Je ne me risquais plus à opposer mon sens de la lecture des bandes ou mes intuitions au hasard. La logique inexorable des événements se chargeait de me faire gagner de l'argent.

Le tout était d'avoir raison, de le savoir et d'agir en conséquence. Les conditions générales, mes vraies alliées, me disaient « À terre ! » et Reading ne tint pas compte de cet ordre. C'était une insulte envers nous. Cela commençait à m'agacer de voir Reading tenir fermement, comme si tout était serein. Ça devait être la meilleure vente à découvert de toute la liste puisqu'elle n'avait pas baissé et le groupe transportait toujours beaucoup d'actions qu'il ne pourrait pas transporter lorsque la rigueur monétaire s'accentuera. Un jour, les amis des banquiers ne s'en sortiraient pas mieux que le public dépourvu de ces amitiés. Les actions devaient partir avec les autres. Si Reading ne baissait pas, alors ma théorie était fausse ; j'aurais tort ; les faits seraient faux ; la logique également.

Je pensai que le prix se maintenait autant car la bourse craignait de le vendre. Alors un jour, je donnai à deux courtiers l'ordre de vendre chacun quatre mille actions, au même moment.

Vous auriez dû voir cette action encerclée, c'était un suicide certain que d'en être à découvert et plonger tête baissée quand ces ordres compétitifs la frappèrent. Je leur laissai avoir quelques milliers de plus. Le prix était de 111 quand je commençais à le vendre. En quelques minutes, je pris toute ma ligne de vente à découvert à 92.

J'eus une période merveilleuse après cela, et en février 1907, je vidais mes réserves. La Great Northern avait baissé de 60 ou 70 points, tandis que d'autres actions en proportion. J'avais parcouru un bon bout de chemin, mais la raison pour laquelle j'avais tout vendu est que je pensais que la baisse n'avait pas pris en compte l'avenir immédiat. Je cherchai une bonne reprise, mais je n'étais pas assez haussier pour jouer au tournant. Je n'allais pas non plus perdre entièrement ma position. Le marché n'était pas adapté pour que je fasse des transactions pendant un certain temps. Les dix premiers milliers que j'amassai dans les *bucket shops*, furent perdus parce que je négociai à la fois pleine saison et hors saison, tous les jours, que les conditions soient bonnes ou pas. Or, je n'allais pas faire deux fois la même erreur. Par ailleurs, gardez à l'esprit que j'avais été fauché un peu auparavant car j'avais repéré cette rupture trop tôt et que j'avais commencé à vendre avant qu'il ne soit temps. Désormais, dès que j'avais un gros profit en main, je voulais à tout prix l'encaisser pour avoir le sentiment d'avoir eu raison. Les reprises m'avaient déjà brisé par le passé. Je n'allais pas non plus laisser le prochain m'anéantir. Au lieu de rester campé sur ma position, je décidai d'aller en Floride. J'adore la pêche et j'avais besoin de repos. Cela tombait bien, je pouvais profiter des deux là-bas. De plus, il y a des liens directs entre Wall Street et Palm Beach.

Chapitre 9 : Des vacances loin d'être de tout repos

Je naviguai au large des côtes de Floride. La pêche était bonne. Bien que je fus à court d'actions, j'avais l'esprit tranquille et passais un bon moment. Un jour, au large de Palm Beach, des amis accostèrent en bateau à moteur. L'un d'eux avait apporté un journal avec lui. Je n'en avais pas lu un depuis quelques jours et n'en avais pas particulièrement envie non plus. Je n'étais pas intéressé par les nouvelles qu'il pouvait publier. Toutefois, je finis par jeter un coup d'œil sur celui que mon ami avait apporté sur le yacht, et vis que le marché avait connu une reprise considérable, de dix points et plus.

Je dis à mes amis que j'allais accoster avec eux. De telles reprises modérées de temps en temps étaient raisonnables. Mais le marché baissier n'était pas arrivé à sa fin ; et voici déjà que Wall Street, le public inconscient ou les intérêts désespérés des haussiers ne tenaient plus compte des conditions monétaires et augmentaient les prix au-delà de la raison ou laissaient quelqu'un d'autre le faire à leur place. C'en était trop pour moi. Je devais simplement jeter un coup d'œil au marché. J'ignorais ce que je pourrais faire ou ne pas faire. Mais je savais que mon besoin le plus pressant était la vue du tableau des cotations.

Mes courtiers, Harding Brothers, avaient une succursale à Palm Beach. En passant le pas de la porte, j'y trouvai d'ailleurs beaucoup de gars que je connaissais. La plupart d'entre eux avaient des tendances haussières. Ils étaient du genre à négocier sur la bande et à vouloir une action rapide. Ces traders se soucient peu de regarder sur le long terme car ils n'en ont pas besoin vu leur style de jeu. Je vous ai raconté comment j'en étais venu à être connu au bureau de New York comme le *"Boy Plunger"*. Bien sûr, les gens amplifient toujours les gains d'une personne et la taille de la ligne qu'elle mise. Les gars du bureau avaient entendu dire que j'avais fait un malheur à New York du côté des baissiers et s'attendaient maintenant à ce que je plonge à nouveau du côté court. Ils pensaient eux-mêmes que la reprise irait bien plus loin, mais considéraient plutôt qu'il était de mon devoir de la combattre.

J'étais venu en Floride pour un profiter de la pêche. J'avais été sous une tension assez éprouvante pendant longtemps et avais clairement besoin de vacances. Mais dès que je vis à quel point la reprise des prix était arrivée, le moindre besoin de vacances me déserta. Je n'avais pas pensé à ce que j'allais faire en arrivant à terre. Mais désormais, j'avais la certitude que je devais vendre des actions. J'avais raison, et je devais le prouver à ma manière, la seule et l'unique, en l'exprimant à travers de l'argent. Vendre la liste générale serait une action appropriée, prudente, rentable et même patriotique.

La première chose que je vis sur le tableau des cotations était qu'Anaconda était sur le point

de dépasser les 300. Elle avait grimpé à pas de géants et il y avait apparemment un groupe de haussiers agressifs. Il existait une vieille théorie commerciale qui disait que lorsqu'une action franchit les 100, 200 ou 300 pour la première fois, le prix ne s'arrête pas au chiffre pair, mais monte beaucoup plus haut, de sorte que si vous l'achetiez dès qu'elle franchissait la ligne, il était presque certain que vous feriez un bénéfice. Les personnes timides n'aiment pas acheter une action en établissant un nouveau record. Mais j'avais en tête l'histoire de tels mouvements pour me guider.

Anaconda ne représentait qu'un quart d'action, c'est-à-dire que la valeur nominale des actions n'était que de 25 dollars. Il fallait 400 actions pour égaler les cent actions habituelles des autres actions, dont la valeur nominale était de cent dollars. Je pensai que lorsqu'elle franchirait la barre des 300, elle devrait continuer à progresser et probablement atteindre 340 en un clin d'œil.

J'étais baissier, rappelez-vous, mais j'étais aussi un trader qui lisait les bandes. Je savais que Anaconda, si cela se passait comme je le prévoyais, se déplacerait très rapidement. Ce qui bouge vite m'attire toujours particulièrement. J'avais appris la patience et comment maintenir sa position, mais ma préférence personnelle demeurait les mouvements rapides, et Anaconda n'était certainement pas une action paresseuse. Mon achat était non seulement dû au fait qu'elle avait franchi la barre des 300 mais était tout aussi motivé par le désir, toujours fort en moi, de confirmer mes observations.

Précisément à ce moment-là, la bande disait que les achats étaient plus forts que les ventes et donc que la reprise générale pourrait facilement aller un peu plus loin. Il serait prudent d'attendre avant d'adopter une position à découvert. Mais je pourrais tout aussi bien me payer un salaire pour attendre. Cela serait accompli en prenant rapidement trente points d'Anaconda. Baissier sur l'ensemble du marché et haussier sur cette seule action ! J'ai donc acheté 32000 actions d'Anaconda, soit 8000 actions entières. C'était une belle petite somme mais j'étais sûr de mes prémisses et je m'étais dit que le profit aiderait à gonfler la marge disponible pour les opérations baissières plus tard.

Le lendemain, les câbles télégraphiques étaient tombés en panne à cause d'une tempête dans le Nord ou quelque chose dans les environs. Je me trouvais dans le bureau de Harding, attendant les nouvelles. La foule se demandait toutes sortes de choses, comme le font les boursiers quand ils ne peuvent pas négocier. Puis nous obtînmes une cotation, la seule de la journée : Anaconda, 292.

Il y avait un type avec moi, un courtier que j'avais rencontré à New York. Il savait que j'avais une marge de huit mille actions complètes et je le soupçonnais d'en posséder quelques-unes aussi, car lorsque nous obtînmes cette cotation, il paniqua. Il ne pouvait pas dire si l'action à ce moment précis avait encore gagné dix points de plus ou pas. Vu la façon dont Anaconda avait grimpé, il n'aurait pas été inhabituel de la voir dépasser les 20 points. Mais je lui dis : « Ne t'inquiète pas, John. Tout ira bien demain ». Il s'agissait réellement de mon ressenti. Mais il me regarda et secoua la tête. Il ne tomba pas dans le panneau. Il était de ce genre-là. Alors je ris, et attendis dans le bureau au cas où une cotation aurait filtré. Mais non, monsieur. C'est tout ce que nous obtînmes : Anaconda, 292. Cela signifiait pour moi une perte sur le papier de près de cent mille dollars. J'avais voulu une action rapide. Eh bien, je l'avais eue.

Le lendemain, les câbles fonctionnaient à nouveau et nous obtînmes les cotations comme à leur habitude. Anaconda débuta à 298 et monta jusqu'à 302¾, mais très vite, elle commença à disparaître. De plus, le reste du marché ne se comportait pas comme il le fallait face à une nouvelle reprise. Je décidai que si Anaconda retournait à 301, je devais considérer l'ensemble comme un faux mouvement. Sur une progression légitime, le prix aurait dû grimper jusqu'à 310 sans s'arrêter. Si, au contraire, il réagissait, cela signifiait que les schémas précédents m'avaient fait défaut et que j'avais tort, or le seul comportement à adopter lorsqu'un homme a tort est d'avoir raison en cessant d'avoir tort. J'avais acheté huit mille actions complètes dans l'espoir d'une hausse de trente ou quarante points. Et pour cause, ce ne serait pas ma première erreur, ni ma dernière.

Bien sûr, Anaconda retomba à 301. Au moment où elle atteint ce chiffre, je me faufilai vers l'opérateur télégraphique (ils avaient un fil direct avec le bureau de New York) et lui dis : « Vendez toutes mes Anaconda, les huit mille actions ». Je fis en sorte de le dire à voix basse, ne voulant pas que quelqu'un d'autre sache ce que je faisais.

Il leva les yeux vers moi, presque horrifié. Mais je hochai la tête et insistai : « Tout ce que j'ai! ».

« M. Livingston, vous ne voulez pas dire sur le marché ? ». On aurait dit que lui-même allait risquer de perdre deux millions de dollars à cause d'une exécution défectueuse par un courtier négligent. Mais je lui répétai : « Vendez-la ! Ne discutez pas ! ».

Les deux frères Black, Jim et Ollie, étaient dans le bureau, hors de vue de l'opérateur et de moi-même. C'étaient de gros traders originaires de Chicago, où ils avaient été de célèbres plongeurs autour des actions de blé, et étaient aujourd'hui devenus de gros négociants à la bourse de New York. Ils étaient très riches et étaient de grands joueurs aimant se donner en spectacle.

Lorsque je quittai l'opérateur télégraphique pour retourner à mon siège devant le tableau de cotation, Oliver Black me fit un signe de tête et sourit.

« Tu vas le regretter, Larry », dit-il.

Je m'arrêtai et lui demandai : « Que veux-tu dire par là ?

- Tu finiras par la racheter d-demain.

- Racheter quoi ? demandai-je. Je ne l'avais dit à personne, sauf à l'opérateur télégraphique.

- Anaconda, répondit-il. Tu vas même payer 320 pour ça. Je ne peux pas dire que c'était là un bon mouvement de ta part, Larry, ajouta-t-il en souriant à nouveau.

- Qu'est-ce qui n'était pas bon ? interrogeai-je d'un air innocent.

- Vendre ton Anaconda à 8000$ sur le marché ; en fait, surtout insister dessus », dit Ollie Black.

Je savais qu'il était supposé être très intelligent et qu'il négociait toujours en se basant sur des informations privilégiées. Mais la manière dont il parvint à connaître mes affaires avec autant de précision me dépassait. D'autant plus que j'étais sûr que le bureau ne m'avait pas trahi.

« Ollie, comment sais-tu ça ? » lui demandai-je.

Il s'esclaffa et me dit : « Je le tiens de Charlie Kratzer ». Il s'agissait de l'opérateur télégraphique.

« Mais il n'a jamais quitté sa place, fis-je remarquer.

- Je ne pouvais pas vous entendre chuchoter, lui et toi, gloussa-t-il. Mais j'ai entendu chaque mot du message qu'il a envoyé au bureau de New York pour toi. J'ai appris la télégraphie il y a des années de cela, après avoir eu une grosse dispute en raison d'une erreur glissée dans un message. Depuis, lorsque je fais ce que tu viens de faire, c'est-à-dire donner un ordre de vive voix à un opérateur, je veux être sûr que celui-ci envoie bien le message tel que je le lui donne. Je sais ce qu'il envoie en mon nom. Mais tu regretteras d'avoir vendu cet Anaconda. Il atteindra les 500.

- Pas cette fois-ci, Ollie », dis-je simplement.

Il me regarda fixement et dit : « Tu sembles assez arrogant à ce sujet.

- Pas moi, mais plutôt la bande », dis-je. Certes, il n'y avait pas de téléscripteur ici ce qui signifiait donc qu'il n'y avait pas de bande, mais il comprenait ce que je voulais dire.

« J'ai entendu parler de ces oiseaux, dit-il, qui regardent la bande mais qui, au lieu d'y voir les prix, y voient un tableau d'annonces de l'arrivée et du départ des actions. Mais je pensais qu'ils étaient dans des cellules capitonnées où ils ne pouvaient pas se blesser ».

Je ne lui répondis rien car à ce moment-là, ses paroles me firent l'effet d'un déclic. Ils avaient vendu cinq mille actions à 299¾. Je savais que nos cotations étaient légèrement en retard sur le marché. Lorsque j'avais donné à l'opérateur l'ordre de vendre, le prix affiché sur le tableau à Palm Beach était de 301. Je me sentais tellement sûr de moi qu'à ce moment précis, là où le prix auquel l'action se vendait réellement à la Bourse de New York était inférieur, si quelqu'un m'avait proposé de me débarrasser de l'action à 296, j'aurais été plus que ravi d'accepter. Ce qui se produisit vous prouve donc que j'avais raison de ne jamais négocier à des prix limites. Supposons que j'eus limité mon prix de vente à 300 ? Je ne l'aurais alors jamais obtenu. Non, monsieur ! Quand vous voulez abandonner, faites-le.

Finalement, mes actions me coûtèrent environ 300. Ils enlevèrent cinq cents actions, des actions complètes, bien sûr à 299¾. Les mille suivantes furent vendues à 299⅝. Puis une centaine à ½; deux cents à ⅜ et deux cents à ¼. Les dernières de mes actions partirent à 298¾. Il fallut seulement 15 minutes à l'homme supposément le plus intelligent de Harding pour se débarrasser de ces 100 dernières actions. Ils ne voulaient pas l'ouvrir en grand.

Au moment où je reçus le rapport de vente de la dernière de mes actions longues, je commençai enfin à faire ce que j'étais venu faire en accostant, c'est-à-dire vendre des actions. Je devais tout simplement le faire. Tel était le marché après sa reprise scandaleuse, quémandant d'être vendu. Pourquoi ? Tout simplement parce que les gens commençaient à parler de hausse à nouveau. L'évolution du marché, cependant, me poussait à croire que la hausse avait déjà atteint son but. Il était plus prudent de les vendre. Cela ne nécessitait aucune réflexion.

Le lendemain, Anaconda débuta en dessous de 296. Oliver Black, qui attendait un nouveau rebond, était descendu plus tôt pour être au premier rang lorsque l'action franchit la barre des 320. J'ignorais combien il avait de marge ou s'il en avait tout court. Mais il ne ria guère quand il vit les prix de départ, ni plus tard dans la journée quand l'action dégringola encore plus et que le rapport nous revint à Palm Beach, annonçant qu'il n'y avait aucun marché du tout pour cette action.

Bien sûr, c'était là l'unique confirmation dont tout homme avait besoin. Mon profit croissant me rappelait que j'avais raison, heure par heure. Naturellement, je vendis d'autres actions. La totalité ! Et pour cause, c'était un marché baissier, ce qui signifiait qu'elles allaient toutes baisser. Le jour suivant était un vendredi, l'anniversaire de Washington. Je ne pouvais malheureusement pas rester en Floride et pêcher parce que j'avais mis en place une ligne courte beaucoup trop juste, pour moi. On avait besoin de moi à New York. Qui avait besoin de moi ? Moi-même ! Palm Beach était trop loin, trop éloigné. Trop de temps précieux était perdu en télégraphiant dans les deux sens.

Je quittai ainsi Palm Beach pour New York. Le lundi, je dus m'allonger à St. Augustine pendant trois heures, en attendant un train. Il y avait un bureau de courtage là-bas, et tout naturellement, je me devais de voir comment le marché se comportait en mon absence. Anaconda avait chuté de plusieurs points depuis le dernier jour de bourse. En fait, elle ne cessa guère de baisser, et ce, jusqu'à la grande rupture de cet automne.

J'arrivai à New York et négociai en surfant sur la tendance baissière pendant près de quatre mois. Le marché eut de fréquents rebonds comme auparavant, et je continuai à les couvrir avant de les sortir à nouveau. Je n'ai pas, à proprement parler, gardé une position ferme. Rappelez-vous, j'avais perdu chaque centime des 300 000 dollars que j'avais amassé avec le tremblement de terre de San Francisco. J'avais eu raison, et pourtant cela ne m'empêcha pas de finir ruiné. Je jouais donc maintenant la sécurité, simplement parce qu'après avoir touché le fond, tout homme apprécie de se relever, et ce, même s'il n'atteint pas les sommets. La clé pour gagner de l'argent est d'en gagner. La clé pour gagner beaucoup d'argent est d'avoir raison exactement au bon moment. Dans ce domaine, tout homme doit penser à la fois à la théorie et à la pratique. Un spéculateur ne doit pas seulement se limiter à être un étudiant, il doit être à la fois un étudiant et un spéculateur.

Je m'étais relativement bien débrouillé, même si je pouvais désormais distinguer là où ma campagne était tactiquement inadéquate. Quand l'été arriva, le marché devint terne. Il était certain qu'il n'y aurait pas d'activité importante jusqu'à l'automne. Tous ceux que je connaissais s'étaient rendus ou allaient se rendre en Europe. J'envisageai alors de prendre la même décision. Je vendis donc, de ce pas, tout mon stock. Ainsi, quand j'embarquai pour l'Europe, j'avais en poche environ trois quarts de million tout au plus. À mes yeux, cela se prêtait à un certain équilibre.

J'arrivais à Aix-les-Bains et m'y amusais fortement. J'avais indéniablement mérité mes vacances. Cela faisait du bien d'être dans un endroit tel celui-ci, avec beaucoup d'argent, des amis, des connaissances et tout le monde souhaitant s'amuser. Ce n'était d'ailleurs pas ce qu'il manquait à Aix. Wall Street était si loin qu'à aucun moment, cela ne me traversait l'esprit, et un tel exploit constituait plus que ce que pouvait m'offrir n'importe quelle station balnéaire aux États-Unis. Je n'avais pas à écouter les conversations sur le marché boursier, pas plus que je n'avais besoin de faire du trading. J'en avais suffisamment pour subsister assez longtemps, de plus, quand j'allais rentrer, je savais parfaitement quoi faire pour gagner bien plus que ce que j'avais pu dépenser en Europe cet été-là.

Un jour, je vis dans le Paris Herald une dépêche de New York indiquant que Smelters avait déclaré un dividende supplémentaire. Ils avaient fait grimper le prix de l'action, de quoi pousser le marché tout entier à revenir en force. Bien sûr, cela changea tout pour moi à Aix. Les nouvelles signifiaient simplement que les groupes haussiers se battaient encore désespérément contre les conditions, c'est-à-dire contre le bon sens et l'honnêteté, car ils savaient pertinemment ce qui allait se passer et avaient recours à de tels stratagèmes pour faire monter le marché afin d'écouler les stocks avant que la tempête ne les frappe. Il est possible qu'ils n'aient vraiment eu aucune connaissance de la gravité du danger ou sa proximité comme je le pensais. Les grandes figures majeures de Wall Street sont toutes aussi enclines à prendre leurs désirs pour des réalités que des politiciens ou de simples idiots. Pour ma part, je ne peux pas travailler de cette façon. Peut-être qu'un artisan ou un promoteur de nouvelles entreprises peuvent se permettre de se livrer à un tel l'espoir, mais chez un spéculateur, une telle attitude est fatale.

En tout cas, je savais que toute manipulation haussière était vouée à l'échec dans ce marché baissier. À ma lecture de la dépêche, je sus parfaitement qu'il n'y avait qu'une seule chose à faire pour être à l'aise, c'était de vendre Smelters à découvert. Et pour cause, tous les initiés me supplièrent quasiment à genoux de le faire, quand ils augmentèrent le taux de dividende au bord de la panique. C'était aussi exaspérant que les vieux "défis" auxquels vous vous livriez étant enfants : ils me défièrent de vendre cette action particulière à découvert.

J'envoyai alors quelques ordres de vente concernant Smelters et conseillai à mes amis à New York de vendre à découvert. Quand je reçus mon rapport de la part des courtiers, je remarquai que le prix qu'ils avaient obtenu était de six points inférieurs aux cotations que j'avais vues dans le Paris Herald. Cela vous montre donc l'ampleur de la situation.

Je planifiais de retourner à Paris à la fin du mois puis, environ trois semaines plus tard, de partir pour New York, mais dès que je reçus le rapport transcrit de mes courtiers, je retournai immédiatement à Paris. Le jour même de mon arrivée, j'appelai les bureaux en charge des bateaux à vapeur et découvris qu'un bateau rapide partait pour New York le lendemain. Je ne me fis donc pas prier pour y embarquer.

J'étais de retour à New York, avec presque un mois d'avance par rapport à mes plans initiaux, car c'était l'endroit le plus confortable pour être à découvert sur le marché. J'avais bien plus d'un demi-million en liquide disponible pour réaliser des marges. Détrompez-vous, mon retour n'était nullement dû au fait que j'étais baissier mais plutôt au fait que j'étais logique.

Je vendis plus d'actions. Alors que l'argent commençait à se faire rare, les taux d'intérêt augmentèrent tandis que les prix des actions baissèrent. Je l'avais prévu. Au début, ma prospective me ruina. Mais j'avais maintenant raison et étais prospère. Cependant, la véritable joie résidait dans la prise de conscience qu'en tant que trader, j'étais enfin sur la bonne voie. J'avais encore beaucoup à apprendre, mais je savais quoi faire. Plus de moment de flottement ni de méthodes à moitié correctes. La lecture des bandes était une partie importante du jeu, tout comme le fait de commencer au bon moment et rester sur sa position. Mais ma plus grande découverte fut l'importance de l'étude des conditions générales et leur évaluation de manière à pouvoir anticiper les probabilités. En bref, j'avais appris que je devais travailler pour gagner mon argent. Je ne pariais plus à l'aveuglette et ne cherchais plus à maîtriser la technique du jeu, mais mon but était de mériter mes succès par une étude approfondie et une réflexion claire. Je découvris également que personne n'était à l'abri du danger porté par un jeu dupe. Et pour un tel jeu, le joueur est également payé de manière dupe ; car le payeur est en plein service et ne perd jamais l'enveloppe de paie qui vous est destinée.

Notre bureau avait réussi à gagner beaucoup d'argent. Mes propres opérations furent à tel point réussies qu'elles commencèrent à faire parler d'elles tout en étant, bien sûr, grandement exagérées. Je fus crédité pour le lancement des ruptures de diverses actions. Des gens que je ne connaissais même pas de nom venaient me féliciter. Ils pensaient tous que le plus merveilleux était l'argent que j'avais gagné. Paradoxalement, ils ne dirent pas un mot sur l'époque où j'avais commencé à évoquer la baisse alors qu'ils étaient sûrs que j'étais un baissier râleur vindicatif. Le fait d'avoir prévu ces problèmes d'argent ne représentait rien à leurs yeux. À l'inverse, le fait que le comptable de mes courtiers ait utilisé un tiers d'une goutte d'encre sur la page crédit du grand registre à mon nom était une merveilleuse réussite pour eux.

Des amis avaient pour habitude de me dire que dans différents bureaux, le ''Boy Plunger'' de

Harding Brothers avait été cité comme ayant proféré toutes sortes de menaces contre les partisans haussiers qui avaient essayé d'augmenter les prix de diverses actions, longtemps après qu'il ait été clair que le marché était condamné à chercher un niveau beaucoup plus bas.

Aujourd'hui encore, on parle toujours de mes raids.

A partir de la fin du mois de septembre, le marché monétaire se mit à lancer des avertissements au monde entier. Mais certaines personnes étaient tellement persuadées qu'un miracle allait se produire que cela les empêcha de vendre ce qui restait de leurs avoirs spéculatifs. Un courtier me raconta d'ailleurs une histoire, dès la première semaine d'octobre, qui me fit me sentir presque honteux face à ma modération.

Souvenez-vous, les prêts d'argent se faisaient sur le plancher de la Bourse Exchange autour du Money Post. Les courtiers qui avaient reçu une notification de leurs banques exigeant de payer des prêts d'appel savaient d'une manière générale combien d'argent ils devraient emprunter à nouveau. Et bien sûr, les banques connaissaient leur position en ce qui concerne les fonds prêtables, tandis que ceux qui avaient de l'argent à prêter l'envoyaient à la Bourse. Cet argent bancaire était géré par quelques courtiers dont l'activité principale était les prêts à terme. Vers midi, le taux de renouvellement pour la journée était affiché. Habituellement, cela représentait une bonne moyenne des prêts effectués jusqu'à cette heure-ci. Les affaires étaient globalement traitées ouvertement par des offres et des soumissions, de sorte que tout le monde savait ce qui se déroulait. Entre midi et quatorze heures environ, il n'y avait habituellement pas beaucoup d'affaires impliquant de l'argent, mais après l'heure de la livraison, c'est-à-dire à 14h15, les courtiers savaient exactement quelle était leur position en espèces pour la journée et pouvaient soit aller au Money Post pour prêter les sommes qu'ils voulaient ou emprunter ce dont ils avaient besoin. Ces affaires se faisaient également ouvertement.

Au début du mois d'octobre, le courtier dont je vous avais parlé vint me voir et m'informa que les courtiers n'allaient plus à la Money Post lorsqu'ils avaient de l'argent à prêter. La raison en était que les membres de quelques maisons de commission bien connues y faisaient le guet, prêts à s'emparer de toute offre d'argent. Bien sûr, aucun prêteur qui offrait de l'argent publiquement ne pouvait refuser de prêter à ces entreprises. Elles étaient solvables et les garanties étaient suffisamment bonnes. Cependant, le problème était qu'une fois que ces entreprises avaient emprunté de l'argent sur appel, il n'y avait aucune chance que le prêteur récupère cet argent. Elles disaient simplement qu'elles ne pouvaient pas le rembourser, contraignant le prêteur, bon gré mal gré, à renouveler le prêt. Ainsi, toute maison de la Bourse,

qui avait de l'argent à prêter à ses collègues, envoyait ses hommes sur le plancher au lieu d'aller au bureau de poste, là-bas, ils chuchotaient à leurs bons amis, « Voulez-vous cent ? », ce qui signifiait : « Voulez-vous emprunter cent mille dollars ? ». Les courtiers qui agissaient pour les banques adoptèrent rapidement le même plan, offrant alors un spectacle presque lugubre à regarder au Money Post. Pensez-y !

Il m'expliqua aussi qu'en ces jours d'octobre, il s'agissait d'une question d'étiquette boursière pour l'emprunteur que de créer son propre taux d'intérêt. Voyez-vous, il fluctuait entre 100 et 150 pour cent par an. Je suppose qu'en laissant l'emprunteur fixer le taux, étrangement, le prêteur ne se sentait pas tant comme un usurier, mais je peux vous parier qu'il obtenait autant que les autres. Le prêteur ne rêvait naturellement pas d'éviter de payer un taux élevé. Il jouait franc jeu et payait ce qui lui était exigible. En fait, ce dont il avait besoin, c'était de l'argent et il était heureux de l'obtenir.

Les choses allaient de mal en pis. Finalement, arriva le jour des comptes terrible pour les haussiers, les optimistes ainsi que les penseurs pleins d'espoirs, et ces vastes hordes qui, redoutant la douleur d'une petite perte au début, étaient maintenant sur le point de subir l'équivalent d'une amputation totale sans anesthésie. Il s'agissait d'un jour à marquer d'une pierre blanche : le 24 octobre 1907.

Ce que rapporta la foule de financiers indiqua très tôt que les emprunteurs devraient payer ce que les prêteurs jugèrent bon de demander. Il n'y aurait pas assez pour tout le monde. Ce jour-là, la foule était beaucoup plus nombreuse que d'habitude. Quand l'heure des résultats arriva cet après-midi-là, il devait y avoir une centaine de courtiers autour de la Money Post, chacun espérant emprunter l'argent dont sa société avait urgemment besoin. Sans argent, ils devaient vendre les actions qu'ils détenaient sur marge, et ce, à n'importe quel prix qu'ils pouvaient obtenir dans un marché où les acheteurs se faisaient aussi rares que l'argent, or, à ce moment précis, il n'y avait pas un dollar en vue.

L'associé de mon ami était aussi baissier que moi. L'entreprise n'avait donc pas eu à emprunter, mais mon ami, le courtier dont je vous ai parlé, juste après avoir vu les visages hagards autour de la Money Post, vint me voir. Il savait que j'étais fortement à découvert sur l'ensemble du marché.

Il dit : « Mon Dieu, Larry ! J'ignore ce qui va se passer. Je n'ai jamais rien vu de tel. Ça ne peut plus durer. Quelque chose doit céder. Il me semble que tout le monde est foutu en ce moment. Personne ne peut vendre d'actions, et il n'y a absolument pas d'argent là-dedans.

- Comment ça ? » demandai-je.

Mais sa réponse fut : « Avez-vous déjà entendu parler de l'expérience en classe de la souris sous une cloche de verre quand ils commencent à pomper l'air de la cloche ? Vous pouvez voir la pauvre souris respirer de plus en plus vite, ses côtés se soulèvent tels des soufflets surmenés, essayant d'obtenir assez d'oxygène de ce qui demeure dans la cloche. Vous la regardez suffoquer jusqu'à ce que ses yeux sortent quasiment de leurs orbites, haletante, mourante. Eh bien, c'est justement à ça que je pense quand je vois la foule au Money Post ! Pas d'argent nulle part, d'autant plus que vous ne pouvez pas liquider les actions car il n'y a personne pour les acheter. La Bourse entière est fauchée en ce moment même, si vous voulez mon avis ! »

Cela me fit particulièrement réfléchir. J'avais vu venir la débâcle, mais je l'admets, pas la pire panique de notre histoire. Cela pourrait ne profiter à personne si elle empirait.

Finalement, il devint évident qu'il n'y avait aucune utilité à attendre à la poste pour de l'argent. Il n'y en aurait pas. C'est alors que l'enfer se déchaîna.

Le président de la Bourse, Mr. R. H. Thomas, comme je l'appris plus tard dans la journée, conscient que tous les établissements boursiers courraient vers un désastre, partit à la recherche de secours. Il fit appel à James Stillman, président de la National City Bank, la banque la plus riche des États-Unis. Sa principale fierté était de ne jamais prêter de l'argent à un taux supérieur à 6%.

Stillman écouta ce que le président de la bourse de New York avait à dire. Puis il enchaina: « Mr. Thomas, nous allons devoir aller voir Mr. Morgan à ce sujet ».

Les deux hommes, espérant éviter la panique la plus désastreuse de notre histoire financière, se rendirent ensemble au bureau de J. P. Morgan & Co et y virent Mr. Morgan. Mr. Thomas lui exposa alors la situation. Au moment même où il eut fini, M. Morgan répondit : « Retournez à la Bourse et dites-leur qu'il y aura de l'argent pour eux.

- Où ça ?

- Dans les banques !

La foi que portaient tous les hommes en M. Morgan était si forte en ces temps critiques que Thomas n'attendit pas plus de détails mais se précipita immédiatement à la Bourse pour annoncer le sursis accordé à ses membres condamnés à mort.

Puis, avant même quatorze heures trente, J. P. Morgan envoya dans la foule John T. Atterbury, de Van Emburgh & Atterbury, connu pour avoir des relations étroites avec J. P. Morgan & Co. Mon ami me dit que le vieux courtier s'était rapidement dirigé vers la Money Post. Il leva la main tel un exhortateur en pleine résurrection. La foule, qui au début avait été un peu calmée par l'annonce du président Thomas, commençait à craindre que les plans de secours aient échoué et que le pire soit encore à venir. Mais quand ils observèrent le visage de M. Atterbury et virent qu'il avait levé la main, ils se pétrifièrent instantanément.

Dans le silence de mort qui suivit alors, M. Atterbury annonça : « Je suis autorisé à prêter dix millions de dollars. Allez-y doucement ! Il y en aura assez pour tout le monde ! ».

Puis il débuta. Au lieu de donner à chaque emprunteur le nom du prêteur, il se contenta simplement de noter le nom de l'emprunteur accompagné du montant du prêt, et dit à l'emprunteur : « On vous dira où se trouve votre argent ». Il voulait dire par là le nom de la banque où l'emprunteur obtiendrait l'argent plus tard.

J'entendis dire, un ou deux jours plus tard, que Mr. Morgan avait simplement envoyé un mot aux banquiers effrayés de New York qu'ils devaient fournir l'argent dont la Bourse avait besoin.

« Mais nous n'en avons pas. Nous sommes endettés jusqu'au cou, contestèrent toutes les banques.

- Vous avez vos réserves, rétorqua J.P.

- Mais nous sommes déjà en dessous de la limite légale, hurlèrent-elles.

- Utilisez-les ! C'est à ça que servent les réserves ! ». C'est ainsi que les banques obéirent et envahirent leurs réserves à hauteur d'environ vingt millions de dollars. Cela sauva bel et bien le marché boursier. La panique bancaire n'arriva, quant à elle, que la semaine suivante. Il n'existait que très peu d'hommes de la stature de J. P. Morgan, et encore moins des plus grands.

Il s'agit du jour dont je me souviens le mieux parmi tous les jours de mon existence en tant qu'opérateur boursier. C'est notamment le jour où mes gains dépassèrent le million de dollars. Il marqua la fin réussie de ma première campagne de trading délibérément planifiée. Ce que j'avais prévu s'était réalisé. Mais plus que tout cela, il y avait ceci : un de mes rêves les plus fous avait été réalisé. J'avais été roi l'espace d'un jour !

Je compte tout vous expliquer, bien évidemment. Après avoir passé quelques années à New York, je me creusais la tête pour essayer de déterminer la raison exacte pour laquelle je ne parvenais pas à battre, dans une maison de la Bourse à New York, le jeu que j'avais pourtant battu lorsque j'avais 15 ans, dans un *bucket shop* à Boston. Je savais qu'un jour, je trouverais ce qui n'allait pas et je cesserais dès lors de me tromper. J'aurais alors non seulement la volonté d'avoir raison mais également la connaissance suffisante pour être sûr d'avoir raison. Et cela signifierait le pouvoir.

Ne vous méprenez pas sur mes intentions. Ce n'était pas un rêve délibéré de grandeur ou un désir futile né d'une vanité démesurée, mais bien plus que cela. C'était plutôt une sorte de sentiment que le même vieux marché boursier qui m'avait tant déconcerté au bureau de Fullerton et dans celui de Harding, serait un jour à mes pieds. Je sentais simplement que, tôt ou tard, un tel moment verrait le jour. Et c'est justement ce qui se produisit le 24 octobre 1907.

La raison pour laquelle j'avance cela est la suivante : ce matin-là, un courtier qui avait accompli beaucoup d'affaires pour mes propres courtiers et qui savait que j'avais plongé du côté baissier récemment, descendit en compagnie d'un des partenaires de la plus grande banque de la Bourse. Mon ami dit au banquier à quel point je m'étais dédié au trading et que j'avais certainement poussé ma chance à sa propre limite. Mais à quoi bon avoir raison si vous n'en tiriez pas tout le bien possible.

Peut-être que le courtier exagérait un peu afin que son histoire paraisse importante. Ou peut-être avais-je plus d'adeptes que je ne le pensais. Peut-être même que le banquier savait bien mieux que moi à quel point la situation était critique. Quoi qu'il en soit, mon ami poursuivit : « Il a écouté avec grand intérêt mes propos concernant ce que vous aviez prédit autour du comportement du marché quand la vraie vente allait commencer, après une autre petite poussée ou deux. À la fin, il m'a dit qu'il pourrait avoir pour moi quelque chose à faire, plus tard dans la journée ».

Lorsque les maisons de commission découvrirent qu'il n'y avait pas un centime à obtenir et ce, à n'importe quel prix, je sus que le moment était venu. J'envoyai des courtiers se mêler à différentes foules. À un moment donné, il n'y avait pas une seule offre pour l'Union Pacific. À aucun prix ! Pensez-y ! il en était de même pour d'autres actions. Pas d'argent pour détenir des actions et personne pour les acheter.

J'avais d'énormes bénéfices sur papier et la certitude que tout ce que j'avais à faire était d'envoyer des ordres de vente de dix mille actions de l'Union Pacific et d'une demi-douzaine d'autres bonnes actions à dividendes, puis tout ce qui s'ensuivrait serait tout simplement chaotique. Il me sembla que la panique précipitée serait d'une telle intensité et d'un tel caractère que le conseil des gouverneurs jugerait bon de fermer la Bourse, comme cela avait été fait en août 1914, lorsque la guerre mondiale avait éclaté.

Cela signifierait théoriquement une augmentation considérable des profits. Mais cela pourrait aussi signifier une incapacité à convertir ces profits en argent réel. Toutefois, il y avait d'autres choses à prendre en compte, et l'une d'elles était qu'une nouvelle rupture retarderait la reprise que je commençais à entrevoir, l'amélioration compensatoire après toute cette saignée. Une telle panique ferait beaucoup de mal au pays en général.

Je décidai alors que puisqu'il était imprudent et désagréable de continuer à être activement baissier, il était illogique à mes yeux de rester à découvert. Je me retournai donc et commençai à acheter.

Il ne s'écoula que très peu de temps entre le moment où mes courtiers se mirent à acheter en mon nom (notez d'ailleurs que j'obtins des prix bas), et celui où le banquier fit venir mon ami.

« Je vous ai fait venir, lui dit-il, parce que je souhaite que vous alliez immédiatement voir votre ami Livingston et que vous lui disiez que nous espérons qu'il ne vendra pas d'actions aujourd'hui. Le marché ne peut supporter plus de pression. En l'état, il sera extrêmement difficile d'éviter une panique dévastatrice. Faites appel au patriotisme de votre ami. Il s'agit d'une situation où tout individu se doit de travailler pour le bénéfice de tous. Faites-moi savoir immédiatement après ce qu'il en dit ».

Mon ami vint tout de suite me le rapporter. Il avait fait preuve de beaucoup de tact. Je suppose qu'il pensait qu'ayant prévu d'écraser le marché, je considérerais sa demande comme équivalente à la perte d'une chance de gagner environ dix millions de dollars. Il savait que j'étais en colère contre certains des gros bonnets pour la façon dont ils avaient agi en essayant d'attirer le public avec beaucoup d'actions alors qu'ils savaient aussi bien que moi ce qui allait inévitablement se produire.

D'ailleurs, les gros bonnets avaient beaucoup souffert et beaucoup des actions que j'avais achetées au plus bas appartenaient à de grands noms de la finance. Je l'ignorais à l'époque, mais cela n'avait pas d'importance. J'avais pratiquement couvert toutes mes positions qui le nécessitaient et il me semblait qu'il y avait une chance d'acheter des actions à bas prix donc de contribuer en même temps à la reprise nécessaire des prix, et ce, seulement si personne n'enfonçait davantage le marché.

Je dis donc à mon ami : « Retournez dire à M. Blank que je suis d'accord avec eux et que j'ai pleinement réalisé la gravité de la situation avant même qu'il ne vous ait fait venir. Non seulement je ne vendrai plus d'actions aujourd'hui, mais j'irai même en acheter autant que possible ».Et je tins parole. J'achetai cent mille actions ce jour-là, pour le long terme. Je m'abstins en plus de vendre toute autre action à découvert pendant neuf mois.

C'est pourquoi je dis à mes amis que mon rêve était devenu réalité et que j'avais été roi pendant un court instant. Le marché boursier, à un moment donné ce jour-là, était certainement à la merci de quiconque voulait l'enfoncer. Or, je ne souffre pas de la folie des grandeurs ; en fait, vous-même savez désormais ce que je ressens à propos d'être accusé de faire des raids sur le marché et de la façon dont mes opérations sont exagérées par les ragots typiquement propres à la Bourse.

Je m'en sortis en pleine forme. Les journaux clamèrent que Larry Livingston, le ''Boy Plunger'', avait gagné plusieurs millions. Eh bien, certes, je valais plus d'un million après la clôture de l'affaire ce jour-là. Or mes plus gros gains n'étaient pas en dollars mais plutôt intangibles : j'avais eu raison, j'avais regardé devant moi et suivi un plan clair et précis. J'avais appris ce qu'un homme doit faire pour gagner beaucoup d'argent ; j'étais définitivement sorti de la catégorie des joueurs ; j'avais enfin appris à faire du commerce intelligemment et à grande échelle. C'était un jour tout particulier pour moi.

Chapitre 10 : La ligne de moindre résistance ou l'une des clés du succès

La reconnaissance de nos propres erreurs ne devrait pas nous être plus profitable que l'étude de nos succès. Mais il existe une tendance naturelle présente chez tous les hommes les poussant à éviter la punition. Lorsque certaines erreurs sont associées à un élément particulier, il vaut mieux en éviter une seconde dose, bien sûr, d'autant plus que toutes les erreurs boursières vous blessent à deux endroits : votre portefeuille et votre vanité. Mais laissez-moi souligner quelque chose de curieux : un spéculateur en bourse fait parfois des erreurs tout en sachant pertinemment qu'il est en train de les faire. Et ce n'est qu'après les avoir commises, qu'il se demande pourquoi il les a commises, puis après y avoir réfléchi de sang-froid, longtemps après que la douleur de la punition soit passée, il peut enfin apprendre comment il en est arrivé là, quand, et surtout à quel moment particulier de son métier, tandis que le pourquoi reste en suspens. Ensuite, il se contente seulement de s'insulter mentalement et d'en rester là.

Bien sûr, si un homme est à la fois sage et chanceux, il ne commettra pas deux fois la même erreur. Toutefois, il est garanti qu'il en commettra plusieurs s'apparentant à l'originale. Le catalogue d'erreurs possibles est si large qu'il y aura toujours l'une d'entre elles surgissant lorsqu'un jeu de dupes est envisagé.

Pour vous parler de la première de mes erreurs à un million de dollars, je vais devoir remonter à l'époque où je devins millionnaire, juste après la grande rupture d'octobre 1907. En ce qui concerne mon trading, posséder un million signifiait simplement plus de réserves. L'argent ne donne pas plus de confort à un trader car, riche ou pauvre, cela ne l'empêche pas de faire des erreurs, or il n'est jamais agréable d'avoir tort. Et quand un millionnaire a raison, son argent n'est rien d'autre qu'un de ses nombreux serviteurs. Perdre de l'argent est le cadet de mes soucis. Une perte ne me dérange jamais après l'avoir subie, dans la mesure où je l'oublie directement du jour au lendemain. Mais avoir tort est ce qui cause le plus de dommages au portefeuille et à l'âme. Vous vous souvenez probablement de l'histoire de Dickson G. Watts à propos de l'homme qui était si nerveux qu'un ami lui demanda ce qui se passait.

« Je ne peux pas dormir, répondit l'homme.

- Pourquoi pas ? demanda l'ami.

- J'ai tellement de poids sur les épaules que je n'arrive pas à dormir en y pensant. Ça m'épuise. Qu'est-ce que je peux faire ?

- Continuer à vendre jusqu'à atteindre le sommeil », répondit l'ami.

En règle générale, un homme s'adapte aux conditions si rapidement qu'il en perd la perspective. Il n'en ressent pas beaucoup la différence, c'est-à-dire qu'il ne se souvient pas clairement de ce qu'il a ressenti lorsqu'il n'était pas millionnaire. Il se souvient seulement qu'il y a des choses qu'il ne pouvait pas faire, mais qu'il peut désormais accomplir. Il ne faut pas longtemps à un homme raisonnablement jeune et normal pour perdre l'habitude d'être pauvre. À l'inverse, il nécessite un peu plus de temps pour oublier qu'il était auparavant riche. Je suppose que c'est parce que l'argent crée des besoins ou encourage leur multiplication. J'entends par là qu'après qu'un homme ait gagné de l'argent en bourse, il perd très vite l'habitude de ne pas dépenser. Paradoxalement, après avoir perdu son argent, il lui faut beaucoup de temps pour justement perdre cette habitude de dépenser.

Après avoir encaissé mes sommes et avoir couvert mes actions en octobre 1907, je décidai de prendre un moment de répit pour moi-même. J'achetai un yacht et prévis de partir pour une croisière dans les eaux du Sud. Je suis un véritable passionné de pêche et j'avais l'intention de passer le meilleur moment de ma vie. J'étais impatient et je m'attendais à partir n'importe quel jour. Mais je ne le fis pas ou plutôt, le marché ne me laissa pas faire.

J'avais toujours négocié des matières premières au même titre que des actions. J'avais commencé lorsque j'étais jeune dans les *bucket shops*. J'avais étudié ces marchés pendant des années, mais peut-être pas aussi assidûment que le marché boursier. En fait, je préférais jouer sur les matières premières plutôt que sur les actions. Il n'y a aucun doute sur leur plus grande légitimité, pour ainsi dire. Cela participe plus de la nature d'une entreprise commerciale que la négociation d'actions. N'importe qui pourrait l'aborder comme il le ferait pour un quelconque problème mercantile. Il peut être possible d'utiliser des arguments fictifs pour ou contre une certaine tendance sur le marché des matières premières, mais le succès ne sera que temporaire, car en fin de compte, ce sont les faits qui l'emportent sur l'étude et l'observation, comme ce serait le cas dans une entreprise ordinaire. On peut observer et peser les conditions pour au final en savoir autant que n'importe qui d'autre. Inutile de se protéger contre les groupes internes. Les dividendes ne sont pas baissés ou augmentés de façon inattendue du jour au lendemain sur le marché du coton, du blé ou du maïs. À long terme, les prix des marchandises ne sont régis que par une seule loi, la loi économique de l'offre et de la demande. L'activité du trader en matières premières consiste simplement à obtenir des informations sur la demande et l'offre, actuelle et future. Il ne se livre pas à des conjectures sur une douzaine d'éléments comme il le fait pour les actions. C'est justement pour toutes ces raisons que j'ai toujours été attiré par le trading de marchandises.

Bien sûr, il se produit exactement la même chose sur tous les marchés spéculatifs. Le message affiché par la bande est le même. Ce sera parfaitement clair pour toute personne se donnant la peine de réfléchir. Celle-ci découvrira que si elle se pose les bonnes questions et considère toutes les conditions, les réponses se présenteront d'elles-mêmes. Mais les gens ne prennent jamais la peine de poser des questions, et encore moins de chercher des réponses. L'Américain moyen vient du Missouri partout et tout le temps, sauf quand il va dans les bureaux des courtiers et regarde la bande, qu'il s'agisse d'actions ou de marchandises. Le seul jeu parmi tous qui nécessite vraiment d'être étudié avant de jouer, c'est celui dans lequel il entre sans ses habituels doutes préliminaires et précautionneux. Il risquera la moitié de sa fortune en bourse avec moins de réflexion qu'il n'en consacre au choix d'une automobile de prix moyen.

Cette question de la lecture des bandes n'est pas aussi compliquée qu'elle n'y paraît. Bien sûr, il faut de l'expérience. Mais il est encore plus important de garder à l'esprit certains principes fondamentaux. Lire la bande n'est pas équivalent à se faire fortune. La bande ne vous dit pas combien vous allez sûrement valoir jeudi prochain à 13h35 par exemple. L'objet de la lecture de la bande est d'établir d'abord, comment, et ensuite, quand négocier, c'est-à-dire, s'il est plus sage d'acheter que de vendre. Cela fonctionne exactement de la même manière pour les actions que pour le coton, le blé, le maïs ou l'avoine.

Vous observez le marché, c'est-à-dire l'évolution des prix telle qu'elle est enregistrée par la bande, dans un seul but : déterminer la direction, en d'autres termes, la tendance des prix. Ces derniers, nous le savons, augmenteront ou baisseront en fonction de la résistance qu'ils rencontrent. Pour faciliter l'explication, nous supposerons que les prix, comme toute chose, se déplacent le long de la ligne présentant le moins de résistance. Ils opteront pour le choix de facilité, donc ils grimperont si moins de résistance est opposée à la hausse qu'à la baisse, et vice versa.

Personne ne devrait se demander si un marché est haussier ou baissier après son démarrage. La tendance est évidente pour un homme possédant un esprit ouvert et une vue raisonnablement claire, car il n'est jamais sage pour un spéculateur d'adapter ses faits à ses théories. Un tel homme saura, ou devrait savoir s'il s'agit d'un marché haussier ou baissier, et s'il en a la réponse, il sait s'il faut acheter ou vendre. C'est donc au tout début du mouvement qu'un homme doit savoir s'il doit acheter ou vendre.

Supposons, par exemple, que le marché, comme il le fait habituellement dans ces périodes d'entre-deux, fluctue autour d'une fourchette de dix points ; allant de 120 jusqu'à 130. Il peut sembler très faible à la baisse ; ou bien, à la hausse, après une augmentation de huit ou dix points, il peut tout aussi bien sembler aussi fort que n'importe quoi. Un homme ne doit pas se laisser entraîner dans le commerce par des jetons. Il devrait attendre que la bande lui dise que le moment est venu. En fait, des millions et des millions de dollars furent perdus par des hommes qui achetaient des actions simplement parce qu'elles semblaient bon marché ou les vendaient parce qu'elles semblaient chères. Le spéculateur n'est pas un investisseur. Son objectif n'est pas de sécuriser son argent à un bon taux d'intérêt, mais de profiter d'une hausse ou d'une baisse du prix de ce sur quoi il spécule. Par conséquent, l'élément clé à déterminer est la ligne de moindre résistance au moment de la spéculation ; et ce qu'il doit attendre est le moment où cette ligne se définit, car c'est là le signal pour se mettre en activité.

La lecture de la bande lui permet simplement de voir qu'à 130, la vente a été plus forte que l'achat et qu'une réaction du prix a logiquement suivi. Jusqu'au point où la vente l'a emporté sur l'achat, les étudiants superficiels de la bande peuvent conclure que le prix ne compte pas s'arrêter avant 150, et ils achètent. Mais une fois que la réaction commence à se maintenir, ils vendent avec une petite perte, ou sont à découvert et parlent de baisse. Mais à 120, la résistance à la baisse est plus forte. Les achats l'emportent sur les ventes, il y a une reprise et les vendeurs à découvert couvrent automatiquement. Le public est si souvent malmené qu'on s'étonne de sa persistance à ne pas retenir la leçon.

Éventuellement, il se passe quelque chose qui augmente la puissance de la force ascendante ou descendante et le point de plus grande résistance se déplace vers le haut ou vers le bas, c'est-à-dire que l'achat à 130 sera pour la première fois plus fort que la vente, ou que la vente à 120 sera plus forte que l'achat. Le prix franchira l'ancienne barrière qui limitait le mouvement et continuera sa route. En règle générale, il y a toujours une foule de traders qui se retrouvent à découvert à 120 car cela semblait si faible, ou en marge à 130 parce qu'au contraire, cela semblait si puissant, et lorsque le marché va à l'encontre de leurs intérêts, ils sont obligés, après un certain temps, soit de changer d'avis soit d'abandonner. Dans les deux cas, ils aident à définir encore plus clairement la ligne de moindre résistance des prix. Ainsi, le trader intelligent qui a patiemment attendu de déterminer cette ligne s'assurera l'aide des conditions commerciales fondamentales ainsi que la force de trading de la partie de la communauté s'étant trompée et devant maintenant rectifier son tir. De telles corrections ont tendance à pousser les prix le long de la ligne de moindre résistance.

Et ici même, je dirai que, bien que je ne l'affirme pas comme une certitude mathématique ou comme un axiome de spéculation, mon expérience m'avait montré que les accidents, c'est-à-dire l'inattendu ou l'imprévu, m'avaient toujours aidé dans ma position sur le marché, chaque fois que celle-ci fut basée sur ma détermination de la ligne de moindre résistance. Vous souvenez-vous de l'épisode de l'Union Pacific à Saratoga dont je vous ai parlé ? Eh bien, j'avais de la marge tout simplement parce que j'avais découvert que la ligne de moindre résistance tendait vers le haut. J'aurais dû rester couvert au lieu de laisser mon courtier me dire que les initiés vendaient des actions. Cela ne faisait aucune différence pour moi, ce qui se passait dans la tête des directeurs m'importait peu. C'était quelque chose que je ne pouvais pas savoir. Mais je pouvais et je savais que la bande disait : "En hausse !". Puis vint l'augmentation inattendue du taux de dividende et la hausse de 30 points de l'action. A 164, les prix semblaient très élevés, mais comme je vous l'avais déjà dit, les actions ne sont jamais trop hautes pour être achetées ou trop basses pour être vendues. Le prix, en soi, n'a rien à voir avec l'établissement de ma ligne de moindre résistance.

Vous constaterez dans la pratique que si vous tradez comme je l'ai indiqué, toute nouvelle importante diffusée entre la fermeture d'un marché et l'ouverture d'un autre est généralement en harmonie avec la ligne de moindre résistance. La tendance a été établie avant même que les nouvelles ne soient publiées, et dans les marchés haussiers, toute information relative à la tendance baissière est ignorée tandis que celles haussières sont exagérées, et vice versa. Avant que la guerre n'éclate, le marché était très faible. Il y eut alors la proclamation de la politique sous-marine de l'Allemagne. J'étais à court de cent cinquante mille actions, non pas parce que je savais que la nouvelle allait arriver, mais parce que je suivais la ligne de moindre résistance. Ce qui se produisit était évident, en ce qui concerne mon jeu. Bien sûr, je profitai de la situation et couvris mes positions à découvert ce jour-là.

Cela semble très facile de dire que tout ce que vous avez à faire est de regarder la bande, d'établir vos points de résistance et d'être prêt à échanger le long de la ligne de moindre résistance une fois celle-ci déterminée. Mais dans la pratique, tout individu doit se protéger de beaucoup de choses, et surtout de lui-même, c'est-à-dire de la nature humaine. C'est la raison pour laquelle je dis que l'homme ayant raison a toujours deux forces qui travaillent en sa faveur : les conditions de base et les concurrents qui ont tort. Dans un marché haussier, les facteurs baissiers sont ignorés. Il s'agit-là de la nature humaine, et pourtant les êtres humains s'en étonnent. Les gens vous diront que la récolte de blé est partie en fumée en raison du mauvais temps dans une ou deux sections et que certains agriculteurs furent ruinés. Lorsque toute la plantation est récoltée et que tous les agriculteurs de toutes les sections productrices de blé commencent à emmener leur blé aux silos, les haussiers sont surpris par l'importance des dégâts. Ils découvrent qu'ils ont inconsciemment aidé les baissiers.

Lorsqu'un homme joue sur le marché des matières premières, il ne doit pas se permettre d'avoir des opinions arrêtées. Au contraire, il doit avoir l'esprit ouvert et faire preuve de souplesse. Il n'est pas sage d'ignorer le message de la bande, quelle que soit votre opinion sur l'état des cultures ou la demande probable. Je me rappelle toujours comment j'avais raté un énorme coup en essayant d'anticiper le signal de départ. Je me sentais si sûr des conditions que je pensais qu'il n'était pas nécessaire d'attendre que la ligne de moindre résistance se définisse. J'avais même pensé que je pourrais l'aider à arriver, parce qu'il semblait qu'elle avait simplement besoin d'un peu d'aide.

J'étais très optimiste concernant le coton. Il tournait autour de 12 cents, avec des hauts et des bas dans une fourchette de prix modéré. Je pouvais bien voir qu'il était dans un de ces entre-deux. Je savais qu'il était vraiment essentiel d'attendre. Mais je m'étais dit que si je lui donnais un petit coup de pouce, il irait au-delà du point de résistance supérieur.

J'en achetai alors pour l'équivalent de 50 000. Et sans surprise, cela grimpa. Bien sûr, dès que j'arrêtai d'acheter, la hausse s'arrêta également. Puis elle commença à revenir au niveau où elle était quand j'avais entrepris de l'acheter. Je quittai le marché et elle cessa de baisser. Je pensais que j'étais désormais beaucoup plus proche du signal de départ et me convaincus de le recommencer moi-même, chose que je fis. Le même schéma se reproduisit. Je le fis monter, pour le voir redescendre lorsque je m'arrêtai. Je répétai l'opération au moins quatre ou cinq fois jusqu'à arrêter finalement, dégoûté. Cela m'avait coûté environ deux cent mille dollars. J'en avais fini avec ça. Mais peu de temps après, il commença à monter sans jamais cesser jusqu'à atteindre un prix qui m'aurait permis de faire un malheur si je n'avais pas été si pressé de commencer.

Cette expérience avait été similaire à celle de tant d'autres traders, tant de fois, que je peux même en déterminer la règle suivante : dans un marché étroit, lorsque les prix ne vont nulle part pour être interprétés, mais se déplacent dans une fourchette étroite, cela ne vous mènera nulle part d'essayer d'anticiper ce que le prochain grand mouvement sera, hausse ou baisse. La seule chose à faire est d'observer le marché, lire la bande pour déterminer les limites des prix de sortie, et décider de ne pas s'intéresser au marché tant que le prix n'a pas franchi la limite dans un sens ou dans l'autre. Un spéculateur doit se préoccuper de gagner de l'argent sur le marché et non d'insister pour que la bande lui donne raison. Ne discutez jamais avec elle et ne lui demandez jamais de raisons ou d'explications. Les boursiers morts ne rapportent pas de dividendes.

Il n'y a pas si longtemps, j'étais avec un groupe d'amis. Ils se mirent à parler du blé. Certains étaient haussiers, et d'autres plutôt baissiers. Finalement, ils me demandèrent ce que j'en pensais. J'avais étudié le marché depuis un certain temps, or je savais qu'ils ne voulaient pas de statistiques ou d'analyses des conditions. Je dis donc simplement : « Si vous voulez vous faire de l'argent avec le blé, je peux vous dire comment le faire ».

Ils acquiescèrent tous et je dis : « Si vous êtes sûrs de vouloir gagner de l'argent avec le blé, contentez-vous de l'observer. Au moment où il franchit 1,20 $, achetez-le et vous gagnerez rapidement de l'argent !

- Pourquoi ne pas l'acheter maintenant, à 1,14 $? demanda l'un des participants.

- Parce que je ne sais pas encore si cela va monter du tout.

- Alors pourquoi l'acheter à 1,20 $? Cela semble être un prix très élevé.

- Voulez-vous parier aveuglément dans l'espoir d'obtenir un grand profit ou voulez-vous spéculer intelligemment et obtenir un profit certes plus petit, mais beaucoup plus probable ? »

Ils répondirent tous sans exception qu'ils préféraient un profit plus petit, mais plus sûr, alors je dis : « Dans ce cas, faites ce que je vous dis. Si ça dépasse 1,20 $, achetez ».

Comme je vous l'avais dit, je l'avais observé depuis longtemps. Pendant des mois, il s'était vendu entre 1,10 $ et 1,20 $, n'obtenant rien de particulier. Eh bien, figurez-vous qu'un jour, il clôtura à plus de 1,19 $. Je m'y étais préparé. Bien sûr, le jour suivant, il ouvrit à 1,20$ et demi, et en profitai pour acheter. Il passa de 1,21$, à 1,22$, à 1,23$, à 1,25 $, et je m'empressai de le suivre.

À l'époque, je n'aurais pas pu vous dire ce qui se passait. Je n'avais pas eu d'explications sur son comportement au cours des fluctuations limitées. Je ne pouvais pas dire si le dépassement

de la limite serait à la hausse à 1,20 $ ou à la baisse à 1,10 $, bien que je me doutais que ce serait à la hausse car il n'y avait pas assez de blé dans le monde pour une rupture aussi importante des prix.

En fait, il semblerait que l'Europe ait acheté tranquillement et que beaucoup de négociants se soient mis à vendre à découvert le blé à environ

1,19 $. En raison des achats européens ainsi que d'autres causes, une grande quantité de blé avait été retirée du marché, de sorte que le grand mouvement commença finalement. Le prix dépassa la barre des 1,20 $. C'était l'unique information que j'avais et c'était tout ce dont j'avais besoin. Je savais que lorsqu'il franchirait les 1,20$, ce serait parce que le mouvement ascendant aurait enfin rassemblé la force nécessaire pour le pousser au-delà de la limite et que quelque chose devait forcément se produire. En d'autres termes, en franchissant 1,20 $, la ligne de moindre résistance des prix du blé était établie. Mais c'était une autre histoire à l'époque.

Je me souviens particulièrement qu'un jour férié chez nous, alors que tous nos marchés étaient fermés, à Winnipeg, le blé gagna six cents le boisseau. Lorsque notre marché ouvrit le jour suivant, il était également en hausse de six centimes par boisseau. Le prix avait simplement suivi la ligne de moindre résistance.

Ce que je viens de vous dire illustre l'essence même de mon système de trading tel que basé sur l'étude de la bande. J'apprends simplement la façon dont les prix vont très probablement évoluer. Je vérifie mon propre trading par des tests supplémentaires, pour déterminer le moment psychologique. Et je fais tout cela en observant la façon dont le prix agit après avoir commencé mon opération.

Il est surprenant de constater le nombre de traders expérimentés prenant un air incrédule lorsque je leur dis que quand j'achète des actions pour une hausse, j'aime payer le prix fort et que quand je vends, je dois forcément vendre à bas prix ou pas du tout. Il ne serait pas si difficile de gagner de l'argent si un trader s'en tenait toujours à ses armes spéculatives, c'est-à-dire s'il attendait que la ligne de moindre résistance se définisse et qu'il ne commençait à acheter que lorsque la bande indique une hausse ou à vendre uniquement lorsqu'elle indique une baisse. Il devrait accumuler sa ligne à la hausse. Laissez-le acheter un cinquième de sa ligne complète. Si cela ne lui apporte aucun profit, il ne doit guère augmenter ses avoirs car il a manifestement commencé en se trompant, certes temporairement, mais il n'y a aucun profit à se tromper peu importe le moment. La même bande ayant clamé UP n'a pas nécessairement menti simplement parce qu'elle dit maintenant PAS ENCORE.

En ce qui concerne le secteur du coton, j'avais eu beaucoup de succès dans mes transactions pendant longtemps. J'avais ma théorie à ce sujet et m'en suis totalement tenu à elle. Supposons que j'aie décidé que ma ligne serait de quarante à cinquante mille. Eh bien, j'étudierais la bande comme je vous dis précédemment, en guettant une opportunité soit pour

acheter ou vendre. Supposons alors que la ligne de moindre résistance indique un mouvement haussier. Eh bien, j'en achèterais 10 000. Après avoir fini cet achat, si le marché augmente entre temps de dix points par rapport à mon prix d'achat initial, j'en achèterais dix mille supplémentaires. Pareil. Ensuite, si je pouvais obtenir un bénéfice de vingt points, ou un dollar par achat, j'en achèterais vingt mille de plus. Cela me donnerait ma ligne, donc ma base de trading. Mais si, après avoir acheté les dix ou vingt mille initiaux, cela se révélait être une perte, je quitterais tout bonnement le marché. Cela signifierait que j'avais tort. Il se peut que ce ne soit que temporairement, mais comme dit précédemment, il n'est jamais payant de se tromper dès le départ, peu importe le contexte.

Ce que j'avais accompli en m'en tenant à mon système, c'est que j'avais toujours eu une ligne de coton dans chaque mouvement réel. Au cours de l'accumulation de ma ligne complète, je pouvais dépenser cinquante ou soixante mille dollars dans ces jeux d'essai. Cela semble être un test particulièrement coûteux, mais loin de là. Après que le réel mouvement ait commencé, combien de temps me faudrait-il pour compenser les 50.000 dollars que j'avais gaspillés gratuitement dans le seul but de m'assurer que je commençais à charger exactement au bon moment ? Pas longtemps du tout ! Il est toujours payant pour un homme d'avoir raison au bon moment.

Comme je pense l'avoir déjà dit, ceci décrit finalement ce que je peux appeler mon système attitré de placement de paris. Il s'agit de simple arithmétique permettant de prouver qu'il est sage d'avoir son gros pari abaissé seulement quand vous gagnez, et quand vous perdez, de perdre seulement un petit pari exploratoire, pour ainsi dire. Si un homme négocie de la manière décrite par mes soins, il sera toujours dans la position rentable d'être capable d'encaisser le gros pari.

Les traders professionnels ont toujours eu un système ou un autre basé sur leur expérience et régi soit par leur attitude envers la spéculation soit par leurs désirs. Je me souviens avoir rencontré un vieux monsieur à Palm

Beach dont je n'avais pas saisi le nom ou plutôt, que je n'avais pas tout de suite identifié. Je savais qu'il avait baigné dans la Bourse pendant des années, à l'époque de la guerre civile, et quelqu'un m'avait même dit que c'était un vieil homme très sage qui avait traversé tellement de booms et de paniques qu'il disait toujours qu'il n'y avait rien de nouveau sous le soleil et encore moins à la bourse.

Le vieil homme me posa beaucoup de questions. Quand j'eus fini de lui parler de ma pratique habituelle du trading, il hocha la tête et dit : « Oui ! Oui ! Vous avez raison. La façon dont vous êtes construit, la façon dont votre esprit fonctionne, fait de votre système un système adapté pour vous. Il est facile pour vous de pratiquer ce que vous prêchez, car l'argent que vous pariez est le cadet de vos soucis. Je me souviens de Pat Hearne. Vous avez entendu parler de lui ? Eh bien, c'était un sportif très connu et il avait un compte chez nous. Un type intelligent, mais nerveux. Il avait gagné de l'argent en actions, à tel point que les gens lui demandaient des conseils. Or, il n'en donnait jamais. S'ils lui demandaient ne serait-ce que son avis sur la sagesse de leurs engagements, il utilisait une de ses maximes favorites sur les pistes de course: "Impossible de savoir tant qu'on n'a pas parié". Il faisait du trading dans notre bureau. Il achetait cent actions d'un titre actif et quand, ou si, il montait de 1 %, il en achetait cent autres. Sur un autre point d'avance, s'ensuivait une autre centaine d'actions ; et ainsi de suite. Il avait l'habitude de dire qu'il ne jouait pas à ce jeu pour faire de l'argent pour les autres et, par conséquent, il plaçait un ordre d'arrêt de perte un point en dessous du prix de son dernier achat. Lorsque le prix grimpait, il remontait simplement son stop avec lui. Sur une réaction de 1%, il était arrêté. Il avait déclaré qu'il ne voyait pas l'intérêt de perdre plus d'un point, qu'il s'agisse de sa marge originale ou de ses bénéfices sur papier.

Vous savez, un joueur professionnel ne cherche pas de longs coups, mais de l'argent sûr. Bien évidemment, les longs coups sont très bien quand ils sont gagnés. Dans le marché boursier, Pat ne cherchait pas à obtenir des conseils ou à jouer pour se constituer des avances de vingt points par semaine, mais de l'argent garanti en quantité suffisante pour lui permettre de bien vivre. De tous les milliers d'outsiders que j'ai rencontrés à Wall Street, Pat Hearne était le seul qui voyait dans la spéculation boursière un simple jeu de hasard comme le Faro ou la roulette, mais qui, néanmoins, avait le bon sens de s'en tenir à une méthode de paris.

Après la mort de Hearne, l'un de nos clients qui avait toujours négocié avec Pat et utilisé son système, gagna plus de cent mille dollars à Lackawanna. Puis il passa à d'autres actions et, comme il avait fait une grosse mise, il pensa qu'il n'avait plus besoin de s'en tenir à la méthode de Pat. Quand une réaction se produisit, au lieu de réduire ses pertes, il les laissa proliférer, comme s'il s'agissait de profits. Bien sûr, chaque centime parti en fumée. Quand il abandonna finalement, il nous devait plusieurs milliers de dollars.

Il traîna pendant deux ou trois ans. Mais il garda cette même fièvre longtemps après que l'argent se soit envolé, mais nous ne fîmes pas d'objection tant qu'il se comportait bien. Je me souviens qu'il admettait volontiers qu'il avait fait preuve de dix mille pour cents de débilité en ne se tenant pas au style de jeu de Pat Hearne. Eh bien, un jour, il vint me voir, très excité, et me demanda de le laisser vendre quelques actions à découvert dans notre bureau. C'était un gars assez sympa qui avait été un bon client à son époque et je lui dis donc que je garantirais personnellement son compte pour cent actions.

Il vendit à découvert cent actions de Lake Shore. C'était l'époque où Bill Travers avait martelé le marché, en 1875. Mon ami Roberts vendit Lake Shore exactement au bon moment et continua à le vendre à la baisse comme il avait l'habitude de le faire avant de renoncer au système de Pat Hearne et de se fier aux chuchotements de l'espoir.

Eh bien, monsieur, en quatre jours de pyramide réussie, le compte de Roberts lui permit de réaliser un bénéfice de 15 000 dollars. Observant qu'il n'avait pas émis d'ordre *stop-loss*, je lui en parlai, il m'expliqua alors que la pause n'avait pas encore commencé et qu'il n'allait pas être secoué par une simple réaction ponctuelle. C'était en août. Avant la mi-septembre , il m'emprunta dix dollars pour un landau, destiné à son quatrième enfant. En somme, il ne s'était pas tenu à son propre système ayant fait ses preuves. C'est là tout le problème avec la plupart d'entre eux », et le vieil homme remua la tête de droite à gauche vers moi.

Et il avait raison. Je pense parfois que la spéculation doit être contre nature, car je trouve que le spéculateur moyen a tendance à se liguer contre sa propre nature. Les faiblesses auxquelles tous les hommes sont enclins sont fatales au succès de la spéculation, ce sont généralement ces mêmes faiblesses qui le rendent sympathique aux yeux de ses compagnons ou dont il se protège lui-même dans ses autres entreprises là où elles ne sont pas aussi dangereuses que lorsqu'il s'agit d'actions ou de marchandises.

Les principaux ennemis du spéculateur sont toujours ennuyeux de l'intérieur. Le fait d'espérer et de craindre est littéralement inséparable de la nature humaine. Dans la spéculation, lorsque le marché va contre vous, vous espérez que chaque jour sera le dernier, et vous perdez plus que vous ne l'auriez dû si vous n'aviez pas écouté ce petit espoir, ce même allié qui représente un si puissant facteur de succès pour les bâtisseurs d'empire et les pionniers, grands ou petits. Paradoxalement, quand le marché va dans votre sens, vous craignez que le jour suivant vous prive de vos bénéfices, vous poussant à vous retirer trop tôt. La peur vous empêche de faire autant d'argent que vous le devriez. Le trader qui y parvient doit donc combattre ces deux instincts profonds. Il doit inverser ce que l'on pourrait appeler ses impulsions naturelles. Au lieu d'espérer, il doit craindre ; au lieu de craindre, il doit espérer. Il doit craindre que sa perte ne se transforme en une perte beaucoup plus importante, et espérer que son bénéfice puisse devenir un gros bénéfice. Il est absolument faux de jouer sur les actions comme le fait l'homme moyen.

Je fais partie du jeu spéculatif depuis l'âge de quatorze ans. C'est tout ce à quoi j'avais dédié ma vie. Je pense donc être bien placé pour savoir de quoi je parle. Et la conclusion à laquelle j'ai abouti après presque trente ans de transactions constantes, à la fois avec des moyens limités et des millions de dollars, est la suivante : un homme peut battre une action ou un groupe à un moment donné, mais personne ne peut, de son vivant, battre le marché boursier ! Un homme peut gagner de l'argent à travers des transactions individuelles de coton ou de céréales, mais aucun homme ne peut battre le marché du coton ou le marché des céréales. De même qu'un homme peut battre une course de chevaux, il ne peut pas battre les courses de chevaux en elles-mêmes.

Si je savais comment rendre ces déclarations plus fortes ou plus catégoriques, je le ferais certainement. Le fait que quelqu'un en affirme l'inverse ne fait aucune différence. Je sais que j'ai raison de dire que ce sont des déclarations irréfutables et incontestables.

Chapitre 11 : Le Roi du coton

Revenons maintenant au mois d'octobre 1907. J'achetai un yacht et fis tous les préparatifs nécessaires avant de quitter New York pour une croisière dans les eaux du Sud. Je suis un véritable passionné de pêche et c'était justement le moment où j'allais pêcher à ma guise depuis mon propre yacht, allant où je voulais quand je le voulais. Tout était prêt. J'avais fait un vrai massacre dans les actions, mais au dernier moment, le maïs me retint.

Je dois expliquer qu'avant la panique financière qui m'offrit mon premier million, j'avais négocié des céréales à Chicago. J'étais à court de dix millions de boisseaux de blé et dix millions de boisseaux de maïs. J'avais étudié les marchés céréaliers depuis longtemps et j'étais aussi pessimiste pour le maïs et le blé que je l'avais été pour les actions.

Eh bien, ils commencèrent tous deux à baisser, mais alors que le blé continuait à chuter, le plus grand de tous les opérateurs de Chicago, je l'appellerai Stratton, se mit en tête de prendre sa part dans le marché du maïs. Après avoir vidé mon stock d'actions et m'être préparé à partir au Sud sur mon yacht, je découvris que le blé m'apportait certes un beau profit, mais concernant le maïs, Stratton en avait fait monter le prix et j'accumulais une perte considérable.

Je savais qu'il y avait beaucoup plus de maïs dans le pays que le prix ne l'indiquait. La loi de l'offre et de la demande fonctionnait comme toujours. Mais la demande venait principalement de Stratton et l'offre ne venait pas du tout, parce qu'il y avait une congestion aiguë dans le mouvement du maïs. Je me souviens que je priais pour qu'une vague de froid gèle les routes impraticables permettant aux fermiers d'apporter leur maïs sur le marché. Mais manque de chance.

J'étais donc là, attendant de partir pour mon voyage de pêche joyeusement planifié et cette perte de maïs me retenait. Je ne pouvais pas partir en laissant le marché tel qu'il était. Bien sûr, Stratton surveillait de près les intérêts à découvert. Il savait qu'il m'avait, et je le savais aussi bien que lui. Mais, comme je l'avais dit, j'espérais pouvoir convaincre la météo de s'activer et m'aider. Voyant clairement que ni le mauvais temps ni aucun autre faiseur de miracles bienveillant n'accordait la moindre attention à mes besoins, je me mis à chercher comment je pouvais me sortir de mes difficultés par mes propres moyens.

Je clôturai ma ligne de blé avec un bon profit. Cependant, le problème du maïs était infiniment plus difficile. Si j'avais pu couvrir mes dix millions de boisseaux aux prix en vigueur, je l'aurais fait immédiatement et volontiers, bien que la perte aurait été grande. Mais, bien sûr, au moment même où j'aurais commencé à acheter mon maïs, Stratton se serait mis au travail faisant tout ce qu'il pouvait pour me presser, et je n'aimais pas non plus faire grimper le prix pour moi-même en raison de mes propres achats que de courir vers mon propre suicide.

Aussi fort que soit le maïs, mon désir d'aller pêcher l'était encore plus, ainsi, c'était à moi de trouver un moyen de m'en sortir immédiatement. Je devais à tout prix procéder à une sortie stratégique. Je devais racheter les dix millions de boisseaux qui me manquaient et, ce faisant, limiter mes pertes autant que possible.

Il se trouve que Stratton, à ce moment-là, gérait aussi des affaires dans l'avoine et avait le marché bien en main. J'avais suivi l'actualité de tous les marchés céréaliers en m'informant des nouvelles autour des récoltes et les ragots circulant, de ce fait, j'entendis dire que les puissants intérêts d'Armour n'étaient pas bienveillants envers Stratton, du point de vue du marché. Évidemment, je savais que Stratton ne me laisserait pas avoir le maïs dont j'avais besoin sauf en établissant son propre prix, mais dès que j'entendis les rumeurs selon lesquelles Armour était contre Stratton, il me vint à l'esprit que je pourrais demander de l'aide aux négociants de Chicago. La seule façon dont ils pouvaient m'aider était de me vendre le maïs que Stratton ne voulait pas. Le reste était facile.

Tout d'abord, je passai l'ordre d'acheter cinq cent mille boisseaux de maïs tous les huitièmes de centimes en moins. Une fois ces commandes passées, je donnai à chacune de quatre maisons un ordre de vendre simultanément cinquante mille boisseaux d'avoine au marché. Je pensai que cela devrait faire rapidement conduire à une pause dans l'avoine. Connaissant la façon dont les traders travaillent, il était certain qu'ils penseraient instantanément qu'Armour en voulait à Stratton. En voyant l'attaque directe sur l'avoine, ils auraient logiquement conclu que la prochaine pause serait dans le maïs et ils commenceraient donc à le vendre. Si cette part de maïs en venait à être stoppée, les récoltes seraient fabuleuses.

Mon intuition concernant la psychologie des traders de Chicago se révéla être absolument correcte. Quand ils virent l'avoine se briser sur cette vente dispersée, ils sautèrent rapidement sur le maïs et le vendirent avec beaucoup d'enthousiasme. Je pus acheter six millions de boisseaux de maïs dans les dix minutes qui suivirent. Dès que je constatai que leur vente de maïs avait cessé, j'achetai simplement les quatre autres millions de boisseaux sur le marché. Bien sûr, cela fit grimper le prix à nouveau, mais le résultat net de ma manœuvre m'avait permis de couvrir toute la ligne de dix millions de boisseaux à moins d'un demi-centime du prix en vigueur au moment où j'avais commencé à couvrir les ventes des négociants. Les deux cent mille boisseaux d'avoine que j'avais vendus à découvert pour commencer la vente de maïs de la part des négociants furent couverts avec une perte de seulement trois mille dollars. C'était un appât à baissier plutôt bon marché. Les profits que j'avais réalisés sur le blé avaient compensé une grande part de mon déficit sur le maïs, à tel point que la perte totale sur toutes mes transactions de céréales n'était que de vingt-cinq mille dollars. Par la suite, le maïs augmenta de vingt-cinq centimes par boisseau. Stratton m'avait sans aucun doute mis à sa merci. Si j'avais commencé à acheter mes dix millions de boisseaux de maïs sans me préoccuper de leur prix, qui sait ce que j'aurais dû payer.

Un homme ne peut pas passer des années à faire une chose sans développer une certaine attitude habituelle à son égard, tout à fait différente de celle du débutant moyen. Cette différence distingue le professionnel de l'amateur. C'est la façon dont un homme perçoit les choses qui lui fait gagner ou perdre de l'argent sur les marchés spéculatifs. Le public a le point de vue de l'amateur sur son propre effort. L'ego s'impose indûment et la réflexion n'est donc ni profonde ni exhaustive. Le professionnel se préoccupe de faire la chose adéquate plutôt que de gagner de l'argent, sachant que le profit s'occupe de lui-même si l'on s'occupe des autres choses. Un trader joue le jeu tel un joueur de billard professionnel, c'est-à-dire qu'il regarde loin devant lui au lieu de considérer le coup qui se présente à lui. C'est devenu un véritable instinct de jouer pour la position.

Je me souviens avoir entendu une histoire sur Addison Cammack qui illustre parfaitement ce que je veux dire. D'après tout ce que j'avais entendu, je suis enclin à penser que Cammack était l'un des plus habiles négociants en valeurs mobilières que la Bourse n'avait jamais connus. Il n'était pas un baissier chronique comme beaucoup le croient, mais il plutôt avait senti l'intérêt de négocier du côté des baissiers, d'utiliser en son nom les deux grands facteurs humains que sont l'espoir et la peur. On lui attribue l'avertissement suivant : "Ne vendez pas d'actions quand la sève monte dans les arbres ! «, et les anciens me disent que ses plus gros gains furent réalisés du côté des haussiers, ce qui montre bien qu'il ne jouait pas en se fondant sur les préjugés, mais sur les conditions. Quoi qu'il en soit, c'était un trader accompli. Il semble qu'une fois, et ce vers la fin d'un marché haussier, Cammack était baissier et J. Arthur Joseph, l'écrivain financier et raconteur, le savait. Le marché, cependant, était non seulement fort, mais toujours en hausse, en réponse à l'incitation des leaders du marché haussier et aux rapports optimistes des journaux. Sachant quel usage un trader comme Cammack pouvait faire d'une information baissière, Joseph se précipita un jour au bureau de Cammack avec de bonnes nouvelles.

« M. Cammack, j'ai un très bon ami qui est un employé de transfert dans le bureau de St. Paul et qui vient de me dire quelque chose que, selon moi, vous devriez savoir.

- Qu'est-ce que c'est ? demanda Cammack sans enthousiasme.

- Vous avez changé d'avis, n'est-ce pas ? Vous êtes désormais baissier ? demanda Joseph, pour s'en assurer. Si Cammack n'était pas intéressé, il n'allait pas gaspiller de précieuses munitions.

- Effectivement. Quelle est donc cette merveilleuse information ?

- J'ai fait le tour du bureau de St. Paul aujourd'hui, comme je le fais lors de mes tournées de collecte d'informations deux ou trois fois par semaine, et mon ami là-bas me dit : 'Le vieux vend des actions'. Il parlait de William Rockefeller. "C'est vrai, Jimmy ?" lui dis-je, et il répondit,

"Oui, il vend 1500 actions tous les trois huitièmes de point de hausse. Cela fait deux ou trois jours que je transfère les actions. Je n'ai pas perdu de temps, je suis venu directement vous le dire" ».

Cammack n'était pas facilement excité, d'autant plus qu'il était tellement habitué à ce que toutes sortes de personnes se précipitent follement dans son bureau avec toutes sortes de nouvelles, de potins, de rumeurs, de conseils et de mensonges qu'il s'était mis à se méfier de tout le monde. Il se contenta de dire : « Es-tu sûr d'avoir bien entendu, Joseph ?

- Est-ce que j'en suis sûr ? Bien sûr que j'en suis sûr ! Vous me croyez sourd ? dit Joseph.

- Êtes- vous sûr de votre homme ?

- Absolument ! déclara Joseph. Je le connais depuis des années. Il ne m'a jamais menti. Il ne le ferait pas ! Il n'y a pas de raison ! Je sais qu'il est absolument fiable et je parierais ma vie en toute sérénité basée sur ce qu'il me dit. Je le connais mieux que quiconque dans ce monde, beaucoup mieux que vous ne semblez me connaître, après toutes ces années.

- Sûr de lui, hein ? ». Et Cammack regarda de nouveau Joseph. Puis il ajouta : « Eh bien, c'est vous qui voyez ». Il appela son courtier, W. B. Wheeler. Joseph s'attendait à l'entendre donner l'ordre de vendre au moins cinquante mille actions de St. Paul. William Rockefeller se débarrassait de ses participations dans St. Paul, profitant de la force du marché. Que ce soit des actions d'investissement ou des participations spéculatives, rien n'était pas pertinent. L'unique fait important était que le meilleur trader de la foule de la Standard Oil quittait St. Paul. Qu'aurait donc fait l'homme moyen s'il avait reçu la nouvelle d'une source digne de confiance ? Pas besoin de le demander.

Mais Cammack, le plus habile opérateur de son époque, qui était baissier sur le marché à ce moment-là, dit à son courtier : « Billy, va au conseil d'administration et achète 1500 St. Paul tous les trois huitièmes de points en hausse ». L'action était alors dans les 90.

« Vous ne voulez pas plutôt dire vendre ? » interjeta Joseph en toute hâte. Il était loin d'être novice à Wall Street, mais il percevait le marché à partir du point de vue de l'homme de presse et, accessoirement, du grand public. Le prix devrait certainement baisser à la nouvelle de la vente interne. Et il n'y avait certainement pas de meilleure vente interne que celle de M. William Rockefeller. La Standard Oil se retirait et Cammack achetait ! C'était impossible !

« Non, dit Cammack, je veux dire acheter !

- Vous ne me croyez pas ?

- Si !

- Vous ne croyez pas en mes informations ?

- Si.

- N'avez-vous pas une tendance baissière ?

- Si.

- Eh bien, alors ?

- C'est justement pour cela que j'achète. Écoutez-moi maintenant : restez en contact avec cet

ami fiable et dès que la vente à l'étalage s'arrêtera, faites-le-moi savoir. Instantanément ! Est-ce que vous comprenez ?

- Oui, dit Joseph, et il partit, pas tout à fait sûr qu'il pouvait comprendre les motivations de Cammack dans l'achat des actions de William Rockefeller. C'était le fait de savoir que Cammack était baissier sur l'ensemble du marché qui rendait sa manœuvre si difficile à expliquer. Cependant, Joseph vit son ami, l'employé de transfert, et lui dit qu'il voulait être informé à partir du moment où le vieil homme aura fini de vendre. Régulièrement, deux fois par jour, Joseph appela donc son ami pour s'informer.

Un jour, l'employé de transfert lui dit : « Il n'y a plus aucun stock venant du vieux ». Joseph le remercia et courut au bureau de Cammack avec l'information.

Cammack l'écouta attentivement, se tourna vers Wheeler et demanda : « Billy, combien de St. Paul avons-nous dans le bureau ? ». Wheeler vérifia puis l'informa qu'ils avaient accumulé environ soixante mille actions.

Cammack, étant baissier, avait mis en place des lignes à découvert sur les autres Grangers ainsi que sur d'autres titres, avant même de commencer à acheter St. Paul. Il était à présent fortement à découvert sur le marché. Il ordonna rapidement à Wheeler de vendre les soixante mille actions de St. Paul qu'ils détenaient, et plus encore. Il utilisa ses positions couvertes sur St. Paul comme un levier pour exercer une pression sur la liste générale et profiter grandement de ses opérations pour une baisse.

St. Paul ne s'arrêta pas sur ce mouvement jusqu'à ce qu'il atteigne 44 et Cammack fit un véritable massacre avec cela. Il joua ses cartes avec une habileté travaillée et en profita largement. Le point que je voudrais particulièrement souligner ici est son attitude habituelle envers le trading. Il n'avait pas besoin de réfléchir. Il voyait instantanément ce qui était bien plus important pour lui que son profit sur cette seule action. Il vit qu'on lui avait providentiellement offert l'opportunité de commencer ses opérations en surfant sur la grosse vague baissière, non seulement au bon moment, mais avec une impulsion initiale appropriée. Le conseil de St. Paul le poussa à acheter au lieu de vendre parce qu'il vit tout de suite que cela lui donnait une chance de disposer d'une vaste réserve des meilleures munitions pour sa campagne baissière.

Pour en revenir à moi-même, après avoir clôturé mon opération sur le blé et le maïs, je me rendis dans le sud avec mon yacht. Je naviguai dans les eaux de Floride, prenant du bon temps. La pêche était excellente. Tout était beau. Je n'avais pas le moindre souci en tête et n'en cherchais pas non plus.

Un jour, je débarquai à Palm Beach et y rencontrai beaucoup d'amis de Wall Street ainsi que d'autres. Ils parlaient tous du plus pittoresque spéculateur de coton de l'époque. Un rapport de New York disait que Percy Thomas avait perdu chaque centime qui possédait. Il ne s'agissait pas d'une faillite commerciale ; mais simplement de la rumeur de l'opérateur du second Waterloo mondialement connu sur le marché du coton.

J'avais toujours éprouvé une grande admiration pour lui. La première fois que j'avais entendu parler de lui, c'était dans les journaux, au moment de la faillite de la maison boursière de Sheldon & Thomas, lorsque Thomas avait essayé de s'accaparer le coton. Sheldon, qui n'avait ni la vision ni le courage de son partenaire, se dégonfla à la bordure même du succès. Du moins, c'est ce que la bourse avait annoncé à l'époque. En tout cas, au lieu d'accomplir un gros coup, ils finirent par signer l'un des échecs les plus sensationnels depuis des années. J'ai oublié combien de millions. Ce qui est certain, c'est que la société fut liquidée et Thomas se mit à travailler seul. Il se consacra exclusivement au coton et il ne lui fallut pas longtemps pour se remettre sur pied. Il remboursa intégralement ses créanciers avec les intérêts, des dettes qu'il n'était pas légalement obligé d'acquitter, et il lui restait même un million de dollars pour lui-même. Son retour sur le marché du coton fut en quelque sorte aussi remarquable que le célèbre exploit boursier de Deacon S. V. White, qui avait remboursé un million de dollars en seulement un an. Le courage et l'intelligence de Thomas me poussèrent à l'admirer immensément.

Tout le monde à Palm Beach parlait de l'effondrement de l'affaire de Thomas en mars dernier. Vous savez comment vont les discussions et comment elles se développent ; la quantité de désinformation, d'exagération et d'améliorations que l'on entend. Et pour cause, il m'était même arrivé de voir une rumeur me concernant se développer au point que le type qui l'avait lancée ne la reconnut pas quand elle lui revint en moins de vingt-quatre heures, gonflée de détails nouveaux et pittoresques.

Les nouvelles de la dernière mésaventure de Percy Thomas avaient détourné mon esprit de la pêche au marché du coton. J'avais obtenu des dossiers des journaux de trading et les lus dans le but de me faire une idée de la situation. En rentrant à New York, je me consacrai à l'étude du marché. Tout le monde était baissier et tout le monde vendait le coton de juillet. Vous savez comment sont les gens. Je suppose que c'est la contagion de l'exemple qui pousse un homme à faire quelque chose simplement car tout le monde autour de lui fait de même. Peut-être est-ce une phase ou une variété de l'instinct grégaire. En tout cas, de l'avis de centaines de traders, il était totalement sage et approprié de vendre le coton de juillet, et également si sûr ! On ne peut pas qualifier cette vente générale d'imprudente ; le mot étant trop conservateur. Les négociants avaient simplement considéré un seul côté du marché et un grand profit. Ils s'attendaient certainement à un effondrement des prix.

Je vis tout cela, bien sûr, et ce qui me frappa particulièrement fut que les gars qui étaient à découvert n'avaient pas beaucoup de temps pour y remédier. Plus j'étudiais la situation, plus je le voyais clairement, jusqu'à ce que je décide finalement moi aussi d'acheter du coton de juillet. Je me mis au travail et achetai rapidement cent mille unités. Je n'eus aucun problème pour l'obtenir car il provenait d'un grand nombre de vendeurs. Il me semble même que j'aurais pu offrir une récompense d'un million de dollars pour la capture, mort ou vivant, du moindre trader qui ne vendait pas de coton de juillet et personne ne l'aurait jamais réclamée.

Je dois dire que cela se produisait à la fin du mois de mai. Je continuais à en acheter encore plus et ils continuèrent à m'en vendre jusqu'à ce que j'eusse amassé tous les contrats flottants, atteignant les cent vingt mille unités. Quelques jours après avoir acheté les dernières, le prix commença à augmenter. Une fois la hausse débutée, le marché fut assez clément pour continuer à bien se porter, c'est-à-dire qu'il avait augmenté de quarante à cinquante points par jour.

Un samedi, environ dix jours après le début de mes activités, le prix commença à grimper. Je ne savais pas s'il y avait encore du coton de juillet à vendre. C'était à moi de le découvrir, alors j'attendis jusqu'aux dix dernières minutes. À ce moment-là, je savais que c'était habituel pour ces gars-là d'être à découvert et si le marché fermait pour la journée, ils seraient en sécurité. Alors j'envoyai quatre ordres différents pour acheter cinq mille unités chacun, sur le marché, au même moment. Cela fit monter le prix de trente points et les vendeurs à découvert firent de leur mieux pour s'échapper. Le marché ferma en étant au sommet. Tout ce que j'avais fait, souvenez-vous, c'était d'acheter ces vingt mille dernières unités.

Le lendemain, c'était malheureusement dimanche. Mais le lundi, Liverpool devait s'ouvrir à 20 points pour être à parité avec l'avance de New York. Au lieu de cela, il arriva cinquante points plus haut. Cela signifiait que Liverpool avait dépassé notre avance de 100 pour cent. Je n'avais rien à voir avec la hausse de ce marché. Cela m'avait prouvé que mes déductions avaient été judicieuses et que je négociais sur la ligne de moindre résistance. Dans le même temps, je ne perdais pas de vue le fait que j'avais une grosse ligne à éliminer. Un marché peut avancer brusquement ou monter graduellement et pourtant ne pas avoir le pouvoir d'absorber plus qu'une certaine quantité de ventes.

Bien sûr, les câbles de Liverpool rendirent notre propre marché sauvage. Mais je remarquai que plus cela montait, plus le coton de juillet semblait rare. Je ne lâchais rien du mien. Dans l'ensemble, ce lundi était une journée excitante et pas très joyeuse pour les baissiers, mais pour autant, je ne pus détecter aucun signe de panique imminente de la part de ces derniers, aucun début de ruée aveugle vers une quelconque couverture. Et j'avais cent quarante mille actions pour lesquelles je devais trouver un marché.

Le mardi matin, alors que je me rendais à mon bureau, je rencontrai un ami à l'entrée du bâtiment.

« C'était une sacrée histoire dans le Monde ce matin, me dit-il en souriant.

- Quelle histoire ? demandai-je.

- Quoi ? Tu veux dire que tu ne l'as pas vue ?

- Je ne lis jamais le Monde, dis-je. Quelle est l'histoire ?

- Eh bien, ça parle de toi. Ça dit que tu as accaparé tout le coton de juillet.

- Je ne l'ai pas vu, lui répétai-je en le quittant. J'ignore s'il m'avait cru ou pas. Il avait probablement pensé qu'il était très inconsidéré de ma part de ne pas lui dire si c'était vrai ou pas.

Quand j'arrivai au bureau, je demandai une copie du journal. Et sans surprise, c'était là, en une, en gros titres :

LE COTON DE JUILLET ACCULÉ PAR LARRY LIVINGSTON

Bien sûr, je sus tout de suite que l'article allait jouer les trouble-fête sur le marché. Si j'avais délibérément étudié les moyens de disposer de mes 140 000 $ pour en tirer le meilleur parti, je n'aurais pas pu trouver un meilleur plan. Il n'aurait pas été possible d'en trouver un. Cet article, à ce moment précis, était lu dans tout le pays, que ce soit dans le Monde ou dans d'autres journaux qui le citaient. Il avait été transmis à l'Europe. Les prix de Liverpool l'indiquaient clairement. Ce marché était tout simplement fou. Pas étonnant, avec de telles nouvelles.

Bien sûr, je savais ce que New York allait faire, et ce que je devais personnellement faire. Le marché ici ouvrit à dix heures. Même pas dix minutes après cette heure-ci, je ne possédais déjà plus de coton. Je leur avais laissé chacune de mes 140 000 unités. Pour la plupart de ma ligne, j'avais reçu ce qui s'était avéré être les meilleurs prix du jour. Les négociants avaient constitué le marché pour moi. Tout ce que j'avais vraiment fait, c'était d'y voir une opportunité paradisiaque de me débarrasser de mon coton. Je l'avais saisi parce que je ne pouvais pas faire autrement. Que pouvais-je faire d'autre ?

Le problème qui, je le savais, demanderait beaucoup de réflexion pour être résolu était ainsi réglé par simple accident. Si le Monde n'avait pas publié cet article, je n'aurais jamais pu me débarrasser de ma ligne sans sacrifier la plus grande partie de mes bénéfices sur papier. Vendre cent quarante mille unités de coton sans en faire baisser le prix était un tour de passe-passe au-delà de mes capacités. Mais l'article du Monde s'en occupa très bien pour moi.

Je suis incapable de vous expliquer pourquoi le Monde l'avait publié. Je ne l'ai jamais su. Je suppose que l'auteur avait été mis au courant par un ami du marché du coton et qu'il pensait imprimer un scoop. Je ne l'avais pas vu, ni lui, ni quiconque du Monde d'ailleurs. Je ne sus qu'après neuf heures qu'il avait été imprimé ce matin-là, et si mon ami n'avait pas attiré mon attention sur ce fait, je ne l'aurais peut-être même jamais su alors.

Sans cela, je n'aurais pas eu un marché assez grand pour y décharger mes marchandises. C'est d'ailleurs là l'un des problèmes du commerce à grande échelle. Impossible de vous éclipser comme vous pouvez le faire lorsque vous vous déplacez. Vous ne pouvez pas toujours vendre quand vous le souhaitez ou quand vous le jugez bon. Vous devez donc clôturer quand vous le pouvez encore, quand vous avez un marché qui absorbe toute votre ligne. Si vous ne saisissez pas l'occasion de vous retirer au moment adéquat, cela peut vous coûter des millions. Vous ne pouvez pas hésiter. Si vous le faites, vous courez à votre perte, croyez-moi. Vous ne pouvez pas non plus essayer de faire monter le prix des baissiers par le biais d'achats compétitifs, car vous risquez de réduire votre capacité d'absorption. Et détrompez-vous, percevoir la bonne opportunité n'est pas aussi facile qu'il n'y paraît. Il convient d'être à l'affût de la moindre occasion se présentant à votre porte afin de la saisir.

Bien sûr, tout le monde n'était pas au courant de mon heureux accident. À Wall Street, et partout ailleurs, tout accident qui permet à un homme de gagner beaucoup d'argent est considéré avec suspicion. Parallèlement, lorsque l'accident n'est pas rentable, il n'est jamais considéré comme un accident, mais comme le résultat logique de l'arrogance. Mais quand il inclut un bénéfice, on considère cela comme un butin, faisant naitre le débat autour de l'absence de scrupules, ainsi que du manque de conservatisme et de décence.

Il n'y avait pas que les "mauvais esprits" qui se voyaient sanctionnés par leur propre imprudence, qui m'accusèrent d'avoir délibérément planifié le coup. De nombreuses autres personnes pensaient la même chose.

L'un des plus grands noms du coton à travers le monde me rencontra un ou deux jours plus tard et me dit : « C'était certainement le coup de maître le plus habile que vous ayez jamais mis en place, Livingston. Je me demandais combien vous alliez perdre quand vous aviez commercialisé votre ligne. Vous saviez que ce marché n'était pas assez grand pour prendre plus de 50 ou 60 000 balles sans vendre et la manière dont vous alliez travailler sur le reste pour éviter de perdre tous vos profits sur papier commençait à m'intéresser. Je n'avais pas pensé à votre plan. C'était certainement très malin.

- Je n'ai rien à voir avec cela », lui assurai-je aussi sérieusement que possible.

Mais il ne fit que répéter : « Très malin, mon garçon. Très malin ! Ne soyez pas si modeste ! ».

C'est après cette affaire que certains journaux me prénommèrent le "Roi du coton". Mais, comme je l'avais dit, je n'avais pas vraiment droit à cette couronne. Il est inutile de vous rappeler qu'il n'y a pas assez d'argent dans les États-Unis pour acheter les colonnes du Monde de New York ou assez d'influence pour assurer la publication d'une telle histoire. Par conséquent, cela me donna une réputation loin d'être totalement méritée à l'époque.

Mais je ne raconte pas cette histoire dans le simple but de faire la morale sur les couronnes posées sur le front des traders qui ne le méritent pas, ni pour insister sur la nécessité de saisir l'opportunité, peu importe où et comment elle se présente. Mon but était simplement de rendre compte de la grande quantité de notoriété dans les journaux qui m'était venue à la suite de mon affaire sur le coton de juillet. De plus, si les journaux n'avaient pas été là, je n'aurais jamais rencontré cet homme remarquable qu'est Percy Thomas.

Chapitre 12 : Percy Thomas

Peu de temps après avoir conclu mon deal de coton de juillet, avec plus de succès que je ne l'avais prévu, je reçus par courrier une demande d'interview. La lettre était signée par Percy Thomas. Bien sûr, je répondis immédiatement que je serais heureux de le voir à mon bureau quand il le souhaiterait. Le lendemain, il vint me voir.

Je l'admirais depuis longtemps. Son nom ressortait là où les hommes s'intéressaient à la culture, à l'achat ou à la vente du coton. En Europe comme dans tout le pays, les gens me citaient les opinions de Percy Thomas. Je me souviens qu'un jour, dans une station suisse, je parlais à un banquier du Caire qui s'intéressait à la culture du coton en Égypte en association avec feu Sir Ernest Cassel. Quand il apprit que je venais de New York, il me posa tout de suite des questions à propos de Percy Thomas, dont il recevait et lisait les rapports sur le marché avec une régularité sans faille.

J'avais toujours pensé que Thomas s'occupait de ses affaires de manière scientifique. Il était un véritable spéculateur, un penseur avec la vision d'un rêveur et le courage d'un combattant, mais un homme quand même exceptionnellement bien informé, qui connaissait à la fois la théorie et la pratique du commerce du coton. Il aimait entendre et exprimer des idées, des théories et des abstractions, alors qu'en même temps, il n'y avait que très peu de choses sur le côté pratique du marché du coton ou sur la psychologie des traders dans le domaine qu'il ne connaissait pas. Et pour cause, il avait fait du commerce pendant des années et avait gagné et perdu des sommes considérables.

Après l'échec de son ancienne société de bourse, Sheldon & Thomas, il avait fait cavalier seul. En l'espace de deux ans, il revint, presque spectaculairement. Je me souviens avoir lu dans le Sun que la première chose qu'il avait faite après s'être remis sur pied financièrement fut de payer ses anciens créanciers, puis d'engager un expert pour étudier et déterminer pour lui la meilleure façon d'investir un million de dollars. Cet expert examina les propriétés et analysa les rapports de plusieurs sociétés avant de recommander ensuite l'achat d'actions Delaware & Hudson.

Eh bien, après avoir échoué pour des millions et être revenu avec encore plus de millions, Thomas fut totalement vidé de son argent à la suite de son affaire de coton en mars. Il ne perdit pas beaucoup de temps avant de venir me voir. Il proposa que nous formions une alliance de travail. Quelle que soit l'information qu'il obtiendrait, il me la donnerait immédiatement avant de la transmettre au public. Mon rôle serait de gérer le trading réel, pour lequel il avait dit que j'étais un génie spécial et pas lui.

Cela ne m'attirait pas plus que ça pour un certain nombre de raisons. Je lui dis franchement que je ne pensais pas être capable de fonctionner avec un partenaire et que je n'avais pas envie d'essayer d'apprendre. Mais il insista sur le fait que ce serait une combinaison idéale, jusqu'à ce que je lui dise carrément que je ne voulais pas avoir à influencer d'autres personnes à s'intéresser au trading.

« Si je me trompe moi-même, lui dis-je, je suis le seul à souffrir et j'en paie les frais immédiatement. Il n'y a pas de paiements interminables ni de désagréments inattendus. Je joue seul par choix et aussi parce qu'il s'agit de la façon la plus sage et la moins chère de faire du commerce. Je prends plaisir à confronter mon intelligence à celle d'autres traders, des hommes que je n'avais jamais vus, à qui je n'avais jamais parlé, à qui je n'avais jamais conseillé d'acheter ou de vendre et que je n'espérais jamais rencontrer ou connaître. Lorsque je gagne de l'argent, je le fais en soutenant mes propres opinions. Je ne les vends pas et ne les capitalise pas. Si je gagnais de l'argent d'une autre manière, j'imaginerais que je ne l'aurais pas mérité. Votre proposition ne m'intéresse pas, car je ne m'intéresse au jeu que dans la mesure où je le pratique pour moi-même et à ma manière ».

Il dit qu'il était désolé que je me sente ainsi et essaya de me convaincre que j'avais tort de rejeter son plan. Mais je restais campé sur mes positions. Le reste avait été une conversation agréable. Je lui dis que je savais qu'il allait "revenir" et que je considérerais comme un privilège qu'il me permette de l'aider financièrement. Mais il répondit qu'il ne pouvait accepter aucun prêt de ma part. Il me posa ensuite des questions sur mon contrat de juillet et je lui racontai alors tout en détail : comment je m'y étais pris, combien de coton j'avais acheté, le prix et d'autres informations. Nous bavardâmes un peu plus, puis il partit.

Lorsque je vous avais dit, il y a quelque temps, que tout spéculateur a une foule d'ennemis, dont beaucoup se développent avec succès de l'intérieur, je pensais à mes nombreuses erreurs. J'avais appris qu'un homme peut posséder un esprit original et l'habitude de penser de manière indépendante tout au long de sa vie, tout en étant vulnérable aux attaques d'une personnalité persuasive. Je suis assez immunisé contre les syndromes spéculatifs les plus communs, comme l'avidité, la peur et l'espoir. Mais étant un homme ordinaire, je trouve que je peux me tromper avec une grande facilité.

J'aurais dû être sur mes gardes à ce moment précis puisque peu de temps avant, j'avais vécu une expérience prouvant justement combien il est facile de pousser un homme à accomplir quelque chose contre son jugement et même contre ses souhaits. Cela se passa dans le bureau de Harding. J'avais une sorte de bureau privé, une pièce qu'on me laissait occuper seul, et personne n'était censé m'importuner pendant les heures de marché sans mon consentement. Je ne souhaitais pas être dérangé et, comme je négociais sur une très grande échelle et que mon compte était assez rentable, j'étais plutôt bien gardé.

Un jour, juste après la fermeture du marché, j'entendis quelqu'un dire : « Bonjour, M. Livingston ».

En me retournant, je vis un parfait inconnu, un type d'environ trente-cinq ans. Je ne parvenais pas à comprendre comment il était entré, mais il était bel et bien là. J'en conclus que son affaire avec moi l'avait dépassé. Mais je ne dis rien. Je l'observai simplement et très vite il dit : « Je suis venu vous voir à propos de ce Walter Scott », et sur ces mots, il tourna les talons.

C'était un agent littéraire. Il n'était pas particulièrement agréable dans ses manières ni habile dans sa parole. Il n'était pas non plus très beau à regarder. Mais il avait de la personnalité. Il parlait et je pensais même avoir écouté. Mais je ne sais pas ce qu'il disait. Je pense même ne l'avoir jamais su, pas même à ce moment-là. Lorsqu'il termina son monologue, il me tendit d'abord son stylo plume et ensuite un formulaire vierge, que je signai.

C'était un contrat m'engageant à prendre un ensemble de Scott pour cinq cents dollars.

Au moment même où je signai, je repris conscience de mon acte. Mais il avait le contrat en sécurité dans sa poche. Je ne voulais pas de livre. Je n'avais pas de place pour eux. Ils ne m'étaient d'aucune utilité à mes yeux. Je n'avais personne à qui les donner. Pourtant, j'avais accepté de les acheter pour cinq cents dollars.

J'avais tellement l'habitude de perdre de l'argent que je ne pensais jamais en premier lieu à cette phase de mes erreurs. C'est toujours l'acte en lui-même, la raison pour laquelle il fut commis. En premier lieu, je souhaite connaître mes propres limites et habitudes de pensée. Une autre raison est que je refuse de faire la même erreur une seconde fois. Un homme ne peut excuser ses erreurs qu'en les capitalisant à son profit ultérieur.

Eh bien, ayant fait une erreur de cinq cents dollars, mais n'ayant pas encore localisé le problème, je me contentai seulement de regarder le gars pour en mesurer la taille, en tant que premier pas. J'aurais été pendu s'il ne m'avait pas souri, un petit sourire compréhensif ! Il semblait lire dans mes pensées. Je savais en quelque sorte que je n'avais pas besoin de lui expliquer quoi que ce soit ; il le savait sans que je le lui dise. Je sautai donc les explications et les préliminaires pour lui demander : « Quelle commission allez-vous toucher sur cette commande de 500 dollars ? »

Il secoua rapidement la tête et répondit : « Je ne peux pas le faire ! Désolé !

- Combien touchez-vous ? persistai-je.

- Un tiers. Mais je ne peux pas le faire ! insista-t-il.

- Un tiers de cinq cents dollars, ça fait cent soixante-six dollars et soixante-six cents. Je vous donne deux cents dollars en liquide si vous me rendez ce contrat signé ». Et en guise de preuve, je sortis l'argent de ma poche.

- Je vous ai dit que je ne pouvais pas le faire, répéta-t-il.

- Est-ce que tous vos clients vous font la même offre ? l'interrogeai-je.

- Non, répondit-il.

- Alors pourquoi étiez-vous si sûr que j'allais la faire ?

- C'est ce que ferait n'importe quel homme de votre genre. Vous êtes un perdant de première classe et cela fait de vous un homme d'affaires de premier ordre. Je vous suis très reconnaissant, mais je ne peux pas le faire.

- Maintenant, dites-moi pourquoi ne souhaitez-vous pas gagner plus que votre commission ?

- Ce n'est pas exactement cela, dit-il. Je ne travaille pas seulement pour la commission.

- Pour quoi travaillez-vous alors ?

- Pour la commission et le record, répondit-il.

- Quel record ?

- Le mien.

- Où voulez-vous en venir ?

- Travaillez-vous seulement pour l'argent ? me demanda-t-il.

- Effectivement, répondis-je.

- Non. Et il a secoué la tête. Non, vous ne le faites pas. Vous ne vous amuseriez pas assez. Vous ne travaillez certainement pas simplement pour ajouter quelques dollars de plus à votre compte en banque et vous n'êtes pas à Wall Street parce que vous aimez l'argent facile. Vous vous amusez d'une autre manière. Eh bien, c'est la même chose pour moi ».

Je ne le contredis pas, mais lui demandai : « Et comment vous amusez-vous ?

- Eh bien, avoua-t-il, nous avons tous un point faible.

- Et quel est donc le vôtre ?

- La vanité, répondit-il.

- Eh bien, lui dis-je, vous avez réussi à me faire signer. À présent, je veux rompre le contrat, et je vous paye même deux cents dollars pour dix minutes de travail. N'est-ce pas suffisant pour votre fierté ?

- Non, répondit-il. Voyez-vous, le reste de mes collègues travaillent tous à Wall Street depuis des mois sans réussir à atteindre les objectifs fixés. Ils avaient alors blâmé les marchandises et le territoire. Ainsi, le bureau me fit venir pour prouver que la faute incombait à leur façon de vendre et non pas aux livres ou au lieu. Ils travaillaient avec une commission de 25 pour cent. Pour ma part, j'étais à Cleveland, où j'avais vendu quatre-vingt-deux ensembles en deux semaines. Je suis donc ici pour vendre un certain nombre d'ensembles non seulement à des personnes qui n'ont justement pas acheté aux autres agents, mais aussi aux gens qu'ils n'ont même pas pu voir. C'est pour cette raison qu'ils me donnent 33⅓ pour cent.

- D'ailleurs, je n'arrive toujours pas à comprendre comment vous m'avez vendu cet ensemble.

- Figurez-vous que j'en ai même vendu un à J.P. Morgan, dit-il pour me consoler.

- Non, je n'y crois pas », dis-je.

Il n'était pas en colère. Il assura simplement : « Je vous le jure.

- Une collection de Walter Scott à J.P. Morgan, qui possède non seulement de belles éditions, mais aussi probablement les manuscrits originaux de certains romans, n'est-ce pas ?

- Eh bien, voici son John Hancock ». Et il s'empressa de me montrer un contrat signé par J. P. Morgan lui-même. Ce n'était peut-être pas la signature de M. Morgan, mais il ne m'était pas venu à l'esprit d'en douter sur le moment. D'ailleurs, n'avait-il pas la mienne dans sa poche ? Je ne ressentais que de la curiosité. Alors je lui demandai : « Comment avez-vous passé le secrétaire ?

- Je n'ai pas vu de secrétaire. J'ai vu le vieil homme lui-même. Dans le bureau.

- Ça me semble beaucoup trop irréaliste ! » dis-je. Tout le monde savait qu'il était beaucoup plus difficile d'entrer dans le bureau privé de M. Morgan les mains vides que dans la Maison-Blanche avec un colis faisant tic-tac telle une bombe.

Mais il déclara : « Je l'ai fait.

- Mais comment êtes-vous entré dans son bureau ?

- Comment suis-je entré dans le vôtre ? rétorqua-t-il.

- Je ne sais pas. À vous de me le dire, dis-je.

- Eh bien, la manière dont je suis entré dans le bureau de Morgan et la manière dont je suis entré dans le vôtre sont les mêmes. Je me suis seulement contenté de parler au portier dont l'unique mission était de ne pas me laisser entrer. Et la façon dont j'ai fait signer Morgan était la même que celle utilisée pour vous faire signer. Vous ne signiez pas un contrat pour un ensemble de livres. Vous avez seulement pris le stylo plume que je vous ai donné et fait ce que je vous ai demandé de faire avec. Aucune différence. Comme avec vous.

- Et est-ce vraiment la signature de Morgan ? lui demandai-je, avec environ trois minutes de retard par rapport à mon scepticisme.

- Bien sûr ! Il a appris à écrire son nom quand il était petit.

- Et cela s'arrête vraiment là ?

- Oui, c'est tout, répondit-il. Je sais exactement ce que je fais. C'est le seul secret que vous y trouverez. Je vous en suis très reconnaissant. Bonne journée, M. Livingston ». Et sur ces mots, il se dirigea vers la sortie.

« Attendez, le retins-je. Je veux compenser les deux cents dollars. Et je lui tendis trente-cinq dollars ».

Il secoua la tête, puis dit : « Non. Je ne peux pas faire ça. Par contre je peux faire autre chose! » Et il prit le contrat dans sa poche, le déchira en deux et m'en donna les morceaux.

Je comptai deux cents dollars et lui tendis l'argent, mais il secoua de nouveau la tête.

« Ce n'est pas ce que vous vouliez dire ? lui demandai-je.

- Non.

- Alors, pourquoi avoir déchiré le contrat ?

- Parce que vous n'avez pas pleurniché, mais au contraire, l'avez pris comme je l'aurais moi-même pris si j'avais été à votre place.

- Mais je vous ai offert les deux cents dollars de mon propre chef, dis-je.

- Je sais ; mais l'argent n'est pas tout ».

Quelque chose dans sa voix me fit dire : « Vous avez raison, ce n'est pas tout. Et maintenant,

que voulez-vous vraiment en échange ?

- Vous êtes rapide, n'est-ce pas ? demanda-t-il. Vous voulez vraiment faire quelque chose pour moi ?

- Oui, lui répondis-je, je le veux. Mais que je le fasse ou pas, cela dépend de ce que vous avez en tête.

- Emmenez-moi avec vous dans le bureau de M. Ed Harding et dites-lui de m'accorder trois minutes de son temps et pas plus. Puis laissez-moi seul avec lui ».

Je secouai la tête et dis : « C'est un bon ami à moi.

- Il a cinquante ans et est courtier en bourse, dit l'agent littéraire.

C'était parfaitement vrai, alors je l'emmenai dans le bureau d'Ed. Je n'entendis plus alors parler de cet agent littéraire. Mais un soir, quelques semaines plus tard, alors que je me rendais dans les quartiers chics de la ville, je le croisai dans le train L de la Sixième Avenue. Il leva son chapeau très poliment et je lui fis un signe de tête en retour. Il s'approcha ensuite et me demanda : « Comment allez-vous, M. Livingston ? Et comment va M. Harding ?

- Il va bien. Pourquoi cette question ? j'avais le sentiment qu'il me cachait quelque chose.

- Je lui ai vendu pour 2 000 $ de livres le jour où vous m'avez emmené le voir.

- Il ne m'a jamais dit un mot à ce sujet, dis-je.

- Non, ce genre de personne ne parle pas de ça.

- Quel genre de personne ?

- Le genre à ne jamais commettre d'erreurs parce que c'est une mauvaise affaire que de les faire. Ce genre de personne sait toujours ce qu'elle veut avec précision et personne ne peut lui dire le contraire. C'est ce genre de personne qui éduque mes enfants et qui garde ma femme de bonne humeur. Vous m'avez rendu un fier service, M. Livingston. Je m'y attendais en renonçant aux deux cents dollars que vous teniez tant à m'offrir.

- Et si M. Harding ne vous avait pas donné un ordre ?

- Oh, mais je savais qu'il le ferait. J'avais déjà découvert quel genre d'homme il était. C'était une poule mouillée.

- Oui. Mais s'il n'avait pas acheté de livres ? insistai-je.

- Dans ce cas, je serais revenu vous voir pour vous vendre autre chose. Bonne journée, M. Livingston. Je vais voir le maire ». Et il se leva alors que nous arrivions à Park Place.

- J'espère que vous lui vendrez dix sets, dis-je. Son Honneur était un homme de la Tammany.

- Je suis aussi un républicain, dit-il, et il sortit, non pas précipitamment, mais tranquillement, confiant que le train attendrait. Et effectivement, il attendit.

Je vous ai raconté cette histoire en détail justement parce qu'il s'agissait d'un homme remarquable qui me fit acheter ce que je ne voulais pas acheter. C'était le premier homme à m'avoir fait subir cela. Il n'aurait jamais dû y en avoir un deuxième, mais contre tout attente, il y en eut un. Vous ne pouvez jamais compter sur le fait qu'il n'y ait qu'un seul vendeur remarquable dans le monde ou sur une immunisation complète de votre personnalité face à toute influence.

Lorsque Percy Thomas quitta mon bureau, après avoir agréablement, mais définitivement refusé d'établir une alliance de travail avec lui, j'aurais juré que nos chemins professionnels ne se croiseraient jamais. Je n'étais pas sûr de le revoir. Mais dès le lendemain, il m'écrivit une lettre pour me remercier pour mes offres d'aide et m'invitait à venir le voir. Je lui répondis donc que je le ferais. Il m'écrivit à nouveau. Je l'appelai cette fois-ci.

Je pus voir une tout autre facette de lui. C'était toujours un plaisir pour moi que de l'écouter, il savait tellement de choses et il exprimait son savoir de façon tellement intéressante. Je pense que c'est l'homme le plus magnétique que j'ai jamais rencontré.

Nous parlâmes de beaucoup de choses, car c'est un homme qui avait beaucoup lu, qui avait une compréhension étonnante de nombreux sujets et un don remarquable pour les généralisations intéressantes. La sagesse de son discours était impressionnante ; et pour ce qui est de sa plausibilité, il n'avait pas son pareil. J'avais entendu nombre de personnes accuser Percy Thomas de beaucoup de choses, y compris de manque de sincérité, mais je me demande parfois si sa remarquable plausibilité ne vient pas plutôt du fait qu'il se convainc d'abord lui-même à tel point qu'il acquiert par là même sa puissance de conviction.

Bien sûr, nous parlâmes longuement des questions de marché. Je n'étais pas haussier pour le coton, mais lui l'était. Je ne voyais pas du tout le côté haussier, mais lui si. Il présenta tant de faits et de chiffres que j'aurais dû en être accablé, mais je ne l'étais pas. Je ne pouvais guère les réfuter, car je ne pouvais pas nier leur authenticité, mais ils n'ébranlèrent pas la conviction que je mettais en ma propre lecture du jeu. Mais il continua jusqu'à ce que je ne me sente même plus sûr de mes propres informations telles qu'elles étaient recueillies dans les journaux professionnels et les quotidiens. Cela signifiait que je ne pouvais pas cerner le marché de mes propres yeux. Un homme ne peut être convaincu contre ses propres convictions, mais on peut le convaincre dans un état d'incertitude et d'indécision, ce qui est encore pire, car cela signifie qu'il ne peut négocier avec confiance et confort.

Je ne peux pas non plus dire que je me retrouvai perdu, mais je dois avouer que j'avais perdu mon équilibre, ou plutôt, que j'avais cessé de réfléchir par moi-même. Je ne peux pas vous donner en détail les différentes étapes par lesquelles j'atteignis l'état d'esprit qui devait me coûter si cher par la suite. Je pense que cela était surtout dû à l'assurance de l'exactitude de ses chiffres, qui étaient exclusivement propres à lui, et de la non-fiabilité des miens, qui n'étaient pas exclusivement propres à moi, mais de propriété publique. Il insista sur la fiabilité totale, maintes fois prouvée, de ses dix mille correspondants dans tout le Sud. En fin de compte, j'en arrivai à lire les conditions comme il les lisait lui-même, puisque nous lisions tous les deux la même page du même livre, qu'il tenait sous mes yeux. Il possédait sans nul doute un esprit logique. Une fois, avoir accepté ses faits, c'était un jeu d'enfant pour lui de faire concorder mes propres conclusions, dérivées de ses explications, avec les siennes.

Lorsqu'il commença à me parler de la situation du coton, j'étais non seulement baissier, mais aussi à découvert sur le marché. Petit à petit, alors que je commençais à accepter ses faits et ses chiffres, je commençai à craindre d'avoir basé ma position précédente sur des informations erronées. Bien sûr, je ne pouvais pas me sentir ainsi sans y remédier. Et une fois avoir couvert parce que Thomas m'avait fait croire que j'avais tort, je devais simplement être en marge. C'est la façon dont mon esprit fonctionne. Vous savez, je n'ai rien fait d'autre dans ma vie que le trading d'actions et de matières premières. Je pense naturellement que si ce n'est pas avantageux d'être baissier, il est forcément conseillé d'être haussier. Et s'il est avantageux d'être haussier, il est impératif d'acheter. Comme mon vieil ami de Palm Beach disait que Pat Hearne avait l'habitude de dire : « Tu ne peux pas savoir tant que tu n'as pas parié ! ». Je dois prouver si j'ai raison ou pas uniquement sur le marché ; et les preuves ne peuvent être lues que dans les relevés de mes courtiers à la fin du mois.

Je commençai à acheter du coton et en un clin d'œil je retrouvai ma ligne habituelle, environ

soixante mille unités. C'était le jeu le plus stupide de ma carrière. Au lieu d'être ou de ne pas être à la hauteur de mes propres observations et déductions, je ne faisais que jouer le jeu d'un autre homme. Il était éminemment approprié de dire que mes jeux stupides ne se devaient pas se terminer comme ça. J'avais non seulement acheté alors que je n'avais aucune raison d'être haussier, mais je n'ai pas accumulé ma ligne en accord avec les incitations de mon expérience. Je ne négociais pas correctement. En ayant pour une fois écouté, je me retrouvai perdu.

Le marché n'allait pas dans mon sens. Notez que ne suis jamais effrayé ou impatient quand je suis sûr de ma position. Mais le marché n'avait pas agi comme il aurait dû le faire si Thomas avait eu raison. Ayant fait le premier faux pas, je fis sans surprise le deuxième et le troisième, et bien sûr, tout s'embrouilla. Je m'étais non seulement laissé persuader de passer outre ma perte, mais aussi de maintenir le marché. C'est un style de jeu étranger à ma nature et contraire à mes principes et théories de trading. Même en étant jeune et fréquentant les *bucket shops*, j'aurais pu mieux faire. Mais je n'étais pas moi-même. J'étais un autre homme : une personne Thomasisée.

Je ne disposais pas seulement d'une marge concernant le coton, mais je transportais aussi une lourde ligne de blé. Cela marchait très bien et me rapportait un joli bénéfice. Mes efforts insensés pour soutenir le coton avaient porté ma ligne à environ cent cinquante mille unités. Je dois vous dire qu'à cette époque, je ne me sentais pas très bien. Je ne dis pas cela pour fournir une excuse à mes erreurs, mais simplement pour signaler un point pertinent. Je me souviens être alors allé à Bayshore pour me reposer.

Là-bas, je dédiais mon temps à la réflexion. Il me semblait que mes engagements spéculatifs

étaient trop importants. Je ne suis pas timide en règle générale, mais je commençai à me sentir nerveux et décidai d'alléger ma charge. Pour ce faire, je devais de liquider le coton ou le blé.

Il semble incroyable que connaissant le jeu aussi bien que moi et avec une expérience de douze ou quatorze ans de spéculation sur les actions et les matières premières, je fis précisément la chose à ne surtout pas faire. Le coton me montra une perte et je décidai de la garder. Paradoxalement, le blé me montra un bénéfice et je le vendis. C'était un jeu tout à fait stupide, mais tout ce que je peux dire en guise de justification, c'est que ce n'était pas vraiment ma faute, mais celle de Thomas. De toutes les erreurs spéculatives possibles, il y en a très peu de pire que d'essayer de faire la moyenne d'un jeu perdu. Mon deal de coton le prouva un peu plus tard. Toujours vendre ce qui vous fait perdre et garder ce qui vous fait gagner. C'était de toute évidence la meilleure chose à faire et je le savais si bien qu'aujourd'hui encore, je m'étonne d'avoir fait l'inverse.

Je vendis donc mon blé, en réduisant délibérément mon bénéfice. Après m'en être débarrassé, le prix augmenta de vingt centimes par boisseau sans discontinuer. Si je l'avais gardé, j'aurais pu faire un bénéfice d'environ huit millions de dollars. Et ayant décidé de continuer à perdre, j'achetai même plus de coton !

Je me souviens très clairement que chaque jour, j'achetais du coton, encore et toujours plus de coton. Et pourquoi pensez-vous que je l'achetais ? Tout simplement pour empêcher le prix de baisser ! Si ce n'était pas un coup de maître, qu'est-ce que c'était alors ? Je continuai simplement à y mettre de plus en plus d'argent, éventuellement perdu. Mes courtiers et mes

amis intimes ne pouvaient pas le comprendre, et ils ne le comprennent toujours pas aujourd'hui. Bien sûr, si l'affaire s'était déroulée différemment, cela aurait été une merveille. Plus d'une fois, j'avais été mis en garde contre le fait de trop se fier aux brillantes analyses de Percy Thomas. Je n'y avais pas prêté attention, et continuai à acheter du coton pour l'empêcher de baisser. J'en achetai même à Liverpool. J'accumulai quatre cent quarante mille unités avant de réaliser ce que je faisais. Et puis ce fut finalement trop tard. Alors je vendis ma

ligne.

Je perdis presque tout ce que j'avais gagné ainsi que toutes mes autres affaires en actions et matières premières. Je n'avais pas été complètement vidé, mais il me restait moins de centaines de milliers que j'avais de millions avant de rencontrer mon brillant ami Percy Thomas. Pour moi plus que pour tous les autres, le fait de violer toutes les lois que l'expérience m'avait appris à observer pour prospérer était pire qu'une ânerie.

Apprendre qu'un homme peut opter pour des mouvements stupides sans raison était une leçon précieuse. Cela me coûta plusieurs millions pour apprendre qu'un autre des dangereux ennemis d'un trader est sa susceptibilité aux pressions d'une personnalité magnétique, lorsque celle-ci est exprimée de manière plausible par un esprit brillant. Il m'avait néanmoins toujours semblé que j'aurais tout aussi bien pu apprendre cette leçon si le coût n'avait été que d'un seul million. Mais le destin ne vous laisse pas toujours fixer vos frais d'apprentissage. Il délivre la raclée que constitue l'éducation et présente sa propre facture, sachant que vous êtes contraints de la payer, quel qu'en soit le montant. Ayant appris de quelle folie j'étais capable, je clôturai cet incident particulier. Par conséquent, Percy Thomas sortit de ma vie.

J'étais donc là, avec plus des neuf dixièmes de ma mise, comme Jim Fisk avait l'habitude de dire, partis en fumée. J'avais été millionnaire depuis un peu moins d'un an. Ces millions, je les avais gagnés en utilisant mon cerveau, aidé par la chance. Je les avais perdus en inversant le processus. Je vendis mes deux yachts et fus décidément moins extravagant dans mon mode de vie.

Mais cette seule décision ne suffit pas. La chance était contre moi. Je me heurtai d'abord à la maladie, puis au besoin urgent de 200 000 dollars en liquide. Quelques mois auparavant, cette somme n'aurait rien représenté du tout à mes yeux, mais elle représentait désormais presque tout ce qui restait de ma fortune. Je devais fournir l'argent et la question en était la suivante : où le trouverais-je ? Je ne voulais pas l'extraire du solde que je gardais chez mes courtiers, car si je le faisais, il ne me resterait plus beaucoup de marge pour mes propres transactions ; et j'avais plus que jamais besoin de moyens de transaction si je voulais regagner rapidement mes millions. Il n'y avait qu'une seule alternative envisageable, c'était de sortir l'argent de la bourse !

Pensez-y ! Si vous connaissez bien le client moyen d'une maison de commission, vous ne pourrez qu'être d'accord avec moi pour dire que l'espoir de faire payer votre facture par la bourse est l'une des sources de perte les plus prolifiques de Wall Street. Vous dépenserez tout ce que vous avez si vous vous en tenez à votre détermination.

Lors d'un hiver, dans le bureau de Harding, un petit groupe de personnes dépensa près de trente ou quarante mille dollars pour un manteau et comble de l'ironie, aucun d'entre eux ne survécut pour le porter. Il se trouvait qu'un éminent négociant en bourse qui, depuis, était devenu célèbre dans le monde entier comme étant l'un des hommes gagnant un dollar par an, se rendit à la Bourse avec un pardessus en fourrure doublé de loutre de mer. À cette époque, avant que les fourrures ne montent en flèche, ce manteau était estimé à seulement dix mille dollars. Eh bien, l'un des gars du bureau de Harding, Bob Keown, décida de prendre un manteau doublé de zibeline russe. Il en évalua un en ville. Le coût était à peu près le même, dix mille dollars.

« C'est une sacrée somme d'argent, objecta l'un des collègues.

- Oh, c'est tout à fait juste ! Très Juste ! admit Bob Keown amicalement. Environ une semaine de salaire - à moins que vous ne promettiez de me le présenter comme une légère, mais sincère marque d'estime pour l'homme le plus gentil du bureau. Est-ce que j'entends déjà là le discours de présentation ? Non ? Très bien. Je vais laisser le marché boursier l'acheter pour moi !

- Pourquoi voulez-vous un manteau de zibeline ? avait demandé Ed Harding.

- Il irait particulièrement bien à un homme de mon gabarit, répondit Bob, en se redressant.

- Et comment avez-vous dit que vous comptiez le payer ? demanda Jim Murphy, qui était le chasseur-vedette de tuyaux du bureau.

- Par un investissement judicieux à caractère temporaire, James. Voilà comment », répondit Bob, qui savait que Murphy désirait simplement récolter un tuyau.

Sans surprise, Jimmy demanda : « Quelle action allez-vous acheter ?

- Vous vous trompez là comme d'habitude, mon ami. Ce n'est pas le moment d'acheter quoi que ce soit. Je propose de vendre cinq mille Steel. Il devrait baisser de dix points au moins. Je vais juste prendre deux points et demi nets. C'est prudent, n'est-ce pas ?

- Qu'est-ce que vous en dites ? demanda Murphy avec enthousiasme. C'était un homme grand et mince, aux cheveux noirs et au regard affamé, dû au fait qu'il ne sortait jamais pour déjeuner de peur de manquer quelque chose sur la bande.

- Je veux dire par là que ce manteau est le plus beau que j'ai jamais eu l'intention d'acheter. Il se tourna vers Harding et dit : Ed, vendez cinq mille U.S. Steel ordinaires sur le marché. Aujourd'hui, très cher ! ».

Bob était un baissier et il aimait se laisser aller à l'humour. C'était sa façon de faire savoir au monde qu'il avait des nerfs d'acier. Il vendit cinq mille Steel, et l'action augmenta rapidement. N'étant pas aussi bête qu'il le laissait paraître lorsqu'il parlait, Bob stoppa sa perte à un point et demi et confia au bureau que le climat de New York était trop doux pour les manteaux de fourrure. Ils étaient malsains et ostentatoires. Les autres camarades le raillèrent. Mais il ne fallut pas longtemps avant que l'un d'eux n'achète l'Union Pacific pour payer le manteau. Il perdit 1800 dollars et dit que la zibeline était très appropriée pour l'extérieur d'un manteau de femme, mais pas pour l'intérieur d'un vêtement destiné à être porté par un homme modeste et intelligent.

Après cela, l'un après l'autre, les gars essayèrent de convaincre le marché de payer pour ce manteau. Un jour, j'annonçai que je l'achèterais pour empêcher le bureau de faire faillite. Mais ils affirmèrent tous d'une même voix que ce n'était pas bon que joueur de faire cela, que si je voulais le manteau pour moi, je devais laisser le marché me le donner. Mais Ed Harding approuva fortement mon intention et l'après-midi même, je me rendis chez le fourreur pour l'acheter. Je découvris alors qu'un homme de Chicago l'avait acheté la semaine précédente.

Ce n'était qu'un seul cas isolé. Il n'y avait pas un seul homme à Wall Street qui n'avait pas perdu de l'argent en essayant de faire payer le marché pour une automobile, un bracelet, un bateau à moteur ou encore un tableau. Je pourrais construire un énorme hôpital rien qu'avec les cadeaux d'anniversaire que la bourse radine avait refusé de payer. En fait, de toutes les habitudes de Wall Street, je pense que la volonté d'amener la bourse à jouer le rôle d'une marraine est la plus étendue et la plus persistante.

Comme toutes les habitudes bien authentifiées, celle-ci avait sa raison d'être. Que fait un homme lorsqu'il entreprend de faire payer la bourse pour un besoin soudain ? Il espère simplement. Il joue. Il court donc des risques beaucoup plus grands que s'il spéculait intelligemment, en accord avec les opinions ou les croyances auxquelles il était arrivé logiquement après une étude impartiale des conditions sous-jacentes. Tout d'abord, il court après un profit immédiat. Il ne peut guère se permettre d'attendre. Le marché doit lui être favorable tout de suite, voire pas du tout. Il se flatte de ne pas demander plus que de placer un pari paritaire. Étant donné qu'il est prêt à courir rapidement, par exemple, dans le but d'arrêter sa perte à deux points alors que tout ce qu'il espère est de gagner deux points, il s'accroche à l'idée fausse qu'il ne fait que tenter une chance sur deux. J'ai connu des hommes ayant perdu des milliers de dollars sur de telles transactions, en particulier sur des achats effectués au sommet d'un marché haussier, juste avant une réaction modérée. Ce n'est certainement pas une façon appropriée au trading.

Eh bien, cette folie qui avait couronné ma carrière d'opérateur boursier fut la goutte d'eau qui fit déborder le vase. Elle me battit. Je perdis le peu que mon affaire de coton m'avait laissé. Cela me fit encore plus de mal, car j'avais continué à négocier et donc à perdre. Je persistais

à penser que le marché boursier devait forcément me rapporter de l'argent à la fin. Mais la seule fin en vue était la fin de mes ressources. Je m'étais endetté, non seulement auprès de mes principaux courtiers, mais aussi auprès d'autres maisons qui acceptaient de faire affaire avec moi sans que je ne mise une marge suffisante. Non seulement m'étais-je endetté, mais j'étais destiné à rester endetté à partir de ce moment-là.

Chapitre 13 : Une erreur loin d'être anodine

Et me voilà, une fois de plus fauché, ce qui n'était pas bon, et me trompant complètement dans mes transactions, ce qui était encore pire. J'étais malade, nerveux, bouleversé et incapable de raisonner calmement. En d'autres termes, j'étais dans l'état d'esprit qu'aucun spéculateur ne devrait avoir lorsqu'il est en train de spéculer. Tout allait mal pour moi. En effet, je commençai à penser que je ne pourrais pas retrouver mon sens des proportions. Ayant pris l'habitude de balancer une grosse ligne, disons plus de cent mille actions, je craignais de ne pas faire preuve d'un aussi bon jugement en négociant de façon modeste. Il ne semblait guère utile d'avoir raison lorsqu'on ne possède que cent actions en main. Après avoir pris l'habitude de gagner un gros profit sur une grosse ligne, je n'étais pas sûr de savoir le reproduire sur une petite ligne. Je ne peux vous décrire à quel point je me sentais dépouillé d'armes.

Fauché à nouveau et incapable d'assumer l'offensive avec vigueur. Surendetté et dans l'erreur! Après toutes ces longues années de succès, tempérées par des erreurs n'ayant servi qu'à ouvrir la voie à de plus grandes réussites, j'étais désormais plus mal en point que lorsque j'avais commencé dans les *bucket shops*. J'avais appris beaucoup de choses sur le jeu de la spéculation boursière, mais n'avais pas appris autant sur le jeu des faiblesses humaines. Il n'existe pas d'esprit si machinal que l'on puisse compter sur lui pour fonctionner avec la même efficacité à tout moment. J'avais maintenant appris que je ne pouvais pas me fier à moi-même pour ne pas être affecté par les hommes et les malheurs inattendus. Les pertes d'argent ne m'avaient jamais inquiété le moins du monde. Mais d'autres problèmes le pouvaient et y parvenaient même. J'avais analysé mon désastre en détail et bien sûr, je n'eus aucune difficulté à voir où j'avais été stupide. Je repérai le moment et le lieu exacts. Un homme doit parfaitement se connaître s'il souhaite accomplir un bon travail en négociant sur les marchés spéculatifs. Pour savoir ce dont j'étais capable sous l'effet de la folie, il fallut un long processus d'éducation. Je pense d'ailleurs parfois qu'aucun prix n'est trop élevé pour qu'un spéculateur

apprenne ce qui l'empêchera de prendre la grosse tête. Un grand nombre d'échecs connus par nombre d'hommes brillants peuvent être directement attribués à la prise de grosse tête, une maladie coûteuse aux yeux de tous, mais particulièrement à Wall Street pour un spéculateur.

Je n'étais pas heureux à New York, vu tout ce que je ressentais. Je ne voulais pas faire du trading car je n'étais pas en bonne forme. Je décidai de partir et de chercher une mise ailleurs. Le changement de décor pourrait m'aider à me retrouver, pensai-je. Ainsi, une fois de plus, je quittai New York, battu par le jeu de la spéculation. J'étais plus que fauché, étant donné que je devais plus de cent mille dollars répartis entre différents courtiers.

J'allai à Chicago et y trouvai de quoi reprendre mon activité. Ce n'était pas une mise très substantielle, mais cela signifiait simplement que j'aurais besoin d'un peu plus de temps pour regagner ma fortune. Une maison avec laquelle j'avais fait des affaires avait foi en mes capacités en tant que trader et était prête à le prouver en m'autorisant à opérer dans leur bureau bien que de façon modeste.

Je commençai de manière très conservatrice. Je ne sais pas comment j'aurais pu m'en sortir si j'étais resté là-bas. Mais l'une des expériences les plus remarquables de ma carrière écourta mon séjour à Chicago. Il s'agit d'une histoire presque incroyable.

Un jour, je reçus un télégramme de Lucius Tucker. Je l'avais connu alors qu'il était le directeur de bureau d'une société de la Bourse à laquelle j'avais parfois confié des affaires, mais j'avais fini par perdre sa trace. Le télégramme disait :

Viens tout de suite à New York.

L. TUCKER.

Je savais qu'il était au courant, de par des amis communs, de la manière dont je m'étais remis de mon échec et par conséquent, j'étais certain qu'il avait quelque chose en tête. En même temps, je n'avais pas d'argent à dépenser pour un voyage inutile à New York, donc, au lieu de faire ce qu'il me demandait, je misai sur la longue distance.

« J'ai bien reçu votre télégramme, lui dis-je. Qu'est-ce que cela signifie ?

- Cela signifie qu'un grand banquier de New York veut vous voir, répondit-il.

- De qui s'agit-il ? demandai-je. Je n'arrivais pas à imaginer qui cela pouvait être.

- Je vous le dirai lorsque vous viendrez à New York. Sinon, cela ne sert à rien.

- Vous dites qu'il veut me voir ?

- Effectivement.

- À propos de quoi ?

- Il vous le dira en personne si vous lui en donnez l'occasion, dit Lucius.

- Vous ne pouvez pas m'écrire ?

- Non.

- Alors dites-moi en plus, dis-je.

- Je ne veux pas.

- Écoutez, Lucius, insistai-je, dites-moi seulement ceci : est-ce un voyage inutile ?

- Certainement pas. Vous avez tout intérêt à venir.

- Vous ne pouvez pas me donner ne serait-ce qu'une petite idée ?

- Non, dit-il. Ce ne serait pas juste pour lui. Et puis, j'ignore combien il veut faire pour vous. Mais suivez mon conseil : Venez, et vite.

- Vous êtes sûr que c'est moi qu'il veut voir ?

- Personne d'autre que vous ne fera l'affaire. Il vaut mieux venir, je vous le dis. Télégraphiez-moi le train que vous prenez et je vous retrouverai à la gare.

- Très bien, dis-je, et je raccrochai.

Je n'appréciais guère un tel mystère, mais je savais que Lucius était amical et qu'il devait avoir une bonne raison de parler comme il le faisait. Je ne m'en sortais pas non plus aussi bien à Chicago au point que cela m'aurait brisé le coeur de quitter la ville. Au rythme où je négociais, il se passerait beaucoup de temps avant que je ne puisse rassembler assez d'argent pour opérer à aussi grande échelle qu'avant.

Je revins à New York, ignorant ce qui allait se produire. En effet, plus d'une fois pendant le voyage, j'avais craint que rien ne se passe du tout et que j'eus en fait perdu mon billet de train et mon temps. Je ne pouvais pas encore deviner que j'étais sur le point de vivre l'expérience la plus curieuse de toute ma vie.

Lucius me retrouva à la gare et ne perdit pas de temps pour m'annoncer qu'il m'avait fait venir à la demande urgente de M. Daniel Williamson, de la célèbre maison de la Bourse Williamson & Brown. Mr. Williamson demanda à Lucius de me dire qu'il avait une proposition d'affaires à me soumettre et qu'il était sûr que j'accepterais dans la mesure où elle serait extrêmement profitable à mon égard. Lucius avait juré qu'il ne savait pas de quoi il s'agissait. Le caractère même de l'entreprise était une garantie que rien d'inapproprié ne serait exigé de moi.

Dan Williamson était le membre le plus ancien de la société, fondée par Egbert Williamson dans les années 70. Il n'y avait pas de Brown et il n'y en avait d'ailleurs pas eu dans le cabinet depuis des années. La maison avait été très en vue à l'époque du père de Dan et son fils avait d'ailleurs hérité d'une fortune considérable, sans même avoir à dénicher beaucoup d'affaires à l'extérieur. Ils possédaient un client qui valait bien une centaine de clients moyens : c'était Alvin Marquand, le beau-frère de Williamson, qui, en plus d'être directeur d'une douzaine de banques et de sociétés fiduciaires, était également le président de la grande Chesapeake and Atlantic Railroad system. C'était la personnalité la plus pittoresque du secteur des chemins de fer après James J. Hill et c'était entre autres le porte-parole et membre dominant de la puissante coterie bancaire également connue comme le gang de Fort Dawson. Il valait entre cinquante et cinq cents millions de dollars, l'estimation dépendant de l'état du foie de l'orateur. À sa mort, ils avaient découvert qu'il valait deux cent cinquante millions de dollars, le tout amassé à Wall Street. Voyez-vous, ce n'était pas n'importe quel client.

Lucius me dit qu'il venait d'accepter un poste chez Williamson & Brown, un poste typiquement fait pour lui. Il était censé être une sorte de collecteur itinérant d'affaires générales. La firme recherchait une commission générale et Lucius avait incité M. Williamson à ouvrir deux succursales, une dans l'un des grands hôtels de la ville et l'autre à Chicago. Je crus comprendre que l'on allait m'offrir un poste dans cette dernière, peut-être en tant que chef de bureau, ce que je ne voulais pas accepter. Je n'interrompis pas Lucius car je pensais qu'il valait mieux attendre que l'offre soit faite avant de la refuser.

Lucius m'emmena dans le bureau privé de M. Williamson, me présenta à son chef et quitta la pièce à toute vitesse, comme s'il voulait éviter d'être appelé à témoigner dans une affaire dont il connaissait les deux parties. Je me préparais à écouter puis à dire non.

M. Williamson était très agréable. C'était un vrai gentleman, avec des manières polies et un sourire aimable. Je pouvais voir qu'il se faisait facilement des amis et les gardait même. Et pourquoi pas ? Il était en bonne santé et donc de bonne humeur. Il avait de l'argent à revendre et ne pouvait donc pas être suspecté de motifs sordides. Tous ces éléments, ainsi que son éducation et sa formation sociale, participaient à faire en sorte qu'il lui soit facile d'être non seulement poli mais aussi amical, et non seulement amical mais aussi utile.

Je ne dis rien. Je n'avais d'ailleurs rien à dire, de plus, je laisse toujours l'interlocuteur s'exprimer avant de parler. Quelqu'un m'avait appris que feu James Stillman, président de la National City Bank, qui était d'ailleurs un ami intime de Williamson, avait pour habitude d'écouter en silence, avec un visage impassible, quiconque lui faisait une proposition. Après que l'homme eut terminé, M. Stillman continua à le regarder, comme s'il n'avait pas fini. Alors l'homme, se sentant poussé à en dire plus, le fit. Simplement en observant et écoutant, Stillman faisait souvent en sorte que l'homme propose des conditions beaucoup plus avantageuses pour la banque que celles qu'il avait l'intention d'offrir au tout début de la discussion.

Je ne me tais pas seulement pour inciter les gens à proposer une meilleure offre, mais parce que j'aime connaître tous les faits concernant l'affaire. En laissant une personne s'exprimer pleinement, vous êtes en mesure de décider immédiatement. C'est un immense gain de temps. Cela évite les débats et les discussions prolongées qui ne mènent nulle part. Presque toutes les propositions d'affaires qui me sont soumises peuvent être réglées, tant que ma participation y est requise, par un simple oui ou non. Mais je ne peux prononcer l'un ou l'autre immédiatement à moins d'avoir la proposition complète devant moi.

C'est Dan Williamson qui parla et moi qui écoutai. Il me dit qu'il avait beaucoup entendu parler de mes opérations en bourse, qu'il regrettait que je sois sorti de mon bailliage et que j'eus fait faillite dans le coton. Pourtant, c'est à ma malchance qu'il devait le plaisir de cet entretien avec moi. Il pensait que mon point fort était la bourse, que j'étais né pour cela et que je ne devais pas m'en écarter.

« Et c'est la raison, M. Livingston, conclut-il agréablement, pour laquelle nous souhaitons faire affaire avec vous.

- Dans quel sens ? lui demandai-je.

- Soyez vos courtiers, répondit-il. Ma société aimerait s'occuper de vos actions.

- J'aimerais vous les donner, dis-je, mais je ne peux pas.

- Pourquoi pas ? m'interrogea-t-il.

- Je n'ai pas d'argent, répondis-je

- Ce n'est pas grave, assura-t-il avec un sourire amical. Je fournirai l'argent ». Il sortit un chéquier de poche, fit un chèque de vingt-cinq mille dollars à mon ordre, et me le donna.

« C'est pour quoi faire ? demandai-je.

- Pour que vous le déposiez dans votre propre banque. Vous tirerez vos propres chèques. Je veux que vous fassiez vos transactions dans notre bureau. Je me moque que vous gagniez ou perdez. Si cet argent disparaît, je vous donnerai un autre chèque personnel. Donc vous n'avez même pas besoin d'être si prudent avec celui-ci. Vous voyez ? ».

Je savais que l'entreprise était trop riche et prospère pour avoir besoin des affaires de quiconque et encore moins pour donner à un type l'argent qu'il mettrait en marge. Et puis il avait été si gentil ! Au lieu de me faire un crédit avec la maison, il me donna l'argent lui-même, de sorte que lui seul savait d'où il provenait, la seule condition étant que si je négociais, je devais le faire par le biais de sa société. Sans oublier la promesse qu'il y en aurait plus si j'en étais à court ! Pourtant, il devait forcément y avoir une raison.

« Quelle est l'idée ici ? lui demandai-je.

- L'idée est simplement que nous voulons avoir un client dans ce bureau reconnu comme étant un grand trader actif. Tout le monde sait que vous balancez une grande ligne sur le côté court, et c'est ce que j'aime particulièrement chez vous. Vous êtes connu en tant que plongeur.

- Je ne comprends toujours pas, admis-je.

- Je vais être franc avec vous, M. Livingston. Nous avons deux ou trois clients très fortunés qui achètent et vendent des actions en masse. Je ne veux pas que la bourse les soupçonne de vendre des actions longues chaque fois que nous vendons dix ou vingt mille parts d'une action. Si la bourse sait que vous négociez dans notre bureau, elle ne saura pas si c'est votre vente à découvert ou les actions longues des autres clients qui arrivent réellement sur le marché ».

Et d'un seul coup, je compris tout de suite. Il voulait couvrir les opérations de son beau-frère avec ma réputation de piston ! Il se trouvait justement que j'avais réalisé mon plus gros coup du côté baissier un an et demi auparavant, et, bien sûr, les commères propres à la bourse et les stupides colporteurs de rumeurs avaient pris l'habitude de me rendre responsable de chaque baisse de prix. Encore aujourd'hui, lorsque le marché se trouve être très faible, ils m'accusent de le piller.

Je n'eus même pas besoin de réfléchir. Je vis en un clin d'œil que Dan Williamson m'offrait une chance de revenir dans le jeu et de revenir rapidement. Je pris le chèque, l'encaissai, ouvris un compte dans sa société et commençai à négocier. C'était un bon marché actif, assez large pour qu'un homme n'ait pas à se cantonner à une ou deux spécialités. J'avais commencé à craindre, comme je vous l'ai dit, d'avoir perdu le don de bien faire les choses. Mais il sembla que ce ne soit pas le cas. En trois semaines, je fis un profit de cent douze mille dollars sur les vingt-cinq mille que Dan Williamson m'avait prêté.

J'allai le voir et lui dis : « Je suis venu vous rembourser ces vingt-cinq mille dollars.

- Non, non ! s'exclama-t-il en me repoussant comme si je lui avais proposé un cocktail d'huile de ricin. Non, non, mon garçon. Attendez que votre compte vaille quelque chose. N'y pensez pas encore. Vous n'y avez que des miettes pour l'instant ».

C'est là que je fis l'erreur que je regretterai par la suite plus que toute autre au cours de ma carrière à Wall Street. Elle fut responsable de longues et mornes années de souffrance. J'aurais dû insister pour qu'il prenne l'argent. J'étais en route vers une plus grande fortune que celle que j'avais perdue et j'avançais assez vite. Pendant trois semaines, mon profit moyen était de 150% par semaine. À partir de ce moment-là, mes transactions allaient se faire sur une échelle de plus en plus grande. Mais au lieu de me libérer de toute obligation, je le laissais faire et ne l'obligeais à accepter les vingt-cinq mille dollars. Bien sûr, comme il n'avait pas retiré les vingt-cinq mille dollars qu'il m'avait avancés, je pensais que je ne pouvais pas vraiment retirer mon bénéfice. Certes, je lui étais très reconnaissant, mais ma nature fait que je n'aime pas devoir de l'argent ou des faveurs à qui que ce soit. Je peux rembourser l'argent avec de l'argent, mais en ce qui concerne les faveurs et les gentillesses, je dois les rembourser en nature et je vous garantis que beaucoup ont tendance à trouver ces obligations morales parfois très chères. De plus, il n'y a pas de prescription.

Je laissai l'argent intact et repris mes activités commerciales. Je m'en sortais très bien. Je retrouvais mon équilibre et étais même sûr que je ne tarderais pas à retrouver mon rythme de 1907. Une fois que je l'aurais atteint, tout ce que je demanderais serait que le marché résiste un peu un peu longtemps afin de compenser plus que mes pertes. Mais gagner ou ne pas gagner d'argent ne me dérangeait pas spécialement. Ce qui me rendait heureux, c'est que je perdais l'habitude d'avoir tort, de ne pas être moi-même. Cela m'avait joué des tours pendant des mois, mais j'avais retenu la leçon.

À ce moment précis, je devins baissier et commençai à vendre à découvert plusieurs actions de chemins de fer. Parmi elles, il y avait Chesapeake & Atlantic. Je pense avoir misé une ligne courte, d'environ huit mille actions.

Un matin, en arrivant en ville, Dan Williamson me convoqua dans son bureau privé avant l'ouverture du marché et me dit : « Larry, ne touche pas Chesapeake & Atlantic pour l'instant. C'était un mauvais coup de ta part que de vendre 8000 dollars à découvert. Je l'ai couvert pour toi ce matin à Londres et pris une position longue ».

J'étais sûr que Chesapeake & Atlantic allait baisser. La bande me l'avait exprimé assez clairement ; et de plus, j'étais baissier sur l'ensemble du marché, pas violemment ou follement baissier, mais suffisamment pour me sentir à l'aise avec une ligne courte modérée. Je dis alors à Williamson : « Pourquoi avez-vous fait ça ? Je suis baissier sur l'ensemble du marché et ils vont tous baisser ».

Mais il se contenta juste de secouer la tête et dit : « Je l'ai fait parce que je détiens une information sur Chesapeake & Atlantic que vous ne pouvez pas savoir. Mon conseil est de ne pas vendre cette action à découvert jusqu'à ce que je vous dise qu'il est sûr de le faire ».

Que pouvais-je faire ? Ce n'était pas un conseil stupide. C'était un conseil qui venait du beau-frère du président du conseil d'administration. Dan n'était pas seulement l'ami le plus proche d'Alvin Marquand mais il avait toujours été gentil et généreux avec moi. Il avait prouvé sa foi en moi et sa confiance en ma parole. Je ne pouvais pas manquer de le remercier. Et c'est ainsi qu'une fois de plus, mes sentiments l'emportèrent encore sur mon jugement et je cédai. Subordonner mon jugement à ses désirs précipita ma perte. La gratitude est quelque chose qu'un homme décent ne peut s'empêcher de ressentir, mais c'est à lui de l'empêcher de le ligoter complètement. La première chose que je sus, c'est que non seulement j'avais perdu tout mon profit, mais je devais également cent cinquante mille dollars à l'entreprise. Je me sentais assez mal à ce sujet, mais Dan me dit de ne pas m'inquiéter.

« Je vais vous sortir de ce trou, m'avait-il promis. Je sais que j'y arriverai. Mais je ne peux le faire que si vous me laissez faire. Vous devrez arrêter d'opérer sur votre propre compte. Je ne peux pas travailler pour vous et ensuite vous voir complètement défaire mon travail en votre nom. Laissez tomber le marché et donnez-moi une chance de gagner de l'argent pour vous. Voulez-vous bien, Larry ? ».

Je vous le demande à nouveau : que pouvais-je faire ? Je repensais à sa gentillesse et il m'était impossible de faire quoi que ce soit qui puisse être interprété comme un manque d'appréciation. J'avais appris à l'apprécier. Il était très agréable et amical. Je me souviens que tout ce que j'obtenais de lui, c'étaient des encouragements. Il ne cessait de m'assurer que tout se passerait bien. Un jour, peut-être six mois plus tard, il vint me voir avec un sourire satisfait et me donna quelques bordereaux de crédit.

« Je vous avais dit que j'allais vous sortir de ce trou, me dit-il, et je l'ai fait ». Alors, je découvris qu'il avait non seulement entièrement effacé ma dette mais j'avais en plus un petit solde créditeur.

Je pense même que j'aurais pu l'augmenter sans trop de problèmes, car le marché était bon, mais il me dit : « Je vous ai acheté dix mille actions de Southern Atlantic ». C'était une autre route contrôlée par son beau-frère, Alvin Marquand, qui dirigeait aussi le destin des actions.

Quand un homme accomplit pour vous ce que Dan Williamson avait fait pour moi vous ne pouvez dire autre chose que "Merci", quelle que soit votre opinion sur le marché. Vous pouvez être persuadé d'avoir raison, mais comme Pat Hearne le disait : « Vous ne pouvez pas le savoir avant d'avoir parié dessus », et Dan Williamson avait parié pour moi, avec son argent.

Eh bien, Southern Atlantic baissa et resta en baisse de sorte que je perdis, je ne sais plus exactement combien, sur mes dix mille actions avant que Dan ne me les vende. Je lui devais plus que jamais. Mais peu de gens rencontrent un créancier plus gentil ou moins dérangeant que celui-ci au cours de leur vie. Pas une seule plainte de sa part. À la place, rien d'autre que des mots d'encouragement et des admonitions pour ne pas m'inquiéter. À la fin, la perte fut compensée pour moi, de la même manière généreuse mais non pas moins mystérieuse.

Il ne me fournit aucun détail. Ce n'étaient que des comptes numérotés. Dan Williamson me dit juste : « Nous avons compensé votre perte de Southern Atlantic avec les profits d'une autre affaire », et il me raconta comment il avait vendu 7 500 actions d'une autre société et qu'il avait fait une bonne affaire avec cela. Je peux dire honnêtement que je n'avais jamais connu une quelconque bénédiction sur mes transactions jusqu'à ce qu'on me dise que la dette avait été effacée.

Après que cela se soit produit à maintes reprises, je commençai à réfléchir, et entrepris d'examiner mon cas sous un angle différent. Finalement, je tombai des nues. Il était clair que

j'avais été utilisé par Dan Williamson. Cela me mit en colère de le découvrir, mais ce qui m'énerva davantage était de ne pas l'avoir compris plus vite. Dès que je finis de repenser à tout cela, je me précipitai pour aller voir Dan Williamson. Je lui dis que j'en avais fini avec l'entreprise, et quittai le bureau de Williamson & Brown. Je n'avais pas eu de discussion avec lui ni avec aucun de ses partenaires. Quel bien cela aurait-il bien pu me faire ? Mais j'admets que j'étais furieux contre moi-même autant que contre Williamson & Brown.

Ce n'était pas tellement la perte d'argent qui me dérangeait. Chaque fois que j'avais perdu de l'argent en bourse, j'avais toujours considéré que j'avais appris quelque chose en retour, que j'avais acquis de l'expérience et que donc l'argent avait vraiment fait office de frais de scolarité. Un homme doit avoir de l'expérience or il doit la payer. Mais il y avait quelque chose qui faisait encore plus mal dans mon expérience au sein du bureau de Dan

Williamson, et c'était la perte d'une grande opportunité. L'argent qu'un homme perd n'est rien, il peut le rattraper. Mais des occasions comme celle que j'avais alors eue ne se présentaient guère tous les jours.

Le marché, voyez-vous, avait été un excellent marché de trading. J'avais raison ; je veux dire par-là que je l'avais lu avec précision. L'opportunité de faire des millions était bel et bien présente. Mais j'avais laissé ma gratitude interférer avec mon jeu. J'avais enchaîné mes propres mains. Je devais faire ce que Dan Williamson, avec toute sa gentillesse, souhaitait faire. Dans l'ensemble, c'était même bien plus insatisfaisant que de faire des affaires avec un parent. Une très mauvaise affaire !

Et ce n'était même pas le pire dans l'histoire. Le pire fut qu'après ça, il n'y avait pratiquement plus aucune opportunité pour moi de faire beaucoup d'argent. Le marché s'était aplati. Les choses dérivèrent de mal en pis. Non seulement avais-je perdu tout ce que j'avais, mais je m'étais à nouveau endetté, plus lourdement que jamais. Ce furent de longues années bien maigres : 1911, 1912, 1913 et 1914. Il n'y avait pas d'argent à gagner. L'occasion n'était tout simplement pas là et j'étais donc plus mal en point que jamais.

Ce n'est pas tellement dérangeant de perdre lorsque la perte n'est pas accompagnée par une vision poignante de ce qui aurait pu advenir. C'était précisément ce à quoi je ne pouvais m'empêcher de penser, et bien sûr, cela me déstabilisa davantage. J'appris que les faiblesses auxquelles un spéculateur est enclin sont presque innombrables. Il était normal pour moi en tant qu'homme d'agir comme je l'avais fait dans le bureau de Dan Williamson, mais il était inapproprié et imprudent pour moi, en tant que spéculateur, de me laisser influencer par n'importe quelle considération et d'agir contre mon propre jugement. Noblesse oblige, mais pas dans le marché boursier, car la bande n'est pas chevaleresque et de plus, ne récompense pas la loyauté. Je me rends compte que je n'aurais pas pu agir différemment. Je ne pouvais pas me faire pardonner simplement parce que je souhaitais faire du trading en bourse. Mais les affaires restent toujours les affaires, et les miennes en tant que spéculateur consistent à toujours soutenir mon propre jugement.

C'était une expérience très curieuse. Je vais vous dire ce que je pense qu'il s'était réellement passé. Dan Williamson était parfaitement sincère dans ce qu'il m'avait dit quand il m'avait vu pour la première fois. Chaque fois que sa société faisait quelques milliers d'actions d'un même titre, la bourse sautait sur la conclusion qu'Alvin Marquand achetait ou vendait. Il était le plus grand trader du bureau, cela était certain, et il avait donné à cette société toutes ses affaires. Il était l'un des meilleurs et des plus grands traders qu'ils n'aient jamais eu à Wall Street. Eh bien, je devais être utilisé comme un écran de fumée, en particulier pour la vente de Marquand.

Alvin Marquand était tombé malade peu de temps après mon arrivée. Sa maladie fut rapidement diagnostiquée comme incurable, et Dan Williamson l'avait bien sûr su longtemps avant que Marquand lui-même ne le sache. C'est pourquoi Dan avait couvert mes actions Chesapeake & Atlantic. Il avait commencé à liquider certaines des participations spéculatives de son beau-frère sur cette action et d'autres.

Bien sûr, à la mort de Marquand, la succession dut liquider ses lignes spéculatives et semi-spéculatives, or à ce moment-là, nous étions entrés dans un marché baissier. En me retenant en arrière de la façon dont il l'avait fait, Dan aidait considérablement la succession. Ce n'est pas la fierté qui parle lorsque j'affirme que j'étais un très gros trader et que j'avais tout à fait raison par rapport à mon opinion sur le marché boursier. Je sais que Williamson se souvient de mes opérations réussies dans le marché baissier de 1907 et il ne pouvait en aucun cas se permettre de courir le risque de me voir en liberté. Si j'avais continué sur ma lancée, j'aurais gagné tellement d'argent qu'au moment où il aurait essayé de liquider une partie de la succession d'Alvin Marquand, j'aurais négocié des centaines de milliers d'actions. En tant que baissier actif, j'aurais causé des dommages se chiffrant à des millions de dollars aux héritiers Marquand, Alvin laissant seulement un peu plus de deux cents millions.

Il était beaucoup moins coûteux pour eux de me laisser m'endetter et ensuite de payer la dette que de m'avoir dans un autre bureau opérant activement du côté baissier. C'est précisément ce que j'aurais fait si je n'avais pas eu la contrainte de la décence face à Dan Williamson.

J'avais toujours considéré cela comme la plus intéressante et la plus malheureuse de toutes mes expériences en tant qu'opérateur boursier. En tant que leçon, elle m'avait coûté un prix pour le moins disproportionné. Elle avait repoussé le moment de ma guérison à plusieurs années de plus.

J'étais assez jeune pour attendre patiemment le retour de ces fameux millions. Mais cinq années de pauvreté ne demeurent pas moins longues aux yeux d'un homme. Jeune ou vieux, il ne faut pas s'en réjouir. Je pourrais me passer de ces yachts, sans un marché sur lequel revenir. La plus grande opportunité de ma vie fut de tenir juste sous mon nez la bourse que j'avais perdue. Je ne pouvais pas tendre la main pour l'atteindre. Un garçon très rusé que ce Dan Williamson ; aussi rusé que possible, prévoyant, ingénieux, audacieux. C'est un penseur dans la mesure où il avait de l'imagination, lui permettant de détecter le moindre point vulnérable chez n'importe quel homme afin de planifier de sang-froid son exécution. Il avait fait sa propre évaluation et avait rapidement identifié ce qu'il devait me faire pour me réduire à une inoffensivité totale sur le marché. Détrompez-vous, il ne m'avait pas fait perdre d'argent. Au contraire, il était, selon toute apparence, extrêmement bienveillant à ce sujet. Il aimait sa sœur, Mme Marquand, et il avait fait son devoir envers elle comme il l'entendait.

Chapitre 14 : La quête du rebond

J'ai toujours pensé qu'après avoir quitté le bureau de Williamson & Brown, le dynamisme avait quitté le marché. Nous entrâmes de plein fouet dans une longue période sans argent ; quatre puissantes années maigrichonnes. Il n'y avait pas un centime à gagner. Comme Billy Henriquez l'avait dit un jour : « C'était le genre de marché dans lequel pas même un putois ne pouvait manifester d'odeur ».

Le destin fut tel que j'avais l'impression d'être en Hollande. Cela aurait pu être le plan mis en place par la Providence dans le but de me châtier, mais en réalité, je n'avais pas été orgueilleux au point de mériter la sanction. Je n'avais commis aucun de ces péchés spéculatifs qu'un trader se doit d'expier en débitant son compte. Je n'étais pas coupable d'un quelconque jeu de dupes typique. Ce que j'avais fait, ou plutôt ce que je n'avais pas fait, était quelque chose pour lequel j'aurais été félicité et non blâmé, au nord de la 42ème Street. À Wall Street, c'était absurde et coûteux. Mais la pire chose qui y était rattachée était de loin la tendance qu'elle avait à rendre un homme un peu moins enclin à se permettre des sentiments humains dans le domaine des téléscripteurs.

Je quittai Williamson et essayai d'autres bureaux de courtiers. Dans chacun d'entre eux, je perdis de l'argent. Cela m'avait bien servi, car j'essayais de forcer le marché à me donner ce qu'il n'avait pas à me donner, à savoir, des opportunités pour gagner de l'argent. Je n'eus aucune difficulté à obtenir du crédit, car ceux qui me connaissaient avaient confiance en moi. Vous pouvez vous faire une idée de l'ampleur de leur confiance en vous disant que lorsque j'avais finalement cessé d'opérer à crédit, je devais bien plus d'un million de dollars.

Le problème n'était pas que j'avais perdu la main, mais que pendant ces quatre années misérables, les opportunités de faire de l'argent n'existaient tout simplement pas. J'avais quand même continué, tentant de réaliser un profit et ne réussissant qu'à augmenter mon endettement. Après avoir cessé le trading à mon propre compte étant donné que je ne voulais plus devoir d'argent à mes amis, je gagnai ma vie en gérant des comptes pour des gens convaincus que je connaissais le jeu assez bien pour le battre, même dans un marché terne. Pour mes services, je recevais un pourcentage des bénéfices, et ce, lorsqu'il y en avait. C'est ainsi que je vivais. Disons plutôt que c'est ainsi que je supportais la vie.

Bien sûr, je ne perdais pas toujours, mais je n'avais jamais gagné assez pour me permettre de réduire matériellement mes dettes. Finalement, comme les choses empiraient, je ressentis les prémices du découragement pour la première fois de ma vie.

Tout semblait avoir mal tourné pour moi. Je ne déplorai pas la dégringolade m'ayant fait passer des millions et des yachts aux dettes et à la vie simple. Certes, je n'appréciais pas la situation, mais je ne m'apitoyais pas non plus sur mon sort. Je n'envisageais pas d'attendre patiemment que le temps et la Providence mettent fin à mes désagréments. J'étudiais donc mon problème. Il était clair que la seule façon de m'en sortir était de gagner de l'argent. Pour ce faire, il me suffisait simplement de commercer avec succès. Je l'avais fait auparavant et je devais le faire à nouveau. Plus d'une fois par le passé, j'étais parvenu à transformer un petit montant en centaines de milliers de dollars. Tôt ou tard, le marché m'offrirait une opportunité.

Je m'étais convaincu que ce qui n'allait pas provenait de moi et non du marché. Or, quel pouvait être le problème avec moi ? Je m'étais posé cette question dans le même état esprit que celui dans lequel j'étudiais toujours les différentes phases de mes problèmes de trading. J'y avais réfléchi calmement et étais arrivé à la conclusion que mon principal problème venait du fait que je m'inquiétais de l'argent que je devais. Je n'avais jamais été libéré de cet inconfort mental. Il convient surtout de vous expliquer que ce n'était pas la simple conscience de mon endettement. Tout homme d'affaires contracte des dettes au cours de ses activités régulières.

La plupart de mes dettes n'étaient en fait que des dettes d'affaires, dues à des conditions commerciales défavorables pour moi, et pas pires que celles dont souffre, par exemple, un marchand lors des périodes anormalement longues de mauvais temps.

Bien sûr, au fur et à mesure que le temps passait sans que je ne puisse payer, je commençais à me sentir moins philosophe à propos de mes dettes. Laissez-moi m'expliquer : je devais plus d'un million de dollars, résultat de toutes ces pertes boursières, rappelez-vous. La plupart de mes créanciers étaient bienveillants et ne m'ennuyaient pas, mais il y en avait deux qui m'exaspéraient. Ils avaient l'habitude de me suivre partout. Chaque fois que je comptabilisais un gain, chacun d'eux surgissait d'un coup, voulait tout savoir et insistait pour avoir sa part tout de suite. L'un d'entre eux, à qui je devais huit cents dollars, avait menacé de me poursuivre en justice, de saisir mes meubles, etc. Je ne comprenais pas pourquoi il pensait que je dissimulais des actifs, à moins que ce ne soit parce que je n'avais pas l'air d'un clochard sur le point de mourir de faim.

En étudiant le problème, je m'étais rendu compte que ce n'était pas un cas qui nécessitait la lecture de la bande, mais la lecture de mon propre esprit. J'en étais arrivé, de sang-froid, à la conclusion que je ne serais jamais capable d'accomplir quoi que ce soit d'utile tant que j'étais inquiet, et il était tout aussi évident que je le resterais tant que je devrais de l'argent. Cela signifiait aussi longtemps que n'importe quel créancier avait le pouvoir de me contrarier ou d'interférer avec mon retour en insistant pour être payé avant que je ne puisse réunir une mise décente. Tout cela était si évident que je m'étais dit : « Je dois faire faillite ». Quoi d'autre pouvait soulager mon esprit ?

Cela semble à la fois facile et sensé, n'est-ce pas ? Mais c'était plus que désagréable, je peux vous l'assurer. Je détestais le faire. Je détestais me mettre dans une situation où je risquais d'être mal compris ou mal jugé. Je ne m'étais jamais soucié de l'argent. Je n'y avais même jamais suffisamment pensé pour considérer qu'il valait la peine de mentir. Mais je savais que tout le monde n'était pas de cet avis. Bien sûr, je savais aussi que si je me remettais sur pied, je paierais tout le monde, car la créance demeurait. Mais à moins que je ne sois capable de reprendre le trading à l'ancienne, je ne serai jamais en mesure de rembourser ce million.

Je me ressaisis et j'allai voir mes créanciers. C'était une chose très difficile pour moi, car la plupart d'entre eux étaient des amis personnels ou de vieilles connaissances.

Je leur expliquai la situation en toute franchise et leur dis : « Je ne vais pas entreprendre cette démarche parce que je ne veux pas vous payer, mais parce que, par justice pour moi et pour vous, je dois me mettre en position susceptible de me faire gagner de l'argent. Cela fait plus de deux ans que je réfléchis à cette solution, sans avoir eu le courage de vous le dire franchement. Il aurait été infiniment mieux pour tous si je l'avais fait. Tout se résume à cela : je ne peux absolument plus être mon ancien moi tant que je suis harcelé ou contrarié par ces dettes. J'ai enfin décidé de faire maintenant ce que j'aurais dû faire il y a un an. Je n'ai pas d'autre raison que celle que je viens de vous fournir ».

Ce que le premier homme répondit constitua en fait la même réponse qu'adoptèrent tous les autres. Il parla au nom de son entreprise.

« Livingston, dit-il, nous comprenons. Nous comprenons parfaitement votre situation. Je vais vous dire ce que nous allons faire : nous allons vous donner une décharge. Demandez à votre avocat de préparer le papier que vous voulez, et nous le signerons ».

C'est, en théorie, ce que dirent tous mes gros créanciers. C'est une des facettes de Wall Street. Cela n'était pas simplement la caractéristique d'une bonne nature insouciante ou celle d'un esprit sportif. C'était aussi une décision très intelligente puisqu'il s'agissait clairement d'une bonne affaire. J'en avais apprécié à la fois la bonne volonté et le sens des affaires.

Ces créanciers m'avaient libéré de dettes s'élevant à plus d'un million de dollars. Mais il y avait deux créanciers mineurs qui refusaient de signer. L'un d'eux était l'homme aux huit cents dollars dont je vous avais parlé. D'autre part, je devais aussi 60 000 dollars à une société de courtage ayant fait faillite, dont les administrateurs judiciaires, qui ne me connaissaient ni d'Adam ni d'Ève, étaient constamment sur mon dos. D'ailleurs, même s'ils avaient été disposés à suivre l'exemple donné par mes plus grands créanciers, je ne pense pas que le tribunal les aurait laissés signer. En tout cas, mon plan de faillite ne s'élevait plus qu'à environ cent mille dollars, bien que, comme je l'avais dit, je devais bien plus d'un million.

C'était extrêmement désagréable de voir cette histoire dans les journaux. J'avais toujours payé mes dettes en totalité et cette nouvelle expérience était particulièrement mortifiante pour moi. Je savais que je rembourserais tout le monde un jour si je vivais, mais tous ceux qui avaient lu l'article ne le sauraient pas forcément. J'avais honte de sortir après avoir vu l'article dans les journaux. Toutefois, tout cela se dissipa et je ne peux vous décrire à quel point j'étais soulagée de savoir que je n'allais plus être harcelé par des personnes ne comprenant pas qu'un homme doive entièrement se consacrer à ses affaires s'il souhaite réussir dans la spéculation boursière.

Mon esprit étant désormais libre de se lancer dans le trading avec une certaine perspective de succès, sans dettes, l'étape suivante étant d'obtenir une autre mise. La Bourse avait été fermée du 31 juillet à la mi-décembre 1914, et Wall Street était dans le creux de la vague. Il n'y avait pas eu d'affaires depuis bien longtemps. J'avais des dettes envers tous mes amis. Je ne pouvais pas vraiment leur demander de m'aider à nouveau juste parce qu'ils avaient été si

bienveillants et amicaux, alors que j'avais conscience que personne n'était réellement en position de faire grand-chose pour qui que ce soit.

C'était une tâche très difficile que d'obtenir une mise décente, car avec la fermeture de la Bourse, il n'y avait plus rien que je pouvais demander à un courtier de faire pour moi. J'avais tenté le coup dans quelques endroits, en vain.

Finalement, j'allai voir Dan Williamson. C'était en février 1915. Je lui dis que je m'étais débarrassé du poids mental de la dette et que j'étais prêt à commercer comme avant. Vous vous souvenez probablement que lorsqu'il avait eu besoin de moi, il m'avait offert l'usage de vingt-cinq mille dollars sans que je le lui demande.

Maintenant que j'avais besoin de lui, il me dit : « Quand vous apercevez quelque chose qui vous semble bien et que vous désirez en acheter cinq cents actions, faites-le et tout ira bien ».

Je le remerciai et partis. Il m'avait empêché de gagner énormément d'argent alors que le bureau avait gagné beaucoup de commissions grâce à moi. J'avoue que j'étais un peu amer à l'idée que Williamson & Brown ne m'ait pas donné une mise décente. J'avais l'intention de négocier de manière conservatrice au début. Cela faciliterait et accélérerait mon rétablissement financier si je pouvais commencer avec une ligne meilleure que cinq cents actions. Mais, de toute façon, je m'étais rendu compte que, tel qu'était le marché, il y avait là ma chance de revenir.

Je quittai le bureau de Dan Williamson et étudiai la situation en général ainsi que mon propre problème en particulier. C'était un marché haussier. C'était aussi clair pour moi que pour des milliers de traders. Mais ma mise consistait simplement en une offre portant cinq cents actions pour moi. C'est-à-dire que je n'avais aucune marge de manœuvre, limité comme je l'étais. Je ne pouvais même pas me permettre un léger contretemps au début. Je devais constituer ma mise dès mon premier jeu. Cet achat initial de cinq cents actions devait être rentable. Je devais gagner de l'argent concret. Je savais que si je ne disposais pas d'un capital commercial suffisant, je ne serais pas en mesure d'utiliser un bon jugement. Sans marges adéquates, il serait impossible de garder son sang-froid, une attitude impartiale à l'égard du jeu qui provient de la capacité de se permettre quelques pertes mineures, comme celles que j'avais souvent subies en testant le marché avant de miser gros.

Je pense aujourd'hui que je me trouvais alors à la période la plus critique de ma carrière de spéculateur. Si j'échouais cette fois-ci, je ne pouvais dire ni où ni quand je pourrais obtenir une autre mise pour un autre essai. Il était très clair que je devais simplement attendre le moment psychologique exact.

Je ne m'approchai pas de Williamson & Brown. En d'autres termes, je me tenais volontairement à l'écart d'eux pendant six longues semaines de lecture régulière de la bande. Je craignais qu'en allant au bureau, sachant que je pouvais acheter cinq cents actions, je ne sois tenté de négocier au mauvais moment ou sur la mauvaise action. Un trader, en plus d'étudier les conditions de base, de se souvenir des précédents du marché et de garder à l'esprit la psychologie du public extérieur ainsi que les limites de ses courtiers, doit aussi se connaître et se prémunir contre ses propres faiblesses. Il n'est pas nécessaire d'être en colère contre le fait d'être humain. J'en étais venu à penser qu'il était tout aussi nécessaire de savoir me lire moi-même que de savoir lire la bande. J'avais étudié et calculé mes propres réactions à des impulsions données ou aux tentations inévitables d'un marché actif, et ce, tout à fait dans le même état d'esprit que celui dans lequel j'avais examiné les conditions des cultures ou analysé les rapports de résultats.

Ainsi, jour après jour, fauché et impatient de reprendre mes activités, je m'asseyais devant le tableau de cotation dans le bureau d'un autre courtier où je ne pouvais acheter ou vendre pas même une action, étudiant le marché, ne manquant pas une seule transaction sur la bande, guettant le moment psychologique pour sonner la cloche de reprise de la vitesse maximale.

En raison de conditions connues du monde entier, l'action sur laquelle j'étais le plus optimiste

en ces jours critiques du début 1915 était Bethlehem Steel. J'étais moralement certain qu'elle allait monter en flèche, mais afin de m'assurer que je gagnerais à mon tout premier jeu, comme je le devais, je décidai d'attendre jusqu'à ce qu'elle franchisse le pas.

Je pense vous avoir dit que, d'après mon expérience, quand une action franchit 100, 200 ou 300 pour la première fois, elle continue presque toujours à monter pendant 30 à 50 points, et après 300, plus vite qu'après 100 ou 200. L'un de mes premiers grands coups avait été dans l'Anaconda, que j'avais acheté quand il franchit 200 et que je vendis un jour plus tard à 260. Ma manie d'acheter un titre juste après qu'il ait franchi le seuil de rentabilité remonte à mes premiers *bucket shops*. C'est un vieux principe de trading.

Vous pouvez très bien imaginer à quel point j'étais impatient de recommencer à échanger sur mon ancienne échelle. J'étais si impatient de commencer que je ne pouvais penser à rien d'autre, mais je me tenais en laisse. Je vis Bethlehem Steel grimper, chaque jour, de plus en plus haut, comme j'étais sûr qu'il le ferait, et pourtant j'étais là à réfréner mon envie de courir au bureau de Williamson & Brown et d'acheter cinq cents actions. Je savais que je devais simplement rendre mon opération initiale aussi facile qu'il était humainement possible.

Chaque point de hausse de l'action représentait 500 dollars que je n'avais pas gagné. Les dix premiers points d'avance signifiaient que j'aurais pu empiler, et au lieu de cinq cents actions, j'aurais eu sur moi mille actions qui m'auraient rapporté mille dollars par point. Mais je restai assis et, au lieu d'écouter mes espoirs bruyants ou mes croyances criardes, je n'écoutai que la voix de mon expérience et les conseils du bon sens. Une fois avoir obtenu une mise décente, je pouvais me permettre de prendre des risques. Mais sans enjeu, prendre des risques, même minimes, était un luxe tout à fait hors de ma portée. Six semaines de patience, mais, à la fin, une victoire du bon sens sur l'avidité et l'espoir !

Je commençai sérieusement à vaciller et à suer lorsque l'action monta à 90. Pensez à ce que je n'avais pas gagné en évitant d'acheter, alors que j'étais si haussier. Eh bien, quand elle atteignit les 98, je me dis : « Bethlehem va passer par 100, et quand il le fera, le toit s'envolera ! ». La bande disait la même chose encore plus explicitement. En fait, elle le criait même au mégaphone. Je vous le dis, j'ai vu 100 sur la bande quand le téléscripteur n'affichait que 98. Et je savais que ce n'était pas la voix de mon espoir ou la vision de mon désir, mais l'affirmation de mon instinct de lecteur de bande. Alors je me dis : « Je ne peux pas attendre qu'elle atteigne 100. Il faut que je l'achète maintenant. Cela ne saurait être mieux ».

Je me précipitai au bureau de Williamson & Brown et passai un ordre d'achat de cinq cents actions de Bethlehem Steel. Le marché était alors à 98. J'obtins cinq cents actions entre 98 et 99. Après cela, elle grimpa en flèche, et clôtura cette nuit-là, je pense, à 114 ou 115. J'avais acheté cinq cents actions de plus.

Le lendemain, Bethlehem Steel était à 145 et j'eu ma part. Mais je l'avais méritée. Ces six semaines d'attente du bon moment furent les plus éprouvantes et les plus fatigantes jamais vécues dans ma vie. Mais mon attente avait été récompensée, car j'avais maintenant assez de capital pour négocier des lots de taille raisonnable. Je n'aurais jamais pu aller nulle part avec seulement cinq cents actions.

Il y a beaucoup à faire pour bien commencer, quelle que soit l'entreprise et j'avais très bien réussi après mon coup de Bethlehem, si bien, en fait, que vous n'auriez pas cru que c'était le même homme qui négociait. En fait, je n'étais pas le même homme, car là où j'étais harcelé et dans l'erreur, j'étais désormais à l'aise et sur le droit chemin. Il n'y avait pas de créanciers à ennuyer et aucun ne manque de fonds pour interférer avec ma pensée ou avec mon écoute de la voix véridique de l'expérience, ainsi je gagnais du terrain.

Tout à coup, alors que j'étais sur la voie d'une fortune certaine, le Lusitania se brisa. De temps en temps, un homme reçoit une fissure comme celle-là dans le plexus solaire, probablement pour qu'il se rappelle le triste fait qu'aucun être humain ne peut être si uniformément bon sur le marché qu'il ne puisse être hors de portée des accidents non rentables. J'avais entendu des gens dire qu'aucun spéculateur professionnel n'avait dû être frappé très durement par la nouvelle du torpillage du Lusitania, et ils racontaient qu'ils l'avaient eu bien avant que la Bourse ne l'ait. Je n'étais pas assez malin pour parvenir à m'échapper grâce à des informations préalables, et tout ce que je peux vous dire est que, compte tenu de ce que j'avais perdu à cause de la rupture du Lusitania et d'un ou deux autres revers que je n'avais pas été assez sage pour prévoir, je m'étais retrouvé à la fin de 1915 avec un solde chez mes courtiers d'environ cent quarante mille dollars. C'est tout ce que j'avais réellement gagné, bien que j'eusse été sur le marché pendant la plus grande partie de l'année.

Je fis beaucoup mieux l'année suivante. J'eus beaucoup de chance. J'étais dans un marché haussier sauvage. Les choses venaient certainement sur mon chemin de sorte qu'il n'y avait rien d'autre à faire que de gagner de l'argent. Je me suis souvenu d'une phrase de feu H. H. Rogers, de la Standard Oil Company, qui disait qu'il y avait des moments où un homme ne pouvait pas plus s'empêcher de gagner de l'argent que de se mouiller s'il sortait sans parapluie

lors d'un jour de tempête. C'était le marché haussier le plus clairement défini que nous ayons jamais eu. Il était évident pour tout le monde que les achats des Alliés de toutes sortes de fournitures avaient fait des États-Unis la nation la plus prospère du monde. Nous avions toutes les choses que personne d'autre n'avait à vendre, et nous obtenions rapidement tout l'argent du monde. Je veux dire que l'or du monde entier se déversait dans ce pays par torrents. L'inflation était inévitable, et, bien sûr, cela signifiait une augmentation des prix pour tout.

Tout cela était si évident dès le départ que peu ou nul besoin de manipulation pour la hausse. C'est la raison pour laquelle le travail préliminaire avait été beaucoup moins important que dans d'autres marchés haussiers. Et non seulement le boom de la guerre s'était développé plus naturellement que tous les autres, mais il s'était aussi avéré d'une rentabilité sans précédent pour le grand public. C'est-à-dire que les gains de la bourse en 1915 furent plus largement distribués que lors de tout autre boom dans l'histoire de Wall Street. Le fait que le public n'ait pas transformé tous ses bénéfices sur papier en argent comptant ou qu'il n'ait pas gardé longtemps les profits réellement pris montrait simplement l'histoire qui se répétait. Nulle part l'histoire ne se complaît dans les répétitions si souvent ou aussi uniformément qu'à Wall Street. Lorsque vous lisez les récits contemporains de booms ou de paniques, ce qui frappe le plus est le peu de différence entre la spéculation boursière et les spéculateurs d'hier et d'aujourd'hui. Le jeu ne change pas et la nature humaine non plus.

Je suivis la hausse en 1916. J'étais aussi haussier que n'importe qui d'autre, mais bien sûr, j'avais gardé les yeux ouverts. Je savais, comme tout le monde, qu'il devait y avoir une fin, et j'étais à l'affût des signaux d'alarme. Je n'étais pas particulièrement intéressé par deviner de quel côté viendrait la pointe ce qui faisait donc que je ne fixais pas un unique endroit. Je n'étais pas, et n'avais jamais eu le sentiment de l'être, lié indissolublement à l'un ou l'autre côté du marché. Qu'un marché haussier ait enrichi mon compte en banque ou qu'un marché baissier ait été particulièrement généreux, je ne considère pas cela comme une raison suffisante pour rester dans le camp des haussiers ou des baissiers après avoir reçu la mise en garde de sortie.

Un homme ne jure pas une allégeance éternelle à tendance haussière ou baissière. Ce qui l'intéresse, c'est d'avoir raison.

Et il demeure un autre élément à garder en tête : un marché ne culmine pas dans un grand flamboiement de gloire. Il ne se termine pas non plus avec un soudain renversement de forme. Un marché peut cesser d'être un marché haussier bien avant que les prix ne commencent à s'effondrer. L'avertissement que j'attendais depuis longtemps me parvint lorsque je remarquai que, l'une après l'autre, les actions qui avaient été les leaders du marché avaient réagi de plusieurs points du sommet et, pour la première fois depuis de nombreux mois, ne s'en étaient pas sorties. Leur course était manifestement terminée, et cela nécessitait clairement un changement dans ma tactique de trading.

C'était assez simple. Dans un marché haussier, la tendance des prix, bien sûr, est décidément et définitivement à la hausse. Par conséquent, chaque fois qu'une action va à l'encontre de la tendance générale, vous êtes en droit de supposer que quelque chose ne va pas avec cette action en particulier. Il suffit au trader expérimenté de percevoir un changement de comportement. Il ne doit pas s'attendre à ce que la bande devienne un maître conférencier. Son travail consiste à attendre qu'elle lui dise de sortir et ne pas attendre qu'elle lui soumette un dossier juridique pour approbation.

Comme je l'avais déjà dit auparavant, j'avais remarqué que les actions qui avaient été les leaders de la merveilleuse progression avaient cessé de progresser. Elles avaient chuté de six ou sept points et étaient restées là. Dans le même temps, le reste du marché continuait d'avancer sous de nouveaux porte-étendards. Comme les entreprises elles-mêmes n'avaient rien à se reprocher, il fallait en chercher la raison ailleurs. Ces actions avaient suivi le courant pendant des mois. Lorsqu'elles cessaient de le faire, alors que la marée haussière était encore forte, cela signifiait que pour ces actions particulières le marché haussier était terminé. Pour le reste de la liste, la tendance était toujours résolument à la hausse.

Il n'y avait pas besoin de se laisser aller à l'inactivité, car il n'y avait pas vraiment de courants contraires. Je n'étais pas devenu baissier sur le marché à ce moment-là, car la bande ne me disait pas de le faire. La fin du marché haussier n'était pas encore arrivée, même si elle était à portée de main. En attendant son arrivée, il y avait encore de l'argent à faire. De ce fait, je devins simplement baissier sur les actions qui avaient cessé de progresser et comme le reste du marché était en hausse, j'achetais et vendais à la fois.

Je vendis les leaders qui avaient cessé de mener. Je mis en place une ligne courte de cinq mille actions dans chacun d'eux, puis achetai les nouveaux leaders. Les actions dont j'étais à découvert ne firent pas grand-chose, mais mes actions longues continuèrent à augmenter. Lorsque finalement ces dernières cessèrent de progresser, je les vendis et me mis à découvert, soit cinq mille actions chaque. À ce moment-là, j'étais plus baissier que haussier, car de toute évidence, le prochain gros lot allait se faire à la baisse. Bien que je sois certain que le marché baissier avait vraiment commencé avant que le marché haussier ne soit vraiment terminé, je savais que le moment d'être un baissier déchaîné n'était pas encore venu. Il n'y avait aucun sens à être plus royaliste que le roi, et surtout de l'être trop tôt. La bande disait simplement que des patrouilles de l'armée principale des baissiers étaient passées par là. Il était temps de se préparer.

Je continuai à la fois d'acheter et de vendre jusqu'à ce qu'après environ un mois de négociation, je sortis une ligne courte de soixante mille actions : cinq mille parts dans une douzaine d'actions différentes qui, plus tôt dans l'année, avaient été les favorites du public parce qu'elles avaient été les leaders du grand marché haussier. Ce n'était pas une ligne très lourde, mais n'oubliez pas que le marché n'était pas non plus définitivement baissier.

Puis un jour, l'ensemble du marché devint très faible et les prix de toutes les actions commencèrent à chuter. Quand j'eus un bénéfice d'au moins quatre points dans chacun des douze titres que je détenais, c'était le signe même que j'avais raison. La bande m'avait enfin montré qu'il était à présent sûr d'être baissier, donc je m'empressai de rapidement doubler la mise.

J'avais ma position. J'étais à court d'actions dans un marché qui était désormais clairement un baissier. Il n'y avait aucun besoin pour moi de pousser les choses. Le marché était destiné à aller dans mon sens, et, sachant cela, je pouvais me permettre d'attendre. Après avoir doublé ma mise, je m'abstins de faire d'autres transactions pendant longtemps. Environ sept semaines après avoir sorti ma ligne complète, nous eûmes la fameuse "fuite", et les actions s'effondrèrent. Il fut dit que quelqu'un avait des nouvelles anticipées de Washington, que le Président Wilson comptait publier un message qui ramènerait rapidement la colombe de la paix en Europe. Bien sûr, le boom de la guerre avait été déclenché et entretenu par la guerre mondiale, et la paix était un sujet baissier. Quand l'un des traders les plus intelligents du parquet était accusé de profiter d'une information anticipée, il disait simplement qu'il avait vendu des actions non pas à cause d'une quelconque nouvelle, mais parce qu'il considérait que le marché haussier était trop mûr. J'avais moi-même doublé ma ligne de positions courtes sept semaines auparavant.

À la nouvelle, le marché s'effondra et je couvris naturellement. C'était le seul jeu possible. Quand un évènement se produit, sur lequel vous ne comptiez pas lors de l'élaboration de vos plans, il vous incombe d'utiliser l'opportunité qu'un destin bienveillant vous offre. En effet, lors d'une mauvaise passe comme celle-ci, vous disposez d'un grand marché, un marché dans lequel vous pouvez tourner, et c'est le moment de transformer vos profits sur papier en bénéfices réels. Même dans un marché baissier, un homme ne peut pas toujours couvrir cent vingt mille actions sans en augmenter le prix pour lui-même. Il doit attendre le marché qui lui permettra d'acheter autant d'actions sans nuire à son bénéfice tel qu'il se présente sur le papier.

Je tiens à souligner que je ne comptais pas sur cette rupture particulière à ce moment précis et pour cette raison particulière. Mais, comme je vous l'avais déjà dit, mon expérience de trente ans en tant que trader m'avait prouvé que de tels accidents se produisent généralement le long de la ligne de moindre résistance sur laquelle je base ma position sur le marché. Un autre élément à garder à l'esprit est le suivant : n'essayez jamais de vendre au sommet, ce n'est pas sage. Vendez après une réaction s'il n'y a pas de reprise.

J'avais gagné environ trois millions de dollars en 1916 en étant haussier tant que le marché haussier avait duré, puis en étant baissier lorsque le marché baissier avait commencé. Comme je l'avais déjà dit, nul besoin d'épouser un seul côté du marché jusqu'à ce que la mort vous sépare.

Cet hiver-là, j'étais allé dans le Sud, à Palm Beach, comme j'avais l'habitude de le faire pour mes vacances, car j'aime tout particulièrement la pêche en eau salée. J'étais à court d'actions et de blé, et les deux lignes m'avaient rapporté un joli bénéfice. Il n'y avait rien pour m'ennuyer et je m'amusais bien. Bien sûr, à moins d'aller en Europe, je ne pouvais pas réellement être déconnecté des marchés des matières premières. Par exemple, dans les Adirondacks, j'ai une ligne directe entre le bureau de mon courtier et ma maison.

À Palm Beach, j'avais l'habitude de me rendre régulièrement à la succursale de mon courtier. J'avais remarqué que le coton, pour lequel je n'avais aucun intérêt, était fort et en hausse. À cette époque, c'est-à-dire en 1917, j'avais beaucoup entendu parler des efforts que le président Wilson faisait pour instaurer la paix. Les rapports venaient de Washington, à la fois sous la forme de dépêches de presse et de conseils privés à des amis de Palm Beach. C'est la raison pour laquelle, un jour, j'eus l'idée que le cours des différents marchés reflétait la confiance dans le succès de M. Wilson. Avec la paix supposée proche, les actions et le blé devraient baisser et le coton grimper. J'étais prêt à toute éventualité en ce qui concerne les actions et le blé, mais je n'avais rien fait concernant le coton depuis un certain temps.

À 14 h 20 cet après-midi-là, je ne possédais pas une seule unité, mais à 14 h 25, ma conviction que la paix était imminente me poussa à acheter quinze mille unités pour commencer. Je proposais de suivre mon ancien système de trading, c'est-à-dire d'acheter ma ligne complète, chose que je vous ai déjà décrite.

L'après-midi même, après la fermeture du marché, nous reçûmes le billet de guerre Warfare sans restriction. Il n'y avait rien à faire à part attendre l'ouverture du marché le lendemain. Je me souviens que ce soir-là, chez Gridley, l'un des plus grands capitaines d'industrie du pays proposait de vendre n'importe quelle quantité de United States Steel à cinq points en dessous du prix de clôture de l'après-midi même. Il y avait plusieurs millionnaires de Pittsburgh à portée de main. Or, personne n'accepta l'offre du grand homme. Ils savaient qu'il y aurait une énorme rupture à l'ouverture.

Bien sûr, le lendemain matin, les marchés boursiers et ceux des matières premières étaient en effervescence, comme vous pouvez l'imaginer. Certaines actions ouvrirent à huit points en dessous de la clôture de la nuit précédente. Pour moi, c'était l'occasion rêvée de couvrir toutes mes positions courtes en réalisant même un profit. Comme je l'ai déjà dit, dans un marché baissier, il est toujours sage de couvrir si une démoralisation complète se développe. C'est l'unique façon, si vous misez une ligne de bonne taille, de transformer un gros bénéfice papier en argent réel, rapidement et sans réductions regrettables. À titre d'exemple, j'étais à court de cinquante mille actions exclusivement de la United States Steel. Bien sûr, j'étais à court d'autres actions, et quand je vis que j'avais le marché à couvrir, je n'hésitai pas à le faire. Mes profits s'élevèrent à environ un million et demi de dollars. Ce n'était pas une opportunité à négliger.

Le coton, dont je détenais 15 000 unités, achetées dans la dernière demi-heure de trading de l'après-midi précédent, ouvrit en baisse de cinq cents points. Une sacrée chute ! Cela signifiait une perte de trois cent soixante-quinze mille dollars. Alors qu'il était parfaitement clair que la seule option judicieuse dans les actions et le blé était de couvrir la rupture, je n'étais pas certain de ce que je devais faire avec le coton. Il y avait plusieurs choses à prendre en compte, et bien que je prenne toujours ma perte au moment où je suis convaincu que j'ai tort, je refusais prendre cette perte ce matin-là. Puis, je me dis que j'étais allé dans le Sud pour m'amuser à pêcher, au lieu de me perdre dans les méandres du marché du coton. De plus, j'avais fait de tels profits sur mon blé et sur mes actions que je décidai de prendre ma perte dans le coton. Je me disais que mon bénéfice avait été d'un peu plus d'un million au lieu de plus d'un million et demi. C'était une question de comptabilité, comme les promoteurs ont tendance à vous dire lorsque vous posez trop de questions.

Si je n'avais pas acheté ce coton juste avant la fermeture du marché la veille, j'aurais économisé ces quatre cent mille dollars. Cela vous prouve à quel point un individu peut rapidement perdre beaucoup d'argent sur une ligne modérée. Ma position principale était absolument correcte et j'avais bénéficié d'un accident d'une nature diamétralement opposée aux considérations qui me conduisirent à adopter la position que je pris sur les actions et le blé. Observez, s'il vous plaît, que la ligne spéculative de moindre résistance avait une fois de plus démontré sa valeur pour un trader. Les prix avaient évolué comme je l'avais prévu, malgré le facteur de marché inattendu introduit par la note allemande. Si les choses s'étaient déroulées comme je l'avais prévu, j'aurais eu raison à 100% sur mes trois lignes, car avec la paix, les stocks et le blé auraient été réduits au minimum tandis que le coton serait monté en flèche. J'aurais liquidé les trois lignes. Indépendamment de la paix ou de la guerre, j'avais raison par rapport à ma position sur le marché des actions et du blé, et c'est pourquoi l'événement inattendu m'aida. Concernant le coton, j'avais basé mon jeu sur un facteur pouvant se produire en dehors du marché, c'est-à-dire que j'avais parié sur le succès de M. Wilson dans ses négociations de paix. Ce sont les chefs militaires allemands qui m'avaient fait perdre le pari sur le coton.

Quand je retournai à New York au début de 1917, je remboursai tout l'argent que je devais, soit plus d'un million de dollars. C'était un grand plaisir pour moi que de payer mes dettes. J'aurais pu les rembourser quelques mois plus tôt, mais je ne l'avais pas fait pour une raison très simple. Je négociais activement et avec succès car j'avais besoin de tout le capital dont je disposais. Je me le devais à moi-même, ainsi qu'aux hommes que je considérais comme mes créanciers, de profiter au maximum des merveilleux marchés que nous avions eus en 1915 et 1916. Je savais que je ferais beaucoup d'argent et je ne m'inquiétais pas dans la mesure où je les laissais attendre quelques emois de plus pour de l'argent que beaucoup d'entre eux n'espéraient jamais récupérer. Je ne souhaitais pas payer mes dettes par petites sommes ou à un seul homme à la fois, mais en totalité, à tous et en même temps. En somme, tant que le marché faisait tout ce qu'il pouvait pour moi, je continuais à négocier sur une échelle aussi grande que mes ressources le permettaient.

Je souhaitais payer des intérêts, mais tous les créanciers qui avaient signé les décharges refusèrent catégoriquement de les accepter. L'homme que j'avais remboursé en tout dernier était celui à qui je devais les huit cents dollars, qui m'avait rendu la vie pénible et m'avait contrarié jusqu'à ne plus pouvoir faire de trading. Je l'avais laissé jusqu'à ce qu'il apprenne que j'avais payé tous les autres. Puis reçut son argent. Je voulais lui apprendre à être prévenant la prochaine fois que quelqu'un lui devait quelques centaines de dollars.

Et c'est comme ça que je revins.

Après avoir remboursé toutes mes dettes, je plaçai une bonne somme dans des rentes. J'avais décidé que je n'allais plus jamais être dans le besoin, inconfortable et sans intérêt. Bien sûr, après mon mariage, je mis de l'argent en dépôt pour ma femme. Et après la naissance de mon fils, je mis également un peu d'argent en dépôt pour lui.

La raison pour laquelle j'avais fait cela n'était pas seulement de peur que le marché boursier puisse me le prendre, mais parce que je savais que n'importe qui dépenserait tout ce qui lui tombait sous la main. En agissant de la sorte, ma femme et mon enfant étaient à l'abri de moi.

Plus d'un homme que je connaissais avait opté pour la même chose, mais avait persuadé leur femme de signer quand ils avaient besoin de l'argent, qu'ils perdirent d'ailleurs par la suite. Mais j'avais fait en sorte que peu importe ce que je voulais ou ce que ma femme voulait,

cette confiance tienne. Le dépôt est totalement à l'abri de toutes les attaques de l'un ou de l'autre d'entre nous ; à l'abri de mes besoins commerciaux ; à l'abri même de l'amour d'une épouse dévouée. Je ne prends aucun risque !

Chapitre 15 : L'épisode du café

Parmi les risques de la spéculation, on compte l'imprévu, je pourrais même plutôt dire l'imprévisible, qui occupe une place de choix. Il y a des chances que l'homme le plus prudent a raison de saisir, des opportunités qu'il doit prendre s'il veut être plus qu'un mollusque mercantile. Les risques normaux du business sont loin d'être pires que les risques qu'un homme court lorsqu'il sort de chez lui dans la rue ou qu'il entreprend un voyage en train. Lorsque je perds de l'argent en raison d'un évènement que personne ne pouvait prévoir, je n'y pense pas plus vindicativement que je ne le fais d'une tempête au mauvais moment. La vie elle-même, du berceau à la tombe, est un pari et ce qui m'arrive simplement parce que je ne possède pas le don de seconde vue, peut être supporté sans être perturbé. Mais il y avait eu des moments dans ma carrière de spéculateur où j'avais raison et j'avais joué franc jeu, mais avais pourtant été dépouillé de mes gains par l'injustice sordide d'adversaires mauvais joueurs.

Contre les méfaits des escrocs, des lâches et des foules, un homme d'affaires rapide et clairvoyant peut se protéger. Je n'avais jamais affronté la malhonnêteté pure et simple, sauf dans un ou deux *bucket shops,* car même là, l'honnêteté était la meilleure politique ; l'argent se trouvait dans le fait d'être juste et non dans les magouilles. Je n'avais jamais pensé qu'il était bon de jouer à un jeu dans un endroit où il était nécessaire de garder un œil sur le croupier, susceptible de tricher s'il était laissé sans surveillance. Mais contre le magouilleur pleurnichard, tout homme décent est impuissant. Le fair-play est le fair-play. Je pourrais vous citer une douzaine de cas où j'avais été la victime de ma propre croyance en la sacralité de la parole donnée ou de l'inviolabilité d'un accord entre gentlemen. Mais je ne le ferai pas, car cela ne servirait à rien.

Les auteurs de fiction, les ecclésiastiques et les femmes se plaisent à faire allusion au parquet de la Bourse comme étant un champ de bataille et les affaires quotidiennes de Wall Street comme un combat. C'est assez dramatique, mais tout à fait trompeur. Je ne pense pas que mon activité soit une lutte et une compétition. Je ne me bats jamais contre des individus ou des groupes spéculatifs. Je ne fais que changer d'opinion, c'est-à-dire dans mon analyse des conditions de base. Ce que les dramaturges appellent batailles d'affaires ne sont pas des combats entre individus. Ce sont simplement des tests de la vision des affaires. J'essaie de m'en tenir aux faits et à eux seulement, puis de gouverner mes actions en conséquence. C'est la recette secrète de Bernard M. Baruch pour réussir à accumuler de la richesse. Parfois, je ne perçois pas les faits, ou plutôt tous les faits, assez clairement ou assez tôt ; ou alors je ne raisonne pas logiquement. Chaque fois que l'une de ces choses se produit, je perds. Je me trompe. Et cela me coûte toujours cher d'avoir tort.

Aucun homme raisonnable ne s'oppose à payer pour ses erreurs. Il n'existe pas de créanciers privilégiés dans l'erreur et aucune exception ou exemption. Mais je refuse de perdre de l'argent lorsque j'ai raison. Je ne vise pas par-là, non plus, les affaires qui m'avaient coûté de l'argent en raison de changements soudains dans les règles d'une bourse particulière. Je pense à certains risques de la spéculation qui, de temps en temps, rappellent à l'homme qu'aucun profit ne doit être considéré comme sûr tant qu'il n'est pas déposé dans votre banque à votre crédit.

Après que la Grande Guerre ait éclaté en Europe, la hausse des prix des produits de base débuta, comme on pouvait évidemment s'y attendre. Il était aussi facile de la prévoir que de prévoir l'inflation de la guerre. Bien sûr, la hausse générale se poursuivit alors que la guerre se prolongeait. Comme vous vous en souvenez peut-être, j'étais occupé à "revenir" en 1915. Le boom des stocks était là et il était de mon devoir de l'utiliser. Mon gros coup le plus sûr, le plus facile et le plus rapide était dans le marché boursier, et j'avais eu de la chance, comme vous le savez.

En juillet 1917, non seulement avais-je pu rembourser toutes mes dettes, mais j'étais même un peu plus riche. Cela signifiait que j'avais maintenant le temps, l'argent et l'envie d'envisager de faire du trading de marchandises au même titre que celui des actions. Depuis de nombreuses années, j'avais pris l'habitude d'étudier tous les marchés. L'augmentation des prix des produits de base par rapport au niveau d'avant-guerre allait de 100% à 400%. Il n'y avait qu'une seule exception, et c'était le café. Bien sûr, il y avait une raison à cela. L'éclatement de la guerre avait entraîné la fermeture des marchés européens et d'énormes cargaisons avaient été envoyées dans ce pays, qui était le seul grand marché. Cela conduisit à temps à un énorme surplus de café brut ici, ce qui, à son tour, maintint le prix au plus bas. Quand j'avais commencé à considérer ses possibilités spéculatives, le café se vendait en fait en dessous des prix d'avant-guerre. Si les raisons de cette anomalie étaient évidentes, il n'était pas moins évident que les opérations actives et de plus en plus efficaces des sous-marins allemands et autrichiens devaient entraîner une réduction effroyable du nombre de navires disponibles à des fins commerciales. Cela devait, à son tour, conduire à une diminution des importations de café. Avec des recettes réduites et une consommation inchangée, les stocks excédentaires devaient être absorbés, et avec cela, le prix du café devait faire ce que les prix de tous les autres produits avaient fait, c'est à dire, monter en flèche.

Il n'était pas nécessaire d'être Sherlock Holmes pour comprendre la situation. Je ne peux vous expliquer pourquoi tout le monde n'avait pas acheté de café. Quand je décidai d'en acheter, je ne le fis pas en le considérant comme une spéculation. Il s'agissait plutôt d'un investissement. Je savais qu'il faudrait du temps pour l'encaisser, mais je savais aussi que cela allait rapporter un bon profit. Ceci en faisait une opération d'investissement prudente, soit un acte de banquier plutôt qu'un jeu de parieur.

Je commençai mes opérations d'achat durant l'hiver 1917. Je pris pas mal de café. Le marché, cependant, ne fit rien d'extraordinaire. Il resta inactif, quant au prix, il n'augmenta pas comme prévu. Le résultat de tout cela fut que j'avais simplement porté ma ligne en vain pendant neuf longs mois. Mes contrats avaient alors expiré et je vendis toutes mes options. Je subis une grosse perte sur cette affaire et pourtant j'étais sûr que mon point de vue était bon. Je m'étais clairement trompé sur la question du temps, mais j'étais convaincu que le café devait progresser comme tous les produits de base, de sorte qu'à peine avais-je vendu ma ligne que je recommençais à acheter à nouveau. J'achetai trois fois plus de café que ce que j'avais transporté de façon si peu rentable pendant ces neuf mois décevants. Bien sûr, j'avais acheté des options différées, pour une durée aussi longue que possible.

Je ne m'étais pas trompé à ce point. Dès que je pris ma ligne triplée, le marché commença à monter. Partout, les gens semblaient réaliser tout d'un coup ce qui allait se passer sur le marché du café. Il semblait que mon investissement allait me rapporter un très bon taux d'intérêt.

Les vendeurs des contrats que je détenais étaient des torréfacteurs, pour la plupart Allemands, qui avaient acheté le café au Brésil en espérant le ramener dans ce pays. Mais il n'y avait pas de bateaux pour le transporter et ils s'étaient retrouvés dans une situation inconfortable, détenant du café en abondance là-bas et en manquant cruellement ici.

N'oubliez pas que j'avais commencé à m'intéresser au café alors que le prix était pratiquement à son niveau d'avant-guerre, et n'oubliez pas qu'après l'avoir acheté, je l'avais conservé pendant la majeure partie de l'année, puis j'avais subi une grosse perte. La punition pour avoir tort est de perdre de l'argent. Paradoxalement, la récompense pour avoir raison est d'en gagner. Ayant clairement raison et portant une grande ligne, j'étais certain de m'attendre à faire un massacre. Il ne faudrait pas d'avance pour que mon profit soit satisfaisant, car je transportais plusieurs centaines de milliers de sacs. Je n'aime pas parler de mes opérations en termes de chiffres, car parfois, elles paraissent formidables, de quoi pousser les gens à penser que je me vante. En réalité, je fais du trading en fonction de mes moyens et je me laisse toujours une grande marge de sécurité. Dans le cas présent, j'avais été suffisamment conservateur. La raison pour laquelle j'avais acheté des options si librement était parce que je ne voyais pas comment je pouvais perdre. Les conditions étaient en ma faveur. On m'avait fait attendre un an, mais à présent, j'allais être payé à la fois pour mon attente et pour avoir raison. Je pouvais voir le profit se dessiner...rapidement. Ce n'était guère une question d'intelligence. C'était simplement dû au fait que je n'étais pas aveugle.

Il arrivait sûrement et rapidement, ce profit se chiffrant en millions ! Mais il ne m'atteignit personnellement. Non, il n'avait pas été détourné par un changement soudain des conditions. Le marché n'avait pas non plus connu un brusque renversement de forme. Le café ne se déversa pas à flots dans le pays. Que s'était-il passé ? L'imprévisible ! Ce qui n'était jamais arrivé au cours de l'expérience de quiconque ; ce contre quoi je n'avais donc aucune raison de me prémunir. J'en ajoutai alors un nouveau à la longue liste des risques de la spéculation que je devais toujours garder devant moi. C'était simplement que les types qui m'avaient vendu le café, savaient ce qui les attendait, et dans leurs efforts pour se sortir de la position dans laquelle ils s'étaient vendus, ils avaient imaginé une nouvelle façon de se comporter. Ils se précipitèrent vers Washington pour obtenir de l'aide, et ils l'obtinrent.

Vous vous souvenez peut-être que le gouvernement avait élaboré divers plans pour empêcher de nouveaux profits sur les produits de première nécessité. Vous savez probablement comment la plupart d'entre eux avaient fonctionné. Eh bien, les philanthropiques à court de café se présentèrent devant le Comité de fixation des prix du Conseil des industries de guerre (je crois que c'était la désignation officielle), et lancèrent un appel patriotique à cet organisme pour protéger les petits déjeuners américains. Ils affirmèrent qu'un spéculateur professionnel, un certain Lawrence Livingston, avait accaparé le café, ou était sur le point de le faire. Si ses plans spéculatifs n'étaient pas réduits à néant, il profiterait des conditions créées par la guerre et le peuple américain serait obligé de payer des prix exorbitants pour leur café quotidien. C'était impensable pour les patriotes qui m'avaient vendu des cargaisons de café, pour lesquelles ils n'avaient pas trouvé de bateau, que cent millions d'Américains, plus ou moins, paient un tribut à des spéculateurs inconscients. Ils représentaient le commerce du café, pas les parieurs de café, et ils étaient prêts à aider le gouvernement à freiner les profits réels ou potentiels.

J'ai horreur des pleurnichards et je ne veux pas dire que le Comité de fixation des prix ne faisait pas de son mieux pour mettre un frein au profit et au gaspillage. Mais cela ne doit pas m'empêcher d'exprimer l'opinion selon laquelle le comité ne pouvait pas faire grand-chose concernant le problème particulier du marché du café. Il avait fixé un prix maximum pour le café brut et également un délai pour la clôture de tous les contrats existants. Cette décision signifiait, bien sûr, que la bourse du café devait fermer ses portes. Il ne me restait plus qu'une seule chose à faire et je la fis, il s'agissait de vendre mes contrats. Ces profits de plusieurs millions que je considérais comme étant les plus sûrs jamais réalisés ne s'étaient pas matérialisés. J'étais et je suis toujours aussi opposé aux profiteurs des produits de première nécessité, mais au moment où le Comité de fixation des prix prit sa décision sur le café, tous les autres produits se vendaient entre 250% et 400% au-dessus des prix d'avant-guerre, tandis que le café brut était en fait inférieur à la moyenne qui prévalait depuis quelques années avant la guerre. Je ne voyais aucune différence par rapport à qui détenait le café. Le prix était voué à augmenter ; et la raison n'était pas les opérations de spéculateurs inconscients, mais l'excédent décroissant dont la diminution des importations était responsable, et qui, à leur tour, étaient affectées exclusivement par la destruction effroyable des navires du monde par les sous-marins allemands. La commission n'avait pas attendu le café pour se mettre en route, elle serra les freins.

Pour des raisons de politique et d'opportunité, c'était une erreur que de forcer la bourse du café à fermer à ce moment-là. Si le comité avait laissé le café tranquille, le prix aurait sans aucun doute augmenté pour les raisons déjà mentionnées précédemment et qui n'avaient rien à voir avec un prétendu coin. Mais le prix élevé, qui n'avait pas besoin d'être exorbitant, aurait été une incitation à attirer les approvisionnements sur ce marché. J'avais entendu M. Bernard, M. Baruch, dire que le Conseil des industries de la guerre avait pris en considération ce facteur, soit l'assurance d'un approvisionnement, en fixant les prix, et pour cette raison, certaines des plaintes concernant la limite élevée sur certaines marchandises étaient injustes. Lorsque la bourse du café reprit ses activités plus tard, le café se vendait à vingt-trois centimes. Le peuple américain paya ce prix en raison de la faiblesse de l'offre, et l'offre était justement faible parce que le prix avait été fixé trop bas, à la suggestion de philanthropes à découvert, pour permettre de payer les droits de mer élevés et d'assurer ainsi la poursuite des importations.

J'avais toujours pensé que mon deal de café était la plus légitime de toutes mes opérations sur les matières premières. Je le considérais plus comme un investissement qu'une spéculation. J'y avais participé pendant plus d'un an. S'il y avait eu de quelconques paris, c'était sûrement le fait de torréfacteurs patriotes ayant des noms et des ancêtres allemands. Ils avaient du café au Brésil et ils me le vendaient à New York. Le comité de fixation des prix avait d'ailleurs fixé le prix de la seule marchandise qui n'avait pas progressé. Ils protégeaient le public contre le profit avant qu'il ne commence, mais pas contre l'inévitable hausse des prix qui suivrait. Non seulement avaient-ils fait cela, mais même lorsque le café vert se maintint autour de 9 centimes la livre, le café torréfié augmenta avec tout le reste. Ce sont uniquement les torréfacteurs qui en profitèrent. Si le prix du café vert avait augmenté de deux ou trois centimes la livre, cela aurait représenté plusieurs millions pour moi. Et cela n'aurait pas coûté au public autant que l'avance ultérieure.

Les regrets au sein de la spéculation sont une perte de temps. Ils ne vous mènent nulle part. Mais cette affaire particulière avait une certaine valeur éducative. Elle était aussi bonne que toutes celles que j'avais déjà faites. L'augmentation était si sûre, si logique, que je m'étais simplement dit que je ne pouvais pas m'empêcher de gagner plusieurs millions de dollars. Mais je ne le fis pas.

En deux autres occasions, je souffris de l'action de comités boursiers qui avaient pris des décisions ayant changé les règles de négociation sans avertissement. Mais dans ces cas-là, ma propre position, bien que techniquement correcte, n'était pas aussi saine commercialement que dans le cas de mon commerce de café. On ne peut être sûr de rien dans une opération spéculative. C'est l'expérience que je viens de vous raconter qui me fit ajouter l'imprévisible à l'inattendu dans ma liste de risques.

Après l'épisode du café, j'eus tellement de succès dans d'autres matières premières et sur la partie courte du marché boursier, que je commençai à souffrir de ragots stupides. Les professionnels de Wall Street et les journalistes avaient pris l'habitude de me blâmer, mes prétendus raids et moi, pour les inévitables ruptures de prix. Parfois, mes ventes furent qualifiées d'antipatriotiques, et ce, que je vende vraiment ou pas. La raison derrière l'exagération de l'ampleur et de l'effet de mes opérations, comme je le suppose, était le besoin de satisfaire la demande insatiable du public en quête de raisons derrière chaque mouvement de prix.

Comme je l'avais dit à maintes reprises, aucune manipulation ne peut faire baisser les actions et les maintenir à la baisse. Il n'y a rien de mystérieux à cela. La raison est évidente pour tous ceux qui prennent la peine d'y réfléchir une demi-minute. Supposons qu'un opérateur fasse une razzia sur une action, c'est-à-dire qu'il fasse baisser le prix à un niveau inférieur à sa valeur réelle, que se passerait-il inévitablement ? Eh bien, le raider serait immédiatement confronté au meilleur type d'achat interne. Les personnes sachant ce que vaut une action l'achèteront toujours lorsqu'elle se vend à un prix d'occasion. Si les initiés ne sont pas en mesure d'acheter, ce sera parce que les conditions générales s'opposent à leur libre commande de leurs propres ressources, or ces conditions ne sont pas des conditions haussières. Lorsqu'on parle de raids, on en déduit que ces raids sont injustifiés, presque criminels. Mais vendre une action à un prix bien inférieur à ce qu'elle vaut est une affaire très dangereuse. Il est bon de garder à l'esprit qu'une action raflée qui ne parvient pas à remonter ne fait pas l'objet de beaucoup d'achats internes et lorsqu'un raid se produit, c'est-à-dire une vente à découvert injustifiée, il y a généralement des achats internes ; dans ce cas, le prix ne reste pas à la baisse. Je dirais que dans quatre-vingt-dix-neuf cas sur cent, les soi-disant raids sont en réalité des baisses légitimes, parfois accélérées, mais pas principalement causées par les opérations d'un trader professionnel, quelle que soit l'importance de la ligne jouée.

La théorie selon laquelle la plupart des baisses soudaines ou des ruptures brutales particulières sont le résultat des opérations d'un plongeur avait probablement été inventée en guise de solution facile fournissant des raisons à ces spéculateurs qui, n'étant rien d'autre que des parieurs aveugles, croient tout ce qu'on leur dit plutôt que de réfléchir un peu. L'excuse de la razzia pour les pertes que de malheureux spéculateurs subissent si souvent de la part de courtiers et de commères financiers est en fait un conseil inversé. La différence est la suivante : un conseil baissier est un conseil distinct et positif de vendre à découvert. Mais le conseil inversé, c'est-à-dire l'explication qui n'explique rien, ne sert qu'à vous empêcher de vendre sagement à découvert. La tendance naturelle lorsqu'une action se casse la figure est de la vendre. Il y a une raison, certes inconnue, mais une bonne raison, donc quittez le marché. Mais il n'est pas sage de sortir lorsque la rupture est le résultat d'un raid d'un opérateur, car dès qu'il s'arrête, le prix doit rebondir. Des conseils inversés, voyez-vous !

Chapitre 16 : Des tuyaux non sans conséquences

Des tuyaux ! Qu'est-ce que les gens veulent des tuyaux ! Ils ont non seulement envie d'en recevoir, mais aussi d'en donner. Il y a là de l'avidité et de la vanité. C'est très amusant, parfois, de regarder des gens très intelligents les rechercher. Et celui qui donne le tuyau n'a pas à hésiter sur la qualité, car celui qui le cherche n'est pas vraiment à la recherche de bons conseils, mais de n'importe lequel. S'il est bon, tant mieux ! Si ce n'est pas le cas, mieux vaut avoir de la chance avec le prochain. Je pense au client moyen d'une maison de commission moyenne. Il y a un type de promoteurs ou de manipulateurs qui croient aux tuyaux avant, pendant, et tout le temps. Un bon flux de tuyaux est considéré par ce genre de personnes comme une sorte de travail publicitaire sublimé, la meilleure dope de merchandising au monde, car, puisque les personnes qui cherchent des conseils et celles qui en prennent sont invariablement des passeurs de tuyaux, la diffusion de tuyaux devient une sorte de publicité en chaîne sans fin. Le promoteur du tuyau travaille dans l'illusion qu'aucun être humain ne peut résister à son offre si elle est correctement délivrée. Il étudie l'art de les distribuer artistiquement.

Je reçois des conseils par centaines, chaque jour, de toutes sortes de personnes. Laissez-moi vous raconter une histoire sur Borneo Tin. Vous souvenez-vous de la sortie du stock ? C'était au plus fort du boom. Le groupe de promoteur avait suivi les conseils d'un banquier très intelligent et avait décidé d'introduire la nouvelle société sur le marché libre au lieu de laisser un syndicat de souscription prendre son temps. C'était un bon conseil. La seule erreur que les membres du groupe firent vint de l'inexpérience. Ils ignoraient ce que la bourse était capable de faire pendant un boom fou et en même temps, ils n'étaient pas intelligemment libéraux. Ils étaient d'accord sur la nécessité d'augmenter le prix afin de commercialiser l'action, mais ils commencèrent le trading à un chiffre auquel les traders et les pionniers de la spéculation ne pouvaient l'acheter sans émettre d'hésitation.

En matière juridique, les promoteurs auraient dû s'en tenir à cela, mais dans le marché haussier sauvage, leur égoïsme s'avéra être un conservatisme de premier ordre. Le public achetait tout ce qui était correctement conseillé. Les investissements n'étaient pas recherchés. La demande était pour l'argent facile, pour le jeu sûr. L'or affluait dans ce pays à travers les énormes achats de matériel de guerre. Je fus informé que les promoteurs, tout en faisant leurs plans pour sortir le stock Bornéo, avaient augmenté le prix d'ouverture à trois reprises avant que leur première transaction ne soit officiellement enregistrée au profit du public.

On m'avait justement proposé de rejoindre le groupe et j'avais bel et bien étudié la question, mais sans en accepter l'offre, et pour cause, s'il y a des manœuvres à réaliser sur le marché, je préfère les faire moi-même. Je négocie sur la base de mes propres informations et je suis mes propres méthodes. Quand Borneo Tin apparut, sachant quelles étaient les ressources du groupe et ce qu'ils avaient prévu de faire, et sachant également ce dont le public était capable, j'achetai dix mille actions durant la première heure du premier jour. Son entrée sur le marché fut un franc succès, du moins, dans cette mesure. En fait, les promoteurs avaient trouvé la demande si active qu'ils décidèrent que ce serait une erreur que de perdre autant d'actions si tôt. Ils découvrirent que j'avais acquis mes dix mille actions à peu près au même moment où ils avaient découvert qu'ils seraient probablement en mesure de vendre toutes les actions qu'ils possédaient s'ils augmentaient simplement le prix de vingt-cinq ou trente points. Ils avaient donc conclu que le profit sur mes dix mille actions prendrait une trop grande partie des millions qu'ils estimaient être déjà en banque. Alors, ils cessèrent effectivement leurs opérations de haussier et essayèrent de me déstabiliser. Mais je me maintins simplement en position. Ils me donnèrent un mauvais travail parce qu'ils ne voulaient pas que le marché leur échappe, avant d'ensuite commencer à augmenter le prix, sans perdre plus d'actions qu'ils ne le pouvaient.

Ils virent la folle hauteur à laquelle les autres actions étaient montées et ils commencèrent dès lors à penser en milliards. Quand Borneo Tin monta à 120, je leur laissai avoir mes dix mille actions. Cela stoppa la hausse et les gestionnaires du groupe arrêtèrent leur processus d'augmentation des prix. Au rallye général suivant, ils tentèrent à nouveau de faire un marché actif et y parvinrent un court instant, mais le merchandising s'avéra être assez coûteux. Finalement, ils l'évaluèrent à 150. Mais le marché haussier n'était plus au goût du jour, alors le groupe fut contraint de vendre ce qu'il pouvait à la baisse, aux personnes aimant acheter après une bonne réaction, en se basant sur l'idée fausse qu'une action qui s'était vendue à 150 devait forcément être bon marché à 130 et une bonne affaire à 120. Ils transmirent également l'information aux traders du parquet, souvent capables de constituer un marché temporaire, et plus tard aux maisons de commission. Chaque petit geste comptait et le groupe utilisait tous les moyens connus. Le problème était que la période de la hausse des actions s'était écoulée. Les pigeons avaient avalé d'autres hameçons. La bande de Bornéo ne le vit pas ou ne voulut pas le voir.

J'étais à Palm Beach avec ma femme. Un jour, alors que je gagnai un peu d'argent chez Gridley, en rentrant, je donnai à Mme Livingston un billet de cinq cents dollars. C'était une curieuse coïncidence, mais le soir même, elle rencontra à un dîner le président de la Borneo Tin Company, un certain M. Wisenstein, qui était devenu le directeur de stock du groupe nous n'apprîmes que quelque temps plus tard que ce Wisenstein avait délibérément manœuvré pour s'asseoir à côté de Mme Livingston lors du dîner.

Il s'était montré particulièrement gentil avec elle et avait parlé de manière très divertissante. À la fin, il lui dit, très confidentiellement : « Mme Livingston, je vais faire quelque chose que je n'ai jamais fait auparavant. Je suis très heureux de le faire, car vous savez exactement ce que cela signifie ». Il s'arrêta et regarda Mme Livingston avec anxiété, pour s'assurer qu'elle était non seulement sage, mais discrète. Elle pouvait le lire sur son visage, très clairement. Mais tout ce qu'elle dit fut : « Oui ».

« Oui, Mme Livingston. J'ai été très heureux de vous rencontrer, votre mari et vous, et je veux prouver que je suis sincère en disant cela, car j'espère bien vous voir souvent tous les deux. Je suis sûr que je n'ai pas à vous expliquer que ce que je suis sur le point de vous dire est strictement confidentiel! ». Puis il chuchota : « Si vous achetez quelques actions Bornéo Tin, vous gagnerez beaucoup d'argent ».

- Vous le pensez ? demanda-t-elle.

- Juste avant de quitter l'hôtel, dit-il, j'ai reçu des câbles contenant des nouvelles qui ne seront pas connues du public avant plusieurs jours au moins. Je compte rassembler autant d'actions que je peux. Si vous en obtenez à l'ouverture demain, vous l'achèterez en même temps et au même prix que moi. Je vous donne ma parole que le Bornéo Tin va certainement progresser. Vous êtes la seule personne à qui je l'ai dit. La seule, je vous le garantis ! ».

Elle le remercia et lui dit qu'elle n'y connaissait rien du tout à la spéculation boursière. Mais il lui assura qu'il n'était pas nécessaire qu'elle en sache plus que ce qu'il lui avait dit. Pour s'assurer qu'elle l'avait bien entendu, il lui répéta son conseil :

« Tout ce que vous avez à faire est d'acheter autant de Bornéo Tin que vous le souhaitez. Je peux vous donner ma parole que, si vous le faites, vous ne perdrez pas un seul centime. Je n'ai jamais dit à une femme, ni même à un homme d'ailleurs, d'acheter quoi que ce soit dans ma vie. Mais je suis tellement sûr que l'action ne s'arrêtera pas à moins de 200 que j'aimerais que vous gagniez de l'argent. Je ne peux pas acheter toutes les actions moi-même, vous savez, et si quelqu'un d'autre que moi doit profiter de la hausse, je préfère que ce soit vous plutôt qu'un étranger. Vraiment! Je vous l'ai dit en toute confidence parce que je sais que vous n'allez pas en parler. Croyez-moi sur parole, Mme Livingston, et achetez de Bornéo Tin ! ».

Il était très sérieux et réussit à l'impressionner à tel point qu'elle commença à penser qu'elle avait trouvé un excellent usage pour les cinq cents dollars que je lui avais donnés cet après-midi-là. Cet argent ne m'avait rien coûté et ne faisait pas partie de son argent de poche. En d'autres termes, c'était de l'argent facile à perdre si la chance était contre elle. Mais il lui avait promis qu'elle allait sûrement gagner. Ce serait bien de gagner de l'argent à son propre compte et de me raconter tout cela par la suite.

Eh bien, monsieur, figurez-vous que le lendemain matin, avant l'ouverture du marché, elle entra dans le bureau de Harding et dit au directeur :

« M. Haley, je veux acheter des actions, mais je ne veux pas que cela aille dans mon compte régulier, car je ne veux pas que mon mari en sache quoi que ce soit jusqu'à ce que j'aie gagné de l'argent. Pouvez-vous m'arranger ça ? ».

Haley, le directeur, répondit : « Oh, oui. Nous pouvons faire un compte spécial. De quelle action s'agit-il et combien voulez-vous en acheter ? ».

Elle lui donna les cinq cents dollars et lui dit : « Écoutez, s'il vous plaît. Je ne veux pas perdre plus que cet argent. Si cela disparaît, je ne veux pas vous devoir quoi que ce soit ; et rappelez-vous, je ne veux pas que M. Livingston sache quoi que ce soit à ce sujet. Achetez-moi autant de Bornéo Tin que possible pour cet argent, à l'ouverture ».

Haley prit l'argent en lui disant qu'il n'en parlerait à personne, et lui acheta 100 actions à l'ouverture. Je crois qu'elle les avait eues à 108. L'action fut très active ce jour-là et clôtura avec une avance de trois points. Mme Livingston était si heureuse de son exploit qu'elle fit tout son possible pour se retenir de m'en parler.

Il se trouve que j'étais de plus en plus baissier sur le marché général. L'activité inhabituelle de Bornéo Tin avait attiré mon attention sur elle. Je ne pensais pas que le moment était propice à la progression d'une action, encore moins une comme celle-ci. J'avais décidé de commencer mes opérations baissières le jour même et avais commencé par vendre environ 10 000 actions de Borneo. Si je ne l'avais pas fait, je pense que l'action aurait augmenté de cinq ou six points

au lieu de trois.

Le jour suivant, je vendis deux mille actions à l'ouverture puis deux mille actions juste avant la fermeture, et le titre atteignit les 102.

Haley, le directeur de la succursale de Palm Beach de Harding Brothers, attendait que Mme Livingston vienne le troisième matin. D'habitude, elle passait vers 11 h pour voir comment cela évoluait, si je faisais quoi que ce soit.

Haley la prit à part et lui dit : « Mme Livingston, si vous voulez que je prenne soin de ces 100 actions de Borneo Tin pour vous, il faudra me donner plus de marge.

- Mais je n'en ai plus, lui répondit-elle.

- Je peux les transférer sur votre compte régulier, dit-il.

- Non, objecta-t-elle, car autrement, L.L. l'apprendrait.

- Mais le compte indique déjà une perte de..., commença-t-il.

- Mais je vous ai clairement dit que je ne voulais pas perdre plus que ces cinq cents dollars. Je ne voulais même pas perdre cela, dit-elle.

- Je sais, Mme Livingston, mais je ne voulais pas le vendre sans vous consulter, et maintenant, à moins que vous ne m'autorisiez à le garder, je devrai l'abandonner.

- Mais cela avait si bien réagi le jour où je l'avais acheté, dit-elle, que je ne pensais pas qu'il se comporterait ainsi si vite. Pas vous ?

- Non, répondit Haley, je ne le croyais pas ». Ils se doivent d'être diplomates dans les bureaux de courtiers.

« Qu'est-ce qui a mal tourné, Mr. Haley ? »

Haley le savait, mais il ne pouvait pas le lui dire sans me dénoncer, or les affaires d'un client sont sacrées. Alors il répondit : « Je n'ai rien entendu de spécial à ce sujet, dans un sens ou dans l'autre. La voilà ! C'est particulièrement bas pour un mouvement ! », et il montra le tableau des cotations.

Mme Livingston regarda l'action en baisse et s'écria : « Oh, M. Haley ! Je ne veux pas perdre mes cinq cents dollars ! Que dois-je faire ?

- Je ne sais pas, Mme Livingston, mais à votre place, je demanderais à M. Livingston.

- Oh, non ! Il ne veut pas que je spécule à mon propre chef. Il me l'a déjà dit. Il achètera ou vendra des actions pour moi, si je le lui demande, mais je n'ai jamais fait de transactions dont il n'était pas au courant. Je n'oserais pas lui dire.

- Ce n'est pas grave, dit Haley d'un ton apaisant. C'est un merveilleux trader et il saura exactement ce qu'il faut faire ». Voyant qu'elle secouait violemment la tête, il ajouta diaboliquement : « Ou alors, mettez un ou deux mille dollars pour prendre soin de votre Bornéo ».

L'alternative la poussa à décider sur-le-champ. Elle traîna dans le bureau, mais comme le marché devenait de plus en plus faible, elle s'approcha de moi, alors que je regardais le tableau et me dit qu'elle voulait me parler. Nous allâmes dans un bureau privé où elle me raconta toute l'histoire. Alors je lui dis : « Petite idiote, ne touchez pas à cette affaire ».

Elle promit alors qu'elle obéirait, et je lui rendis donc ses cinq cents dollars puis elle s'en alla heureuse. L'action était au pair à ce moment-là.

J'avais vu ce qui s'était passé. Wisenstein était une personne astucieuse. Il avait compris que Mme Livingston me dirait ce qu'il lui avait dit et que j'étudierais les actions. Il savait que l'activité m'attirait toujours et que j'étais connu pour être un bon investisseur. Je suppose qu'il pensait que j'achèterais dix ou vingt mille actions.

C'était l'un des coups les plus intelligemment planifiés et artistiquement propulsés dont j'avais jamais entendu parler. Mais cela avait mal tourné. C'était d'ailleurs prévisible. Tout d'abord, la dame avait reçu le jour même 500 dollars non gagnés et était donc d'humeur beaucoup plus audacieuse que d'habitude. Elle désirait se faire de l'argent toute seule, et comme toute femme, elle avait mis en scène la tentation de manière si attrayante qu'elle semblait irrésistible. Elle savait ce que je pensais de la spéculation boursière telle que pratiquée par les novices, et pour cela, elle n'osa pas m'en parler. Wisenstein n'avait pas correctement évalué sa psychologie.

Il s'est également trompé sur le type de trader que j'étais. Je ne prends jamais de conseils et j'étais baissier sur l'ensemble du marché. Les tactiques qu'il pensait efficaces pour m'inciter à acheter Borneo, à savoir l'activité et la hausse de trois points, étaient précisément ce qui me fit choisir Borneo comme entrée en matière lorsque je décidai de vendre l'ensemble du marché.

Après avoir entendu l'histoire de Mme Livingston, j'étais plus désireux que jamais de vendre Bornéo. Tous les matins à l'ouverture et tous les après-midis juste avant la fermeture, je lui laissais régulièrement un peu de stock, jusqu'à apercevoir une chance d'emporter mes découverts avec un beau profit.

Il m'avait toujours semblé que c'était le comble de l'inconscience que de commercer en se basant sur des conseils. Je suppose que je ne suis pas constitué de la même manière qu'un suiveur de conseil. Je pense parfois que les donneurs de tuyaux sont semblables aux ivrognes. Il y en a qui ne peuvent pas résister à l'envie et qui attendent toujours avec impatience ces informations qu'ils considèrent comme indispensables à leur bonheur. Il est si facile d'ouvrir ses oreilles et de laisser affluer les tuyaux. Se faire dicter précisément ce qu'il faut faire pour être heureux de manière à ce que vous puissiez facilement obéir, est la chose la plus agréable après le bonheur, ce qui constitue d'ailleurs un premier pas très important vers la réalisation du désir de votre cœur. Ce n'est pas tant l'avidité aveuglée par l'ardeur, que l'espoir bandé par le refus de réfléchir.

D'autre part, ce n'est pas seulement parmi le public extérieur que l'on trouve des donneurs de leçons invétérés. Le trader professionnel sur le parquet de la bourse de New York est tout aussi mauvais. Je suis parfaitement conscient qu'ils sont nombreux à se faire une fausse idée de moi pour l'unique raison que je ne donne jamais de tuyaux à personne. Si je disais à un homme moyen : « Vendez cinq mille Steel ! », il le ferait sur-le-champ. Mais si je lui disais que je suis plutôt baissier sur l'ensemble du marché et que je lui exposais mes raisons en détail, il aurait du mal à écouter, ainsi, quand j'aurais fini de parler, il me reprochera de lui faire perdre son temps en exprimant mon point de vue sur les conditions générales au lieu de lui donner un conseil direct et spécifique, comme un vrai philanthrope du type de ceux que l'on trouve si souvent à Wall Street, le genre qui aime mettre des millions dans les poches d'amis, de connaissances et de parfaits inconnus.

La croyance aux miracles, que tous les hommes chérissent, est née d'une indulgence immodérée à l'égard de l'espoir. Il existe des gens qui font périodiquement des folies d'espoir et nous connaissons tous l'ivrogne chronique de l'espoir, présenté devant nous tel un optimiste exemplaire. Les donneurs de conseils ne sont en réalité rien d'autre que cela.

J'ai une connaissance, un membre de la bourse de New York, qui était justement l'un de ceux qui pensaient que j'étais un porc égoïste et sans pitié étant donné que je ne donnais jamais de conseils et n'incluais jamais d'amis dans les affaires. Un jour, il y a quelques années de cela, alors qu'il parlait à un journaliste, celui-ci mentionna en passant qu'il avait appris de bonne source que G.O.H. était en hausse. Mon ami courtier s'était alors empressé d'acheter un millier d'actions et vit le prix baisser si rapidement qu'il perdit 3500 dollars avant même de pouvoir arrêter sa perte. Il avait rencontré l'homme du journal un jour ou deux plus tard, alors qu'il était encore endolori.

« C'était un sacré tuyau que vous m'aviez donné, se plaignit-il.

- Quel tuyau était-ce ? demanda le journaliste, qui ne se souvenait déjà plus.

- À propos de G.O.H. Vous aviez dit que vous l'aviez eu de bonne source.

- C'est le cas. Un directeur de la société qui est membre du comité des finances me l'a dit.

- Lequel d'entre eux était-ce ? demanda le courtier avide de vengeance.

- Si vous tenez tant à le savoir, répondit le journaliste, c'était votre propre beau-père, M. Westlake.

- Pourquoi diable ne m'avez-vous pas dit que vous parliez de lui ! hurla le courtier. Vous m'avez coûté 3500 dollars ! ». Il ne croyait pas aux conseils de famille. Plus la source est éloignée, plus le tuyau est pur.

Le vieux Westlake était un banquier et un promoteur riche et prospère. Il avait un jour croisé John W. Gates. Ce dernier lui avait demandé ce qu'il savait. « Si vous agissez en conséquence, je vous donnerai un conseil. Si vous ne le faites pas, j'économiserai ma salive », répondit le vieux Westlake de manière grincheuse.

« Bien sûr que je vais agir, promit Gates avec joie.

- Vendez Reading ! Il y a vingt-cinq points sûrs là-dedans, et peut-être même plus. Mais vingt-cinq absolument garantis, dit Westlake de manière impressionnante.

- Je vous en suis très reconnaissant », et Gates lui serra la main chaleureusement puis s'en alla en direction du bureau de son courtier.

Westlake était spécialiste du Reading. Il connaissait tout de l'entreprise et était en contact avec les initiés, de sorte que le marché des actions était un livre ouvert à ses yeux et tout le monde le savait. Désormais il conseillait au plongeur de Western d'adopter des positions courtes.

Eh bien, Reading n'avait jamais cessé de monter. Il avait augmenté d'à peu près cent points en quelques semaines. Un jour, le vieux Westlake se retrouva nez à nez avec John W. à Wall Street, mais il fit comme s'il ne l'avait pas vu et il poursuivit son chemin. John W. Gates le rattrapa, tout sourire et lui tendit la main. Le vieux Westlake la serra d'un air hébété.

« Je veux vous remercier pour le tuyau que vous m'aviez donné à propos de Reading, dit Gates.

- Je ne vous ai pas donné de tuyau, dit Westlake en fronçant les sourcils.

- Bien sûr que si. Et c'était un conseil à la Jim Hickey. J'ai gagné soixante mille dollars.

- Soixante mille dollars de gagnés ?

- Bien sûr ! Vous ne vous souvenez pas ? Vous m'avez dit de vendre Reading, alors je l'ai acheté! J'ai toujours fait de l'argent en suivant vos conseils, Westlake, dit John W. Gates ravi. Toujours !

Le vieux Westlake regarda le bluffant Westerner et remarqua alors avec admiration : « Gates, quel homme riche je serais si j'avais votre intelligence ! ».

L'autre jour, je rencontrai M. W. A. Rogers, le célèbre dessinateur dont les courtiers de Wall Street admirent tant les dessins. Ses caricatures quotidiennes dans l'Herald de New York pendant des années avaient fait le bonheur de milliers de personnes. Eh bien, il me raconta une histoire. C'était juste avant que nous entrions en guerre avec l'Espagne. Il passait une soirée avec un ami courtier. Quand il partit, il prit son chapeau derby sur l'étagère, du moins il pensait que c'était son chapeau, car il avait la même forme et lui allait parfaitement.

La Bourse à cette époque ne pensait et ne parlait que de guerre avec l'Espagne. Y aurait-il une guerre ou pas ? S'il devait y avoir une guerre, le marché baisserait, pas tant à cause de nos propres ventes que de la pression des détenteurs européens de nos titres. En cas de paix, il serait facile d'acheter des actions, car il y avait eu des baisses considérables provoquées par les clameurs sensationnelles des journaux jaunes. M. Rogers me raconta le reste de l'histoire comme suit :

« Mon ami, le courtier, chez qui j'avais passé la nuit précédente, se tenait à la Bourse le jour suivant, débattant anxieusement dans son esprit de quel côté du marché il convenait de jouer. Il passa en revue les avantages et les inconvénients, mais il était impossible de distinguer les rumeurs des faits. Il n'y avait pas de nouvelles authentiques pour le guider. À un moment, il pensait que la guerre était inévitable, et juste après, il était presque convaincu que c'était tout à fait improbable. Sa perplexité avait dû provoquer une hausse de la température, car il retira son chapeau pour essuyer son front en sueur. Il ne parvenait pas à savoir s'il devait acheter ou vendre.

Il regarda par hasard à l'intérieur de son chapeau. Là, en lettres d'or, il y avait marqué le mot WAR. C'était le pressentiment dont il avait besoin. N'était-ce pas là un conseil de la Providence à travers mon chapeau ? Donc il vendit un tas d'actions, la guerre ayant été dûment déclarée, il couvrit la rupture et fit un véritable massacre ». Puis W. A. Rogers conclut : « Je n'ai jamais récupéré ce chapeau ! ».

Mais l'histoire la plus importante de ma collection concerne l'un des membres les plus populaires de la bourse de New York, J. T. Hood. Un jour, un autre trader, Bert Walker, lui dit qu'il avait rendu un bon service à un éminent directeur de l'Atlantic & Southern. En retour, l'initié, reconnaissant, lui avait conseillé d'acheter tout l'A. & S. qu'il pouvait. Les directeurs allaient accomplir quelque chose qui ferait grimper l'action d'au moins 25 points. Tous les directeurs n'étaient pas impliqués dans l'affaire, mais la majorité serait sûre de voter comme souhaité.

Bert Walker conclut donc que le taux de dividende allait être augmenté. Il le dit à son ami Hood et ils achetèrent chacun quelques milliers d'actions de A. & S. L'action était très faible, avant et après l'achat, mais Hood avait dit que c'était manifestement destiné à faciliter l'accumulation par le groupe interne, dirigé par l'ami reconnaissant de Bert.

Le jeudi suivant, après la fermeture du marché, les directeurs de l'Atlantic & Southern se réunirent et adoptèrent le dividende. L'action gagna six points dans les six premières minutes de trading du vendredi matin.

Bert Walker était furieux. Il appela le directeur reconnaissant, qui avait néanmoins le cœur brisé et était très pénitent. Il affirma avoir oublié qu'il avait dit à Walker d'acheter. C'était la raison pour laquelle il avait négligé de l'appeler pour lui parler d'un changement dans les plans de la faction dominante du conseil. Le directeur, pris de remords, était si désireux de se réconcilier qu'il donna un nouveau tuyau à Bert. Il expliqua gentiment que deux de ses collègues voulaient obtenir des actions bon marché et, contre son gré, avaient alors eu recours à un travail grossier. Il avait dû céder pour gagner leurs voix. Mais maintenant qu'ils avaient tous accumulé leurs lignes complètes, rien ne pouvait arrêter l'avancée. Il était désormais facile d'acheter A & S.

Bert le pardonna non seulement, mais serra chaleureusement la main du grand financier. Naturellement, il s'était empressé de retrouver son ami et co-victime, Hood, pour lui annoncer la bonne nouvelle. Ils allaient faire un massacre. L'action avait été pressentie à la hausse auparavant, ainsi, ils achetèrent. Mais à présent, elle était 15 points plus bas. C'était un jeu d'enfant. Alors ils achetèrent cinq mille actions, compte joint.

Comme s'ils avaient sonné une cloche pour débuter, l'action s'effondra sur ce qui était de toute évidence une vente interne. Deux spécialistes confirmèrent allègrement les soupçons. Hood vendit ses cinq mille actions. Quand Bert Walker lui dit : « Si ce dernier n'était pas parti en Floride avant-hier, je lui montrerais bien le fond de ma pensée. Oui, je le ferais. Mais vous m'accompagnez.

- Pour aller où ? demanda Hood.

- Au bureau du télégraphe. Je veux envoyer un télégramme à cet escroc qu'il n'oubliera jamais. Venez.

Hood se mit en marche. Bert ouvrit la voie vers le bureau du télégraphe. Là, emporté par ses émotions, ils avaient subi une perte considérable sur les cinq mille actions, il composa un chef-d'œuvre de vitupération. Il le lut à Hood et conclut : « Cela va vraiment lui montrer ce que je pense de lui ».

Il était sur le point de le glisser vers le commis qui attendait quand Hood dit : « Attendez, Bert !

- Qu'y a-t-il ?

- Je ne l'enverrais pas, si j'étais vous, conseilla Hood avec sérieux.

- Pourquoi pas ? s'emporta Bert.

- Ça va le rendre furieux.

- C'est ce que nous voulons, n'est-ce pas ? » dit Bert, regardant Hood avec surprise .

Mais Hood secoua la tête de façon désapprobatrice et dit très sérieusement : « Nous n'aurons plus jamais de tuyau de sa part si vous envoyez ce télégramme ! ».

Un trader professionnel avait vraiment dit cela. Or, à quoi cela sert-il de parler de ceux qui donnent des conseils ? Les hommes n'acceptent pas les tuyaux parce qu'ils sont ignorants, mais parce qu'ils aiment ces cocktails d'espoir que j'avais évoqués. Le vieux baron Rothschild s'applique avec plus de force que jamais à la spéculation. Quelqu'un lui avait d'ailleurs demandé si faire de l'argent à la Bourse n'était pas une affaire très difficile et il avait répondu que, au contraire, il pensait que c'était très facile.

« C'est parce que vous êtes si riche, objecta l'intervieweur.

- Pas du tout. J'ai trouvé un moyen facile et je m'y tiens. Je ne peux tout simplement pas m'empêcher de gagner de l'argent. Je vais vous révéler mon secret si vous le souhaitez. Il s'agit de cela : je n'achète jamais au plus bas et je vends toujours trop tôt.

Les investisseurs sont une autre race de chats. La plupart d'entre eux sont attirés par les inventaires, les statistiques de bénéfices et toutes sortes de données mathématiques, comme si cela signifiait des faits et des certitudes. Le facteur humain est minimisé en règle générale. Très peu de gens aiment acheter une entreprise individuelle. Mais l'investisseur le plus sage que j'avais connu était un homme qui avait commencé par être un Hollandais de Pennsylvanie qui avait continué en venant à Wall Street, voyant beaucoup de Russell Sage.

C'était un grand enquêteur, un infatigable du Missouri. Il croyait au fait de poser ses propres questions et voir de ses propres yeux. Il n'avait que faire de la vision des autres. C'était il y a des années. Il semble qu'il ait tenu un petit Atchison. Peu après, il avait commencé à entendre

des rapports inquiétants sur l'entreprise et sa gestion. On lui avait dit que M. Reinhart, le président, au lieu d'être la merveille qu'on lui attribuait, était en réalité un gestionnaire extravagant dont l'insouciance précipite l'entreprise dans le désordre. Il y aurait l'inévitable jour des comptes.

C'était précisément le genre de nouvelles qui était semblable à un souffle de vie pour le Hollandais de Pennsylvanie. Il s'était précipité à Boston pour interviewer M. Reinhart et lui poser quelques questions. Les questions consistaient à répéter les accusations qu'il avait entendues, puis à demander au président de l'Atchison, Topeka & Santa Fe Railroad si elles étaient vraies.

Non seulement M. Reinhart avait nié catégoriquement les allégations, mais il avait même déclaré encore plus : Il a commencé à prouver par des chiffres que les auteurs des allégations

étaient des menteurs malveillants. Le Hollandais de Pennsylvanie avait demandé des informations exactes et le président les lui avait données, en lui montrant ce que faisait l'entreprise et sa situation financière, au centime près.

Le Hollandais de Pennsylvanie avait remercié le Président Reinhart, puis était retourné à New York et avait rapidement vendu toutes ses parts d'Atchison. Une semaine plus tard, il utilisa ses fonds inutilisés pour acheter un gros lot de Delaware, Lackawanna & Western.

Des années plus tard, alors que nous parlions d'échanges chanceux, il cita son propre cas. Il expliqua ce qui l'avait poussé à le faire.

« Voyez-vous, dit-il, j'avais remarqué que le président Reinhart, lorsqu'il écrivait des chiffres, prenait des feuilles de papier à lettres dans un casier de son bureau à cylindre en acajou. C'était du papier de lin épais et fin avec de magnifiques en-têtes de lettres magnifiquement gravés en deux couleurs. Il était non seulement très cher, mais pire encore, il était inutilement cher. Il écrivait quelques chiffres sur une feuille pour me montrer exactement ce que l'entreprise gagnait dans certaines divisions, ou pour prouver comment ils réduisaient les dépenses ou les coûts d'exploitation, et puis il froissait la feuille de papier coûteux et la jetait à la poubelle. Assez rapidement, il voulait m'impressionner avec les économies qu'ils introduisaient et il prenait une nouvelle feuille du beau papier à lettres avec les en-têtes de lettres gravées en deux couleurs. Quelques chiffres et bingo, à la poubelle ! Encore de l'argent gaspillé sans réfléchir. Je m'étais dit que si le président était ce genre d'homme, il ne serait guère enclin à insister pour avoir ou récompenser des assistants économiques. J'avais donc décidé de croire les personnes qui m'avaient dit que la direction était extravagante plutôt que d'accepter la version du président et avais donc vendu les actions Atchison que je détenais.

Il se trouve que j'avais eu l'occasion de me rendre dans les bureaux de la Delaware, Lackawanna & Western quelques jours plus tard. Le vieux Sam Sloan en était le président. Son bureau était le plus proche de l'entrée et sa porte était grande ouverte. Elle était toujours ouverte. Personne ne pouvait entrer dans les bureaux généraux de la D.L.&W. à cette époque et ne pas voir le président de la compagnie assis à son bureau. N'importe quel homme pouvait entrer et faire des affaires avec lui tout de suite, s'il y avait des affaires à faire. Les journalistes financiers me disaient qu'ils n'avaient jamais à tourner autour du pot avec le vieux Sam Sloan, ils posaient leurs questions et obtenaient un oui ou un non direct de sa part, quelles que soient les exigences boursières des autres directeurs.

Quand j'entrai, je vis que le vieil homme était occupé. J'avais d'abord pensé qu'il ouvrait son courrier, mais après m'être approché du bureau, je vis ce qu'il faisait. J'avais appris par la suite que c'était sa coutume quotidienne de le faire. Après avoir trié et ouvert le courrier, au lieu de jeter les enveloppes vides, il les faisait ramasser et les apportait dans son bureau. Dans ses moments de loisir, il déchirait l'enveloppe de part en part. Cela lui donnait deux morceaux de papier, chacun avec un côté vierge. Il les empilait et les faisait ensuite distribuer, pour qu'ils soient utilisés à la place de blocs à gratter pour des calculs tels que ceux que Reinhart avait réalisés pour moi sur du papier gravé. Pas de gaspillage d'enveloppes vides et pas de gaspillage de moments d'inaction du président. Tout était utilisé.

Je fus frappé par le fait que si c'était le genre d'homme que la D.L.&W. avait pour président, la société était gérée de façon économique dans tous les départements. Le président y veillerait ! Bien sûr, je savais que la société payait des dividendes réguliers et avait une bonne propriété. J'achetai toutes les actions D.L.&W. que je pouvais. Depuis cette époque, le capital social avait été doublé et même quadruplé. Mes dividendes annuels s'élèvent à hauteur de mon investissement initial. J'ai toujours mon D.L.&W. Et Atchison était passé entre les mains d'un administrateur judiciaire quelques mois après avoir vu le président jeter feuille après feuille de papier de lin avec des en-têtes de lettres gravées en deux couleurs dans la corbeille à papier pour me prouver par des chiffres qu'il n'était pas extravagant ».

Et la beauté de cette histoire est qu'elle est vraie et qu'aucune autre action que le Hollandais de Pennsylvanie aurait pu acheter ne se serait avérée être un aussi bon investissement que D.L.&W.

Chapitre 17 : Intuition ou expérience ?

L'un de mes amis les plus intimes aime particulièrement raconter des histoires sur ce qu'il appelle mes intuitions. Il m'attribue toujours des pouvoirs défiant toute analyse. Il déclare que je ne fais que suivre aveuglément certaines impulsions mystérieuses et ainsi sortir de la bourse précisément au bon moment. Son histoire favorite est celle d'un véritable chat noir qui m'avait dit, à sa table de petit déjeuner, de vendre un lot d'actions que je détenais, et qu'après avoir reçu le message de ce dernier, j'avais vendu mes actions. Après avoir reçu son message, j'étais grognon et nerveux jusqu'à ce que je vende toutes les actions que je possédais. J'avais pratiquement obtenu les meilleurs prix du mouvement, ce qui, bien sûr, renforça la théorie du pressentiment de mon ami si têtu.

J'étais allé à Washington pour tenter de convaincre quelques membres du Congrès qu'il n'était guère sage de nous taxer à ce point et je ne prêtais donc pas vraiment attention au marché boursier. Ma décision de vendre ma ligne me vint soudainement, d'où la conviction de mon ami.

J'admets avoir parfois des impulsions irrésistibles me poussant à commettre certaines choses sur le marché. Peu importe que je sois à découvert ou pas sur des actions. Je dois en sortir. Je suis mal à l'aise tant que je ne le fais pas. Je pense moi-même que ce qui se passe, est le fait que je vois nombre de signaux d'alarme. Peut-être qu'aucun d'entre eux n'est suffisamment clair ou puissant pour me donner une raison positive et définitive de faire ce que j'ai soudainement envie de faire. Cela correspond probablement à ce que l'on appelle le "sens du téléscripteur", que les vieux traders disent que James R. Keene avait si fortement développé ainsi que d'autres opérateurs avant lui. Habituellement, je l'avoue, l'avertissement s'avère être non seulement judicieux, mais aussi précis à la minute près. Mais dans ce cas particulier,

il n'y avait pas d'intuition. Le chat noir n'avait rien à voir avec ça. Ce qu'il raconte à tout le monde sur le fait que je me sois levé si grincheux ce matin-là, peut être expliqué, comme je le suppose, si j'étais vraiment grognon, par ma déception. Je savais que je ne convaincrais pas le membre du Congrès à qui j'avais parlé et que le Comité ne voyait pas le problème de taxer Wall Street comme je le voyais. Je n'essayais pas d'arrêter ou d'échapper à la taxation des transactions boursières, mais de suggérer une taxe qui, en tant qu'opérateur boursier expérimenté, ne me semblait ni injuste ni inintelligente. Je ne voulais pas que l'Oncle Sam tue la poule capable de pondre tant d'œufs en or avec un traitement équitable. Peut-être que mon manque de succès ne m'avait pas seulement irrité, mais aussi rendu pessimiste quant à l'avenir d'une entreprise injustement taxée. Mais permettez-moi de vous raconter exactement ce qui s'était passé.

Au début du marché haussier, j'avais une bonne opinion des perspectives de l'acier et du cuivre, j'étais donc optimiste sur les actions de ces deux groupes. J'entrepris donc d'en accumuler quelques-unes. Je commençai par acheter 5000 actions d'Utah Copper, mais arrêtai, car celles-ci ne se comportaient pas correctement. C'est-à-dire qu'elles ne s'étaient pas comportées comme elles l'auraient dû pour me rassurer quant à mon choix d'achat. Je pense que le prix était d'environ 114. Je commençai aussi à acheter United States Steel à environ un prix similaire. J'avais acheté les 20.000 actions le premier jour parce qu'elles s'étaient justement bien comportées. Je suivis alors la méthode décrite précédemment.

L'acier continua à se comporter correctement et je continuai donc à l'accumuler jusqu'à détenir 72 000 actions en tout. Mais mes avoirs en Utah Copper se résumaient à mon achat initial. Je ne dépassai jamais les 5000 actions. Son comportement ne m'avait pas encouragé à en faire plus.

Tout le monde savait ce qui s'était passé. Nous avions eu un grand mouvement haussier. Je savais que le marché allait monter. Les conditions générales étaient favorables. Même après que les actions aient considérablement augmenté et que mon profit sur papier ne soit pas à dédaigner, la bande continuait de claironner : pas encore ! Pas encore ! En arrivant à Washington, la bande me disait encore cela. Bien sûr, je n'avais pas l'intention d'augmenter ma ligne à cette heure tardive, bien que je sois toujours haussier. En même temps, le marché allait clairement dans mon sens et il n'y avait aucune raison pour moi de m'asseoir devant un tableau de cotation toute la journée, dans l'espoir de recevoir un conseil m'incitant à sortir. Avant que l'appel à la clôture ne retentisse, à moins d'une catastrophe tout à fait inattendue, bien sûr, le marché hésiterait ou me préparerait d'une autre manière à un renversement de la tendance spéculative. C'était la raison pour laquelle j'avais continué allègrement mes affaires avec mon député.

Dans le même temps, les prix continuaient à augmenter et cela signifiait que la fin du marché haussier approchait à grands pas. Je n'avais pas cherché la fin à une quelconque date fixe. C'était une chose que je n'étais pas en mesure de déterminer. Je n'ai pas besoin de vous dire que j'étais à l'affût du signal d'alarme. Je le suis toujours, de toute façon. C'était devenu une question d'habitude pour moi.

Je ne peux le jurer, mais je soupçonne que la veille de ma vente, le fait de voir les prix élevés m'avait fait penser à l'ampleur de mon bénéfice sur le papier ainsi qu'à la ligne que je suivais et, plus tard, à mes vains efforts pour inciter nos législateurs à traiter équitablement et intelligemment Wall Street. C'est probablement de cette manière et à ce moment-là que la graine fut semée en moi. Mon subconscient y travailla toute la nuit. Le matin même, je pensais au marché et commençais à me demander comment il allait se comporter ce jour-là. Quand je descendis au bureau, je ne vis pas tant que les prix étaient encore plus élevés et que j'avais un bénéfice satisfaisant, mais plutôt qu'il y avait un grand marché avec un énorme pouvoir d'absorption. Je pouvais vendre n'importe quelle quantité d'actions sur ce marché, et bien évidemment, lorsqu'un individu est en possession de sa ligne entière, il doit être à l'affût d'une occasion de transformer son profit sur papier en profit réel. Il doit essayer de perdre le moins de profit possible lors de l'échange. L'expérience m'avait appris qu'un homme peut toujours trouver une occasion de transformer ses bénéfices en argent réel et que cette occasion se présente généralement à la fin du mouvement. Ce n'est en aucun cas de la lecture de bande ou une intuition.

Bien sûr, lorsque j'avais trouvé ce matin-là un marché dans lequel je pouvais vendre toutes mes actions sans aucun problème, je l'avais fait sans hésitation. Lorsque vous vendez, il n'est pas plus sage ou plus courageux de vendre cinquante actions que cinquante mille ; mais cinquante actions que vous pouvez vendre sur le marché le plus terne sans en casser le prix et cinquante mille actions d'un même titre, est une proposition bien différente. J'avais soixante-douze mille actions de U.S. Steel. Cela peut ne pas sembler être une ligne colossale, mais vous ne pouvez pas toujours vendre autant sans perdre une partie de ce profit qui semble si beau sur le papier lorsque calculé et qui fait aussi mal à perdre que si vous l'aviez en sécurité à la banque.

J'avais un profit total d'environ 1.500.000$ et je l'avais encaissé pendant que la saisie était bonne. Mais ce n'était pas la raison principale pour laquelle je pensais avoir fait la bonne chose en vendant au moment où je l'avais fait. Le marché me l'avait prouvé et cela avait été une source de satisfaction pour moi. C'était de la façon suivante : j'avais réussi à vendre la totalité de ma gamme de soixante-douze mille actions de U.S. Steel à un prix qui m'avait fait perdre en moyenne un point par rapport au sommet de la journée et du mouvement. Cela prouva que j'avais raison, à la minute près. Mais quand, à la même heure du même jour, je vins pour vendre mes 5000 actions d'Utah Copper, le prix chuta de cinq points. Rappelez-vous que j'avais commencé à acheter les deux actions au même moment et que j'avais agi sagement en augmentant ma ligne de U.S. Steel de 20 000 à 72 000, et tout aussi sagement en n'augmentant pas ma ligne d'Utah de 5000 actions à l'origine. La raison pour laquelle je n'avais pas vendu mon Utah Copper avant était ma tendance baissière sur le cuivre, ajoutez à cela le fait que c'était un marché haussier pour les actions et je ne pensais pas que l'Utah me ferait beaucoup de mal, bien qu'il ne me fasse pas non plus le plus grand bien. Mais en ce qui concerne mes intuitions, il n'y en avait pas.

La formation d'un trader en bourse est semblable à une formation médicale. Le médecin doit passer de longues années à apprendre l'anatomie, la physiologie, le materia medica et des sujets collatéraux par douzaine. Il apprend la théorie puis consacre sa vie à la pratique. Il observe et classifie toutes sortes de phénomènes pathologiques. Il apprend à poser un diagnostic. Si son diagnostic est correct, et cela dépend de l'exactitude de son observation, il devrait en tirer un bon pronostic, en gardant toujours à l'esprit, bien sûr, que la faillibilité humaine et l'imprévu absolu l'empêcheront d'obtenir un score de 100%. Et puis, au fur et à mesure qu'il acquiert de l'expérience, il apprend non seulement à faire la bonne chose, mais aussi à la faire instantanément, de sorte que beaucoup de gens penseront qu'il le fait instinctivement. Ce n'est pas vraiment de l'automatisme. C'est qu'il a diagnostiqué le cas en fonction de ses observations de tels cas pendant de nombreuses années ; et, naturellement, après l'avoir diagnostiqué, il ne peut que le traiter de la manière dont l'expérience lui avait indiqué le traitement approprié. Vous pouvez transmettre des connaissances, c'est-à-dire votre collection particulière de faits indexés sur une carte, mais pas votre expérience. Un homme peut savoir ce qu'il faut faire et perdre de l'argent, s'il ne le fait pas assez rapidement.

L'observation, l'expérience, la mémoire et les mathématiques, voilà ce sur quoi doit compter le trader couronné de succès. Il doit non seulement observer avec précision, mais aussi se souvenir à tout moment de ce qu'il a observé. Il ne peut pas parier sur le déraisonnable ou l'inattendu, quelle que soit la force de ses convictions personnelles sur le caractère déraisonnable de l'homme ou qu'il soit certain que l'inattendu se produise très fréquemment. Il doit toujours parier sur les probabilités, c'est-à-dire essayer de les anticiper. Des années de pratique du jeu, d'étude constante, de mémoire permanente, permettent au trader d'agir à l'instant même où l'inattendu se produit, ainsi que lorsque l'attendu se réalise.

Un homme peut avoir une grande capacité mathématique et un pouvoir inhabituel d'observation précise et pourtant échouer dans la spéculation à moins qu'il ne possède aussi l'expérience et la mémoire. Dès lors, tout comme le médecin qui se tient au courant des progrès de la science, le trader avisé ne cesse jamais d'étudier les conditions générales et de suivre les développements susceptibles d'affecter ou d'influencer le cours des différents marchés. Après des années de pratique, il prend l'habitude de se tenir au courant. Il agit presque automatiquement. Il a besoin de l'inestimable attitude professionnelle qui lui permet de battre le jeu, parfois ! On ne saurait trop insister sur cette différence entre le professionnel et l'amateur ou le trader occasionnel. Je trouve, par exemple, que la mémoire et les mathématiques m'aident considérablement. Wall Street gagne son argent sur une base mathématique. Je veux dire par là que son argent est gagné en traitant avec des faits et des chiffres.

Lorsque j'avais dit qu'un trader doit se tenir au courant à la minute près et qu'il doit adopter une attitude purement professionnelle à l'égard de tous les marchés et de toutes les évolutions, je voulais simplement souligner à nouveau que les intuitions et le mystérieux sens du téléscripteur n'ont pas grand-chose à voir avec le succès. Bien sûr, il arrive souvent qu'un trader expérimenté agisse si rapidement qu'il n'a pas le temps de donner toutes ses raisons à l'avance, mais ce sont néanmoins des raisons bonnes et suffisantes, car elles sont basées sur des faits recueillis par lui-même au cours de ses années de travail, de réflexion et de vision des choses du point de vue du professionnel, pour qui tout se produit pour une raison. Permettez-moi d'illustrer ce que j'entends par attitude professionnelle.

Je suis les marchés des matières premières, et ce, depuis toujours. C'est une habitude datant de plusieurs années. Comme vous le savez, les rapports du gouvernement indiquaient une récolte de blé d'hiver à peu près identique à celle de l'an dernier et une plus grande récolte de blé de printemps qu'en 1921. La condition était bien meilleure et nous aurions probablement une récolte plus précoce que d'habitude. Lorsque je reçus les chiffres sur l'état des cultures et sur la récolte, je vis ce à quoi nous pouvions nous attendre en termes de rendement (des mathématiques), je pensai immédiatement aussi à la grève des mineurs de charbon et à celle des cheminots. Je ne pouvais m'empêcher d'y penser parce que mon esprit pense toujours à tous les événements ayant une incidence sur les marchés. J'avais instantanément deviné que la grève, qui avait déjà affecté le transport des marchandises, devait avoir une incidence négative sur les prix du blé. Je m'étais dit ceci : il y avait forcément un retard considérable dans l'acheminement du blé d'hiver sur le marché à cause des moyens de transport paralysés par la grève, et le temps que cela s'améliore, la récolte de blé de printemps serait prête à être à transporter. Cela signifiait que lorsque les chemins de fer seraient en mesure d'acheminer le blé en quantité, ils achemineraient les deux récoltes en même temps : le blé d'hiver retardé et le blé de printemps précoce, ce qui signifiait une grande quantité de blé se déversant sur le marché d'un seul coup. Face à ces faits, des probabilités évidentes, les traders, qui savaient et calculaient comme moi, n'achèteraient pas de blé pendant un certain temps. Ils n'auraient pas envie d'en acheter à moins que le prix ne baisse à un niveau faisant de l'achat de blé un bon investissement. Sans pouvoir d'achat sur le marché, le prix devrait baisser. En pensant comme je le faisais, je devais déterminer si j'avais raison ou non. Comme le vieux Pat Hearne avait l'habitude de le dire, "On ne peut savoir avant d'avoir parié". Entre être baissier et vendre, il n'y a pas besoin voie perdre du temps.

L'expérience m'avait appris que le comportement d'un marché est un excellent guide à suivre pour un opérateur. C'est comme prendre la température et le pouls d'un patient ou de noter la couleur des globes oculaires et l'enrobage de la langue.

Normalement, un homme devrait être capable d'acheter ou de vendre un million de boisseaux de blé dans une fourchette de ¼ de centimes. Ce jour-là, quand je vendis les 250 000 boisseaux

pour tester l'opportunité du marché, le prix baissa de ¼ centimes. Puis, comme la réaction ne me fournissait pas tout ce que je voulais savoir, je vendis un autre quart de millions de boisseaux. Je remarquai qu'il avait été acheté par lots de 10.000 ou 15.000 boisseaux au lieu de deux ou trois transactions, comme cela aurait été le cas normalement. En plus de l'achat homéopathique, le prix baissa de 1¼ centimes sur ma vente. À présent, je n'avais pas besoin de perdre mon temps à souligner que la façon dont le marché avait pris mon blé et la baisse disproportionnée de mes ventes, m'avaient montré qu'il n'y avait pas de pouvoir d'achat. Dans ce cas, quelle était la seule chose à faire ? Bien sûr, vendre beaucoup plus. Suivre les dictats de l'expérience peut éventuellement vous tromper, de temps en temps. Mais ne pas les suivre vous rend invariablement idiot. Je vendis donc 2.000.000 de boisseaux et le prix baissa davantage. Quelques jours plus tard, le comportement du marché m'obligea pratiquement à vendre 2 millions de boisseaux supplémentaires, faisant encore baisser le prix; puis quelques jours plus tard, le blé a commencé à se casser la figure et chuta de 6 centimes par boisseau. Et cela ne s'arrêta pas là. Il n'avait cessé de baisser, avec des reprises de courte durée.

Je n'avais pas suivi une intuition. Personne ne m'avait donné de tuyau. C'était mon habitude

ou attitude mentale professionnelle envers les marchés des matières premières qui me permit de faire des profits, et cette attitude est le fruit de mes années dans ce métier. J'étudie parce que mon métier est le trading. Au moment où l'enregistrement m'indiqua que j'étais sur la bonne voie, mon devoir professionnel était d'augmenter ma ligne. C'est ce que je fis d'ailleurs. C'est tout ce qu'il y avait à faire.

J'avais découvert que l'expérience est un payeur de dividendes régulier dans ce jeu et que l'observation vous donne les meilleurs conseils de tous. Le comportement d'une certaine action est tout ce dont vous avez besoin parfois. Vous l'observez. Puis l'expérience vous montre comment profiter des variations par rapport à l'habituel, c'est-à-dire, de ce qui est probable. Par exemple, nous savons que toutes les actions n'évoluent pas dans le même sens, mais que toutes les actions d'un groupe vont évoluer à la hausse dans un marché haussier et à la baisse dans un marché baissier. C'est une croyance commune de la spéculation. C'est le plus commun de tous les conseils que l'on se donne à soi-même. Les maisons de commission le savent bien et le transmettent à tout client n'y ayant pas pensé lui-même ; je veux parler ici du conseil de négocier les actions ayant pris du retard par rapport aux autres du même groupe. Ainsi, si U.S. Steel monte, on suppose logiquement que ce n'est qu'une question de temps avant que Crucible, Republic ou Bethlehem en fassent de même. Les conditions et les perspectives commerciales devraient fonctionner de la même manière pour toutes les actions d'un groupe et la prospérité devrait être partagée par tous. Selon la théorie, corroborée par l'expérience à maintes reprises, que chacun a son propre jour sur le marché, le public achètera A.B. Steel puisqu'elle n'a pas progressé, alors que C.D. Steel et X.Y. Steel auront augmenté.

Je n'achète jamais une action même dans un marché haussier, si elle ne se comporte pas comme elle se doit dans ce type de marché. Il m'est arrivé d'acheter une action pendant un marché haussier incontestable et d'avoir découvert que d'autres actions du même groupe ne se comportaient pas de manière haussière, me poussant alors à vendre mes actions. Pourquoi ? L'expérience me dit qu'il n'est pas sage d'aller à l'encontre de ce que j'appelle la tendance manifeste du groupe. Je ne peux pas m'attendre à uniquement jouer des certitudes. Je dois compter sur les probabilités et les anticiper. Un vieux courtier m'avait un jour dit : « Si je suis en train de marcher le long d'une voie de chemin de fer et que je vois un train arriver vers moi à 60 miles à l'heure, dois-je continuer à marcher sur lès rails ? Mon ami, je m'écarte. Et je ne me félicite même pas pour avoir été si sage et prudent ».

L'année dernière, après que le mouvement haussier général ait été bien engagé, j'avais remarqué qu'une action d'un certain groupe ne suivait pas le reste du groupe, alors que celui-ci, avec cette exception suivait le reste du marché. J'étais en position longue sur Blackwood Motors. Tout le monde savait que la société faisait une très grosse affaire. Le prix augmentait d'un à trois points par jour et le public accourrait de plus en plus. Cela centra naturellement l'attention sur le groupe de sorte que toutes les actions automobiles commencèrent à monter. Cependant, l'une d'entre elles, Chester, resta en retrait. Elle demeura à la traîne derrière les autres, si bien qu'il ne fallut pas longtemps pour qu'elle fasse parler d'elle. Le faible prix de Chester et son apathie contrastaient avec la force et l'activité de Blackwood et des autres actions automobiles. Le public écouta logiquement les rabatteurs et les conseillers puis commença à acheter du Chester sur la théorie qu'il devrait bientôt monter avec le reste du groupe.

Au lieu d'aller de l'avant avec cet achat public modéré, Chester avait en fait décliné. Maintenant, cela n'aurait pas été un problème que de le faire monter dans ce marché haussier, considérant que Blackwood, une action du même groupe, était l'une des leaders sensationnels de la progression générale et nous n'entendions parler que la merveilleuse amélioration de la demande d'automobiles de toutes sortes et de la production record.

Il était donc clair que le groupe interne de Chester ne faisait aucune des choses que les groupes internes font invariablement dans un marché haussier. Pour cette incapacité à faire les choses habituelles, il peut y avoir deux raisons. Il est possible que les initiés ne l'aient pas mis en vente parce qu'ils souhaitaient accumuler plus d'actions avant de faire monter le prix. Mais c'était une théorie indéfendable si vous analysiez le volume et le caractère de la négociation de Chester. L'autre raison est qu'ils ne l'avaient pas fait parce qu'ils avaient peur d'obtenir des actions s'ils essayaient de le faire.

Quand les hommes qui devraient vouloir une action ne la veulent pas, pourquoi devrais-je la vouloir à mon tour ? Je m'étais dit que, quelle que soit la prospérité des autres entreprises automobiles, c'était un jeu d'enfant de vendre Chester à découvert. L'expérience m'avait appris à me méfier de l'achat d'une action qui refuse de suivre le leader du groupe.

J'avais facilement établi le fait que non seulement il n'y avait pas d'achat interne, mais qu'il y avait en fait une vente interne. Il y avait d'autres avertissements symptomatiques contre l'achat de Chester, bien que tout ce dont j'avais besoin soit son comportement incohérent sur le marché. C'est encore une fois la bande qui me mit la puce à l'oreille et c'est pourquoi je vendis Chester à découvert. Un jour, pas très longtemps après, l'action explosa. Plus tard, nous apprîmes, officiellement, que les initiés avaient en effet vendu l'action, sachant très bien que la situation de l'entreprise n'était pas bonne. La raison, comme d'habitude, avait été révélée après la pause. Mais l'avertissement était arrivé avant celle-ci. Or, je ne fais pas attention aux pauses, je fais attention aux avertissements. Je ne savais pas quel était le problème avec Chester ; je n'avais pas non plus suivi une intuition. Je savais simplement que quelque chose ne tournait pas rond.

Pas plus tard que l'autre jour, nous eûmes ce que les journaux appelaient un mouvement sensationnel dans l'or de Guyane. Après avoir été vendu sur le trottoir à 50 ou presque, il fut coté en bourse. Il débuta à environ 35, puis commença à baisser et finalement, chuta de 20.

Dans les faits, je n'aurais jamais prédit cette pause sensationnelle, car c'était tout à fait attendu. Si vous l'aviez demandé, vous auriez pu apprendre l'histoire de l'entreprise. Des tas de gens la connaissaient. On me l'avait raconté comme suit : un syndicat avait été formé, composé d'une demi-douzaine de capitalistes extrêmement connus et issus d'un important établissement banquier. L'un des membres était le chef de la Belle Isle Exploration Company, qui avait avancé à la Guyane plus de 10 000 000$ en espèces et reçu en retour des obligations ainsi que 250.000 actions sur un total d'un million d'actions de la Guiana Gold Mining Company. L'action fut distribuée sous forme de dividendes et fit l'objet d'une très bonne publicité. Les gens de Belle-Isle pensèrent qu'il était bon d'encaisser et contactèrent les banquiers à propos de leurs 250.000 actions, ces derniers s'arrangèrent pour essayer de commercialiser ces actions et certaines de leurs propres participations. Ils pensèrent à confier la manipulation du marché à un professionnel dont les honoraires devaient être un tiers des bénéfices de la vente des 250.000 actions au-dessus de 36. Je crois savoir que l'accord était rédigé et prêt à être signé, mais au dernier moment les banquiers décidèrent d'entreprendre la commercialisation eux-mêmes et d'économiser les frais. Ils organisèrent donc un pool interne. Les banquiers avaient reçu un appel sur les avoirs de Belle Isle de 250.000 à 36. Ils placèrent cela à 41. Cela signifiait que les initiés avaient payé leurs propres collègues banquiers un profit de 5 points pour commencer. J'ignore s'ils le savaient ou pas.

Il est parfaitement clair que pour les banquiers l'opération avait toute l'apparence d'un jeu d'enfant. Nous étions entrés dans un marché haussier et les actions de groupe auquel appartenait Guiana Gold étaient parmi les leaders du marché. La société faisait de gros bénéfices et versait régulièrement des dividendes. Cela, ajouté à la bonne réputation des sponsors, fit en sorte que le public considéra la Guyane presque comme une valeur d'investissement. On m'avait dit qu'environ 400.000 actions avaient été vendues au public jusqu'à 47.

Le groupe d'or était très fort. Mais à présent, la Guyane commençait à s'affaisser. Elle perdit dix points. Ce n'était pas grave si le groupe commercialisait des actions. Mais assez rapidement, la bourse commença à entendre que les choses n'étaient pas tout à fait satisfaisantes et que la propriété ne répondait pas aux attentes élevées des promoteurs. Puis, bien sûr, la raison de ce déclin devint évidente. Mais avant même que la raison ne soit connue, j'avais perçu l'avertissement et avais pris des mesures pour tester le marché de la Guyane. L'action se comportait à peu près comme Chester Motors. Je vendis Guiana. Le prix baissa. J'en vendis d'autres. Le prix baissa davantage. L'action répétait la performance de Chester et d'une douzaine d'autres actions dont je me souvenais de l'histoire clinique. La bande me disait clairement que quelque chose clochait, empêchant les initiés de l'acheter, des initiés qui savaient exactement pourquoi ils ne devaient pas acheter leurs propres actions dans un marché haussier. D'autre part, les outsiders, qui l'ignoraient, achetaient maintenant parce qu'ayant vendu à 45 et plus, l'action semblait bon marché à 35 et moins. Le dividende était toujours versé. L'action était une bonne affaire.

Puis la nouvelle arriva. Elle m'atteignit, comme le font souvent les nouvelles importantes du marché, avant qu'elles ne soient connues du public. Mais la confirmation des rapports expliquant avoir trouvé une roche stérile au lieu d'un riche minerai me donna simplement la raison de la vente interne antérieure. Je n'avais moi-même pas attendu la nouvelle pour vendre. J'avais vendu bien avant, me basant sur le comportement de l'action. Mon inquiétude à ce sujet n'était guère philosophique. Je suis un trader et j'avais donc cherché un signe : un achat interne. Il n'y en avait pas. Je n'avais pas besoin de savoir pourquoi les initiés n'avaient pas assez d'estime pour leurs propres actions pour les acheter à la baisse. Il suffisait que leurs plans de marché ne prévoient pas de nouvelles manipulations à la hausse. C'était donc facile de vendre l'action à découvert. Le public avait acheté près d'un demi-million d'actions et le seul changement de propriété possible était celui d'un groupe d'étrangers ignorants qui vendaient dans l'espoir d'arrêter les pertes à un autre groupe d'ignorants qui pourraient acheter dans l'espoir de faire de l'argent.

Je ne dis pas cela pour vous faire la morale à propos des pertes subies par le public en achetant Guyane, ni sur mon profit en la vendant, mais pour souligner à quel point l'étude du comportement de groupe est importante et combien ses leçons sont ignorées par les traders mal équipés, grands et petits. Et ce n'est pas seulement sur le marché boursier que la bande vous avertit. Elle siffle tout aussi fort pour les matières premières.

J'avais vécu une expérience intéressante avec le coton. J'étais baissier sur les actions et avais mis en place une ligne courte modérée. Au même moment, j'avais vendu du coton à découvert ; 50 000 unités. Mon opération sur les actions s'avéra rentable et je négligeai mon coton. La première chose que je sus, c'est que j'avais une perte de 250.000 $ sur mes 50.000. Comme je l'avais dit, mes actions étaient si intéressantes et je m'en sortais si bien que je ne voulais pas y penser. Chaque fois que je le faisais, je me disais simplement : « Je vais attendre une réaction et couvrir ». Le prix réagissait un peu, mais avant que je puisse décider de prendre ma perte et de couvrir, le prix se redressait et montait plus haut que jamais. Alors je décidai à nouveau d'attendre un peu et retournais à mon affaire d'actions pour concentrer mon attention sur cette transaction. Finalement, je vendis mes actions avec un très bon profit et partis à Hot Springs pour me reposer et prendre des vacances.

C'était véritablement la première fois que j'avais l'esprit libre pour faire face au problème de mon opération perdante sur le coton. Le marché s'était retourné contre moi. À certains moments, il semblait presque que je pouvais gagner. J'avais remarqué que chaque fois que quelqu'un vendait beaucoup, il y avait une bonne réaction. Mais quasi instantanément, le prix se redressait et atteignait un nouveau sommet.

Finalement, alors que j'étais à Hot Springs depuis quelques jours, j'atteignis un million de dollars sans aucun ralentissement de la tendance à la hausse. Je pensais à tout ce que j'avais fait et n'avais pas fait puis je me dis

: « Je dois forcément me tromper ! ». Pour moi, sentir que j'avais tort et décider d'en sortir sont pratiquement un seul et même processus. J'ai donc couvert, avec une perte d'environ un million.

Le lendemain matin, je jouais au golf et ne pensais à rien d'autre. J'avais fait mon jeu dans le coton. J'avais eu tort. J'avais payé pour avoir eu tort et la facture acquittée était dans ma poche. Je n'avais pas plus d'intérêt pour le marché du coton que je ne l'avais en ce moment. Lorsque je retournai à l'hôtel pour le déjeuner, je m'arrêtai au bureau du courtier et jetai un coup d'œil aux cotations. Je vis que le coton avait perdu 50 points. Ce n'était rien. Mais je remarquai aussi qu'il ne s'était pas repris comme il avait l'habitude de le faire depuis des semaines, dès que la pression de la vente particulière qui l'avait déprimé se relâcha. Cela avait indiqué que la ligne de moindre résistance était ascendante et cela m'avait coûté un million de dollars pour fermer les yeux sur cette ligne.

Désormais, toutefois, la raison qui m'avait fait couvrir à une grosse perte n'était plus une bonne raison, puisqu'il n'y avait pas eu la reprise rapide et vigoureuse habituelle. Je vendis donc 10 000 unités et attendis. Très vite, le marché perdit 50 points. J'attendis un peu plus longtemps. Il n'y avait toujours pas de reprise. J'avais assez faim à présent, alors je me rendis dans la salle à manger et commandai mon déjeuner. Avant que le serveur ne puisse le servir, je me levai d'un bond, courus vers le bureau du courtier, vis qu'il n'y avait pas eu de reprise et vendis donc 10.000 unités de plus. J'attendis un peu et eut le plaisir de voir le prix baisser de 40 points supplémentaires. Cela me prouva que je négociais correctement. Je retournai donc à la salle à manger, pris mon déjeuner et retournai chez le courtier. Il n'y eut pas de reprise du coton ce jour-là. Le soir même, je quittai Hot Springs.

C'était très bien de jouer au golf, mais j'avais eu tort de vendre et de couvrir le coton au moment où je l'avais fait. Je devais donc simplement me remettre au travail et être présent là où je pourrais négocier confortablement. La façon dont le marché prit mes dix mille premières unités m'avait fait vendre les dix mille suivantes et la façon dont le marché prit la seconde dizaine de milliers me rendit certain que le tournant était arrivé. C'était la fameuse différence de comportement.

Eh bien, j'atteignis Washington et allai au bureau de mes courtiers là-bas, qui étaient en charge de mon vieil ami Tucker. Pendant que j'étais là, le marché baissa un peu plus. J'étais plus sûr d'avoir raison maintenant que je l'avais été d'avoir tort auparavant. Je vendis donc 40 000 unités et le marché chuta de 75 points. Cela montra qu'il n'y avait pas de soutien. Cette nuit-là, le marché clôtura encore plus bas. L'ancien pouvoir d'achat avait manifestement disparu. Il était impossible de dire à quel niveau ce pouvoir se développerait à nouveau, mais je me sentais confiant dans la sagesse de ma position. Le lendemain matin, je quittai Washington pour New York en voiture. Nul besoin de se presser.

En arrivant à Philadelphie, je m'étais rendu au bureau d'un courtier. Je vis qu'il y avait de quoi payer sur le marché du coton. Les prix s'étaient effondrés et il y avait une petite panique. Je n'attendis pas d'arriver à New York. J'appelai mes courtiers malgré la longue distance et je couvris mes courts-circuits. Dès que j'eus mes rapports et que je constatai que j'avais pratiquement récupéré ma perte précédente, je roulai jusqu'à New York sans avoir à m'arrêter en route pour voir d'autres cotations.

Des amis qui étaient avec moi à Hot Springs racontent, aujourd'hui encore, la façon dont j'avais sauté de la table du déjeuner pour vendre ce deuxième lot de 10 000 unités. Mais encore une fois, ce n'était clairement pas une intuition. C'était une impulsion qui venait de la conviction que le moment de vendre du coton était maintenant arrivé, quelle que soit l'importance de mon erreur précédente. Je devais en profiter. C'était ma chance. L'esprit subconscient avait probablement continué à travailler, tirant des conclusions pour moi. La décision de vendre à Washington était le résultat de mon observation. Mes années d'expérience dans le trading m'avaient appris que la ligne de moindre résistance était passée de la hausse à la baisse.

Je n'en voulais pas au marché du coton de m'avoir pris un million de dollars et je ne me suis pas plus détesté pour avoir fait une erreur de ce calibre que je ne me sentais fier d'avoir couvert à Philadelphie et d'avoir compensé ma perte. Mon esprit de trader se préoccupe des problèmes de trader et je pense que je suis en position d'affirmer que j'avais compensé ma première perte, car j'avais l'expérience et la mémoire.

Chapitre 18 : Mes affaires au Tropical Trading

L'histoire se répète encore et encore à Wall Street. Vous souvenez-vous de l'histoire que je vous avais raconté au sujet de la vente à découvert que j'avais mise en place lorsque Stratton s'est retrouvé bloqué ? Eh bien, j'ai utilisé pratiquement la même tactique sur le marché boursier. Cette action était celle de Tropical Trading. Je me suis fait de l'argent en la défendant, mais aussi en la supportant. Il s'agissait d'un stock toujours actif, mais aussi l'un des favoris des traders les plus aventureux. La coterie interne a été accusée à maintes et maintes reprises par les journaux d'être davantage préoccupés par les fluctuations du stock qu'à son investissement permanent. L'autre jour, l'un des courtiers les plus compétents que je connaisse a affirmé que même Daniel Drew à Erie ou H. O. Havemeyer à Sugar n'ont pas réussi à développer une méthode aussi parfaite pour traire le marché d'une action que celle que le Président Mulligan et ses amis ont utilisée dans Tropical Trading. Plusieurs fois, ils ont encouragé les baissiers à vendre à Tropical Trading alors qu'ils étaient à découvert et ont ensuite procédé à leur écrasement avec une minutie digne d'une entreprise. Il n'y avait pas plus de représailles avec cette méthode semblable à la compression d'une presse hydraulique – que de délicatesse d'ailleurs.

Bien sûr, il y a eu des gens qui ont parlé de certains « incidents peu recommandables » dans la carrière boursière de l'action Tropical Trading. Mais, si j'ose dire, ces critiques souffraient de cette compression. Pourquoi les négociants en salle, qui ont si souvent souffert des dés pipés des initiés, continuent-ils de s'opposer au jeu ? Ce qui est sûr, c'est qu'ils aiment les actions qu'ils obtiennent certainement dans Tropical Trading. Pas de périodes d'ennuis prolongées. Aucune raison ne vous était demandée ou à donner. Pas perte de temps. Pas de patience mise à rude épreuve en attendant que le mouvement de bascule commence. Il y avait toujours assez d'actions pour tout le monde sauf quand l'intérêt à court terme est assez important pour que la rareté en vaille la peine. Une personne naît chaque minute !

Cela m'est déjà arrivé lors de mes vacances d'hiver habituelles en Floride. J'étais en train de me détendre et de pêcher sans penser au marché boursier sauf lorsque nous recevions le journal. Un matin, quand le courrier semi-hebdomadaire arriva, je regardai les cotations des actions et je vis que Tropical Trading se vendait à 155. La dernière fois que j'avais vu une cotation dans le Tropical Trading, elle était autour de 140. Si je me fiais à mon opinion, nous entrions dans un marché baissier et j'attendais mon heure avant de vendre à découvert des actions. Mais il n'y avait pas de quoi se précipiter. C'est pourquoi j'étais en train de pêcher, loin des téléscripteurs. Je savais que je serais de retour chez moi quand les choses deviendraient sérieuses. En attendant, rien de ce que j'ai pu faire ou omis de faire ne pouvait accélérer les choses.

La manière dont se comportait le Tropical Trading était un des aspects les plus remarquables du marché, d'après les journaux que j'avais reçus ce matin-là. Il m'a servi à cristalliser ma tendance baissière générale, car je trouvais cela particulièrement bête que les plus initiés fassent monter les prix du TT face à la lourdeur de la liste générale. Il y avait des moments où le processus de traite devait être suspendu. Ce qui était exceptionnel était rarement lié à un facteur souhaitable dans les calculs d'un négociant et il m'a semblé que le marquage de cette action était une erreur capitale. Personne ne peut faire des gaffes de cette ampleur en toute impunité, pas sur le marché boursier.

Après avoir lu les journaux, je suis retourné pêcher en continuant à penser à ce que les initiés de Tropical Trading essayaient de faire. Qu'ils étaient voués à l'échec était aussi certain qu'un homme se fracasse s'il saute du toit d'un immeuble de vingt étages sans parachute. Je ne pouvais penser à rien d'autre, j'ai fini par renoncer à pêcher et j'ai envoyé un télégramme à mes courtiers pour vendre 2000 actions de TT au marché. Après cela, j'ai pu retourner à la pêche. Je me suis bien débrouillé.

Cet après-midi-là, j'ai reçu la réponse de mon télégramme par courrier spécial. Mes courtiers ont rapporté qu'ils avaient vendu les 2000 actions de Tropical Trading à 153. Jusqu'ici tout allait bien. Je vendais, comme il se doit, à découvert sur un marché en baisse. Mais je ne pouvais plus pêcher maintenant. J'étais trop loin du tableau de cotation. J'ai découvert cela après avoir commencé à penser à toutes les raisons pour lesquelles Tropical

Trading devrait baisser avec le reste du marché au lieu de monter grâce à des manipulations internes. J'ai donc quitté mon camp de pêche et suis retourné à Palm Beach, ou, plutôt, au fil direct vers New York.

Dès que je suis arrivé à Palm Beach et que j'ai vu ce que les initiés égarés essayaient encore de faire, je leur ai laissé un deuxième lot de 2000 TT. Une fois le rapport de retour, j'ai vendu 2000 autres actions. Le marché se comporta comme prévu. C'est-à-dire qu'il a baissé lors de ma vente. Tout étant satisfaisant, je suis sorti et j'ai fait un tour de chaise. Mais je n'étais pas satisfait. Plus je réfléchissais, plus je me sentais malheureux de penser que je n'avais pas vendu plus. Alors je suis retourné au bureau du courtier et j'ai vendu 2000 autres actions.

Je n'étais apaisé que lorsque je vendais ces actions. Actuellement, j'étais à court de 10.000 actions. Puis j'ai décidé de retourner à New York. J'avais des affaires à faire maintenant. Ma pêche, je la ferais une autre fois.

Quand je suis arrivé à New York, je me suis donné pour objectif de récolter des informations sur les affaires de la société, actuelles et futures. Ce que j'ai appris a renforcé ma conviction que les initiés avaient été plus qu'imprudents en faisant monter le prix à un moment où une telle avance n'était justifiée, ni par le ton du marché général, ni par les bénéfices de la société.

La hausse, aussi illogique et inopportune qu'elle ait été, avait développé une certaine popularité auprès du public, ce qui a sans aucun doute encouragé les initiés à prendre des risques. J'ai donc vendu plus d'actions. Les initiés ont cessé leur sottise. Alors j'ai testé le marché encore et encore, conformément à mes méthodes de négociation, jusqu'à ce que finalement je sois à court de 30.000 des actions de la Tropical Trading Company. Le prix était alors de 133.

J'avais été prévenu que les initiés de TT savaient exactement où se trouvaient chaque certificat d'action, leurs dimensions précises, l'identité des intérêts à découvert ainsi que d'autres faits d'importance tactique. C'étaient des hommes compétents et des traders avisés. Dans l'ensemble, c'était une combinaison dangereuse à affronter. Mais les faits sont les faits, et le plus fort de tous les alliés reste les qualifications.

Bien sûr, en descendant de 153 à 133, les intérêts à court terme ont augmenté et le public qui achetait en fonction des fluctuations du marché, a commencé à s'agiter, comme d'habitude. Cette action avait été considérée comme un bon achat à 153 et plus. Maintenant, avec 20 points plus bas, elle était nécessairement un bien meilleur achat. Même action, même taux de dividende, mêmes dirigeants, même entreprise. Une bonne affaire !

Les achats du public ont réduit l'offre flottante et les initiés, sachant que beaucoup de négociants en bourse étaient à découvert, ont pensé que le moment était propice à un resserrement. Le prix a été comme prévu élevé à 150. Si j'ose dire, il y a eu beaucoup de coopérations sur le marché, mais je persistais. Pourquoi ne l'aurais-je pas fait après tout ? Les initiés pourraient savoir que des investissements au court terme de 30.000 actions n'avaient pas été pris, mais pourquoi cela m'effraierait-il ? Les raisons qui m'avaient poussé à vendre des actions à 153 et de continuer à le faire jusqu'à ce qu'elles atteignent 133, étaient toujours les mêmes et semblaient encore plus cohérentes qu'avant. Les initiés pouvaient toujours essayer de me forcer à investir, ils n'avaient pas d'arguments convaincants. Toutes les conditions étaient de mon côté. Il n'était pas difficile d'être à la fois intrépide et patient. Un spéculateur doit avoir foi en lui-même et en son jugement. Le regretté Dickson G. Watts, ex-président de la bourse du coton de New York Cotton Exchange et célèbre auteur de "Speculation as a Fine Art" (La spéculation comme art), dit que le courage chez un spéculateur est simplement la confiance d'agir selon la décision de son esprit. Avec moi, il n'y a aucune raison de craindre de se tromper, car je ne pense jamais avoir tort jusqu'à ce qu'on me prouve que j'ai tort. En fait, je suis mal à l'aise à moins de capitaliser mon expérience. L'évolution du marché à un moment donné ne me donne pas nécessairement tort. C'est le caractère de la progression - ou de la baisse - qui détermine pour moi la justesse ou la fausseté de ma position sur le marché. Je ne peux pas uniquement m'élever par la connaissance. Si je tombe, c'est à cause de mes propres erreurs.

Il n'y avait rien dans ce phénomène de reprise de 133 à 150 qui pouvait m'effrayer et me faire investir, et bientôt l'action, comme il fallait s'y attendre, repartit à la baisse. Elle a dépassé les 140 avant que la clique interne ne commence à lui apporter son soutien. Leurs achats ont coïncidé avec un flot de rumeurs optimistes sur l'action. La société, de ce que nous avions entendu, faisait des profits tout simplement fabuleux et des bénéfices qui justifiaient une augmentation du taux de dividende régulier. De plus, les intérêts à court terme devaient selon ces rumeurs, être énormes et la pression économique du siècle était sur le point de donner un grand coup au parti des baissiers de façon générale et, en particulier à un certain opérateur économique qui était plus que surdimensionné. Je ne pourrais pas réussir à vous dire tout ce que j'ai pu entendre comme rumeur lorsqu'ils faisaient monter le prix de 10 points.

La manipulation ne me semblait pas particulièrement risquée, mais lorsque le prix a atteint 149, j'ai décidé qu'il n'était pas sage de laisser les investisseurs considérés comme vraies toutes les déclarations que les haussiers faisaient circuler. Bien sûr, il n'y avait rien que moi ou n'importe quel autre outsider pouvions dire qui aurait pu convaincre les petits investisseurs effrayés ou ces clients crédules des maisons de commission qui négocient sur des ouï-dire. La réplique courtoise la plus efficace est celle que la bande seule pouvait imprimer. Les gens croiront cela alors qu'ils ne croiront pas une déclaration sous serment d'un homme vivant et encore moins d'un type qui est à découvert de 30.000 actions. J'ai donc utilisé la même tactique qu'à l'époque du Stratton. Encore l'expérience et la mémoire qui parle.

Quand les initiés ont fait grimper le prix de Tropical Trading dans le but d'effrayer les investisseurs, je n'ai pas essayé de vérifier la hausse en vendant cette action. J'étais déjà à court de 30.000 actions, ce qui représentait un grand pourcentage de l'offre flottante que j'ai jugé bon d'être à découvert. Je n'avais pas l'intention de mettre ma tête dans le nœud coulant qui m'était si gentiment tendu – suivre la deuxième vague était vraiment une invitation de toute urgence. Ce que j'ai fait quand TT a touché 149, c'est de vendre environ 10.000 actions de l'Equatorial Commercial Corporation. Cette société possédait un grand bloc de Tropical Trading.

Equatorial Commercial, qui n'était pas une action aussi active que TT, s'est effondrée lors de ma vente, comme je l'avais prévu et, bien sûr, mon objectif a été atteint. Lorsque les négociants - et les clients des maisons de commission qui avaient écouté le discours sans concession sur TT - ont vu que la hausse de Tropical était synchronisée avec une vente massive et une rupture brutale de l'Equatorial ils ont naturellement conclu que la force de TT était simplement une illusion ; une avance manipulée manifestement conçue pour faciliter la liquidation interne d'Equatorial Commercial, qui était le plus grand détenteur d'actions de TT. Il doit s'agir à la fois d'une action longue et d'une action interne d'Equatorial, parce qu'aucune personne extérieure ne rêverait de vendre autant d'actions courtes au moment même où Tropical Trading était si fort. Ils ont donc vendu Tropical Trading et ont vérifié la hausse de cette action, les initiés ne souhaitant pas prendre toutes les actions qui ont été mises en vente. Au moment où les initiés ont retiré leur soutien, le prix de TT a baissé. Les négociants et les principales maisons de commission ont alors vendu un peu de TT. L'Equatorial aussi et j'ai repris ma position d'investisseur sur ce titre avec un petit bénéfice. Je ne l'avais pas vendu pour faire de l'argent avec l'opération, mais pour contrôler la hausse du TT.

À maintes reprises, les initiés de Tropical Trading et leurs chefs publicitaires acharnés ont inondé Wall Street avec toutes sortes d'éléments haussiers et ont essayé de faire monter les prix. Et chaque fois qu'ils l'ont fait, j'ai vendu des actions d'Equatorial Commercial à découvert et l'ai couvert avec des actions de TT que j'ai remporté avec EC. Cela a coupé l'herbe sous le pied des manipulateurs de vente. Le prix du TT est finalement descendu à 125 et les intérêts à découvert ont tellement augmenté que les initiés ont pu le faire monter de 20 ou 25 points. Cette fois, il s'agissait d'un mouvement assez légitime contre un intérêt à découvert trop important ; mais bien que j'aie prévu cette deuxième vague, je ne comptais pas investir de peur de perdre ma position. Avant que l'Equatorial Commercial ne puisse progresser en même temps que TT, j'ai vendu un grand nombre de titres. Cela a mis un terme aux rumeurs sur les hausses de TT qui faisaient beaucoup de bruits depuis la dernière hausse sensationnelle.

À ce moment-là, le marché général était devenu assez faible. Comme je vous l'ai dit, c'est la conviction que nous étions dans un marché baissier qui m'a poussé à vendre TT à découvert dans mon camp de pêche en Floride. J'étais à découvert sur un certain nombre d'actions, mais TT était mon chouchou. Finalement, les conditions générales se sont avérées trop difficiles, pour les internes, à défier et TT a fait une grande chute. Il est passé sous les 120 pour la première fois depuis des années, puis en dessous de la barre des 110, et je n'ai toujours pu investir. Un jour où l'ensemble du marché était très faible et s'est brisé à 90 sur le marché financier, j'ai décidé d'investir. Toujours la même raison ! J'en avais l'opportunité - le grand marché, la faiblesse et l'excès de vendeurs par rapport aux acheteurs. Je peux même vous dire, au risque de paraître prétentieux et vantard de mon intelligence, que j'ai pris mes 30.000 actions de TT pratiquement aux prix les plus bas du mouvement. Mais je ne pensais pas à investir au plus bas. J'avais l'intention de transformer mes bénéfices sur papier en argent liquide sans perdre beaucoup de profit.

Je n'ai pas bougé parce que je savais que ma position était solide. Je n'allais pas à l'encontre de la tendance du marché ou des conditions de base, mais plutôt l'inverse et c'est ce qui m'a rendu si sûr de l'échec d'une clique interne trop confiante. Ce qu'ils essayaient de faire, d'autres l'avaient déjà fait avant et cela avait toujours échoué. Les fréquents rassemblements, même si je savais à quoi ils étaient dus, ne pouvaient pas m'effrayer. Je savais que je ferais beaucoup mieux en fin de compte en montrant patte blanche qu'en essayant d'investir pour mettre en place une nouvelle ligne courte à un prix plus élevé. En restant sur la position qui me semblait juste, j'ai gagné plus d'un million de dollars. Je n'étais pas redevable à des intuitions, à une lecture habile des bandes ou à un courage têtu. C'était un dividende déclaré par ma foi en mon jugement et non par mon intelligence ou par ma vanité. La connaissance est le pouvoir et le pouvoir n'a pas à craindre les mensonges - même lorsque la bande les imprime. La rétractation suit assez rapidement.

Un an plus tard, TT est remonté à 150 et s'est maintenu à ce niveau pendant quelques semaines. L'ensemble du marché semblait bien réagir, car il avait augmenté de façon ininterrompue et il n'y avait plus de tendance haussière. Je le sais parce que je l'ai testé. Maintenant, le groupe auquel TT appartenait souffrait de très mauvaises affaires et je ne voyais pas de raison de faire grimper ces actions de toute façon, même si le reste du marché devait connaître une hausse, ce qui n'était pas le cas. J'ai donc commencé à vendre Tropical Trading. J'avais l'intention de vendre 10.000 actions en tout. Le prix a cassé lors de ma vente. Je savais qu'il y aurait un quelconque soutien. Puis soudainement, le caractère de l'achat a changé.

Je n'essaie pas de me faire passer pour un magicien quand je vous assure que je pouvais prédire le moment où le soutien est arrivé. J'ai tout de suite compris que si les initiés de cette action, qui n'ont jamais ressenti une obligation morale de maintenir le prix, achetaient maintenant l'action face à un marché général en déclin, il devait y avoir une raison. Ils n'étaient pas des ânes ignorants ni des philanthropes ni encore des banquiers soucieux de maintenir le prix à la hausse pour vendre plus de titres au comptoir. Le prix a augmenté malgré mes ventes et celles des autres. À 153, j'ai couvert mes 10.000 actions et à 156, j'ai pris une position longue, car à ce moment-là, la bande m'a dit que la ligne de moindre résistance était à la hausse. J'étais baissier sur le marché général, mais j'ai été confronté à une condition de négociation d'une certaine action et non à une théorie spéculative en général. Le prix est passé de vue, au-dessus de 200. C'était la sensation de l'année. J'ai été flatté par des rapports parlés et imprimés qui disaient que j'avais été évincé de huit ou neuf millions de dollars. En fait, au lieu d'être à découvert, j'ai investi sur TT tout au long de l'année. En fait, j'ai tenu un peu trop longtemps et j'ai laissé s'échapper certains de mes bénéfices sur papier. Voulez-vous savoir pourquoi j'ai fait ça ? Parce que je pensais que les initiés de TT feraient naturellement ce que j'aurais fait si j'avais été à leur place. Mais c'est quelque chose qui ne m'avait pas traversé l'esprit parce que mon métier est de commercer - c'est-à-dire de m'en tenir aux faits qui me sont présentés et non à ce que je pense que les autres devraient faire.

Chapitre 19 : La manipulation, la clé de la réussite économique

Je ne sais pas quand ou par qui le mot "manipulation" a été utilisé pour la première fois dans un contexte relationnel alors qu'il ne s'agit en réalité que de procédés de marchandisage commun appliqués à la vente en gros de titres en Bourse. Truquer le marché pour faciliter l'achat à bas prix d'un titre que l'on souhaite accumuler est aussi une forme de manipulation. Mais elle est différente. Il n'est peut-être pas nécessaire de s'abaisser à des pratiques illégales, mais il serait difficile d'éviter de faire ce que certains penseraient illégitime. Comment allez-vous acheter un gros bloc d'actions dans un marché haussier sans en augmenter le prix ? Ce serait un problème. Comment le résoudre ? Cela dépend de tellement de choses qu'il est impossible de donner une solution générale, à moins de changer de méthodes : peut-être au moyen d'une manipulation très habile. Par exemple ? Eh bien, cela dépendrait des conditions. Vous ne pouvez pas donner une réponse plus précise que cela.

Je suis profondément intéressé par toutes les phases de mon activité, et bien sûr, j'apprends de l'expérience des autres aussi bien que de la mienne. Mais il est très difficile d'apprendre à manipuler les actions aujourd'hui, à partir des histoires que l'on raconte dans les bureaux des courtiers après la clôture. La plupart des ruses, des dispositifs et des expédients d'autrefois sont obsolètes et futiles ou illégaux et impraticables. Les règles et conditions de la Bourse ont changé, et l'histoire - même l'histoire la plus détaillée - de ce que Daniel Drew, Jacob Little ou Jay Gould aient pu faire 50 ou 75 ans plus tôt ne vaut guère la peine d'être écoutée. Le manipulateur d'aujourd'hui n'a pas plus besoin de considérer ce qu'ils ont pu faire et comment ils l'ont fait tout comme un goujat de West Point qui n'a pas plus besoin d'étudier le tir à l'arc tel qu'il était pratiqué par les anciens afin d'accroître sa connaissance pratique de la balistique.

D'un autre côté, il y a un bénéfice à étudier les facteurs humains, c'est-à-dire, la facilité avec laquelle les êtres humains croient ce qu'il leur plaît de croire et comment ils se laissent, ou plutôt, ils se poussent à être influencés par leur cupidité ou par le coût en dollars de l'insouciance de l'homme moyen. La peur et l'espoir restent les mêmes ; c'est pourquoi l'étude de la psychologie des spéculateurs est essentielle. Les armes changent, mais la stratégie reste la même, à la bourse de New York comme sur le champ de bataille. Je pense que le résumé le plus clair de tout cela a été exprimé par Thomas F. Woodlock quand il a déclaré : "Les principes d'une spéculation boursière réussie sont basés sur la supposition que les gens continueront à l'avenir à faire les mêmes erreurs qu'ils ont faites dans le passé ".

En période d'essor, c'est-à-dire lorsque le public est présent en grand nombre sur le marché, il n'y a aucune raison d'être subtile, donc il n'y a pas de raison de perdre du temps à dénoncer les techniques de manipulation ou les abus, nombreux pendant ces périodes. Ce serait comme essayer de trouver la différence entre des gouttes de pluie qui tombent de manière synchrone sur le même toit de l'autre côté de la rue. Les imbéciles ont toujours essayé d'obtenir quelque chose à partir de rien, et l'intérêt dans toutes les périodes d'essor est toujours provoqué par un instinct similaire à celui des jeux de hasard, lui-même éveillé par la cupidité et stimulé par une prospérité omniprésente. Les gens qui recherchent à faire de l'argent facile paient invariablement pour le privilège de prouver de manière concluante qu'il ne peut être trouvé dans ce pays. Au début, quand j'écoutais les récits d'affaires et de combines d'antan, je pensais donc que les gens étaient plus crédules dans les années 1860 et 70 que dans les années 1900. Mais j'étais sûr de lire dans les journaux le jour même ou le lendemain quelque chose sur le dernier Ponzi ou la faillite d'un courtier et des millions de pigeons partis rejoindre la majorité silencieuse des économies disparues.

Quand je suis arrivé à New York, il y avait une grande agitation autour des ventes à découvert et des ordres assortis, bien que ces pratiques soient interdites par la Bourse. Parfois, les « wash sale » (ou transactions fictives) était beaucoup trop importante pour tromper quelqu'un. Les courtiers n'hésitaient pas à dire que "la blanchisserie était active" lorsque quelqu'un essayait de « laver » les comptes. Comme je l'ai dit auparavant, ils ont dû, à plusieurs reprises, faire face au "bucket-shop drive", lorsqu'une action était offerte en baisse de deux ou trois points en un clin d'œil juste pour établir la baisse sur la bande et essuyer les myriades de traders qui étaient en position longue sur l'action dans les magasins de seaux. Quant aux ordres assortis, ils ont toujours été utilisés avec quelques réticences en raison de la difficulté à coordonner et à synchroniser les opérations des courtiers, toutes ces activités étant contraires aux règles de la Bourse. Il y a quelques années, un opérateur célèbre a annulé la vente mais pas l'achat de ses ordres appariés, résultat, un courtier innocent fit monter le prix d'environ vingt-cinq points en quelques minutes, pour ensuite voir le prix de l'action s'envoler. L'intention initiale était de créer une apparence d'activité. Mauvaise affaire, jouer avec des armes aussi peu fiables. Vous voyez, vous ne pouvez pas mettre vos meilleurs courtiers dans la confidence... pas si vous voulez qu'ils restent membres de la bourse de New York. De plus, les taxes ont rendu toutes les pratiques impliquant des transactions fictives beaucoup plus chères qu'elles ne l'étaient dans le passé.

La définition du dictionnaire de la manipulation inclut les corners. Maintenant, un corner peut être le résultat d'une manipulation ou le résultat d'un achat concurrentiel, comme, par exemple le corner du Northern Pacific le 9 mai 1901, qui n'était certainement pas une manipulation. Le corner de Stutz était coûteux pour toutes les personnes concernées, tant en argent qu'en prestige. Et ce n'était pas un corner délibérément conçu, en plus.

En réalité, très peu de grands corners ont été rentables pour leurs concepteurs. Les deux corners de Harlem du Commodore Vanderbilt ont rapporté gros, mais le vieil homme méritait les millions qu'il a gagnés avec beaucoup de petits sportifs, de législateurs véreux et d'échevins qui ont essayé de le doubler. D'autre part, Jay Gould a perdu son corner du Nord-Ouest. Deacon S. V. White a fait un million avec son corner de Lackawanna, mais Jim Keene a perdu un million dans l'affaire Hannibal & St. Joe. Le succès financier d'un corner dépend bien sûr de la mise en marché des avoirs accumulés à un prix supérieur au coût, et dont l'intérêt à découvert doit être d'une certaine ampleur pour que cela se produise facilement.

Je me demandais pourquoi les corners étaient si populaires parmi les grands opérateurs d'il y a un demi-siècle. C'étaient des hommes de talent et d'expérience, très éveillés et qui n'étaient pas prédisposés à une confiance enfantine dans la philanthropie de leurs collègues traders. Pourtant, ils se faisaient piquer avec une fréquence étonnante. Un vieux courtier sage m'a dit que tous les grands opérateurs des années 60 et 70 n'avaient qu'une seule ambition, et c'était de travailler dans un corner. Dans de nombreux cas, c'était le fruit de la vanité, dans d'autres, du désir de vengeance. Quoi qu'il en soit, être pointé du doigt comme l'homme qui avait réussi à coincer avec succès tel ou tel stock, était en réalité une forme de reconnaissance de l'intelligence, d'audace et de richesse. Cela donnait à l'accapareur le droit d'être hautain. Il acceptait les louanges pleinement méritées, de ses camarades. C'était plus que la perspective d'un profit financier qui incitait les ingénieurs des corners à faire de tout leur possible. C'était un complexe de vanité qui s'affirmait parmi les opérateurs de sang-froid.

Le chien mangeait certainement du chien à cette époque avec délectation et facilité. Je pense vous avoir déjà dit que j'ai réussi à échapper à la pression plus d'une fois, non pas en raison de la possession d'un mystérieux sixième sens digne d'un téléscripteur mais parce que je peux généralement prédire le moment où investir dans des actions à découvert serait trop risqué pour moi. Je le fais en effectuant de nombreux tests de bon sens, qui ont dû être utilisés dans le passé également. Le vieux Daniel Drew avait l'habitude de presser les garçons avec une certaine fréquence et de les faire payer cher les "sheers" d'Erie qu'ils lui avaient vendus à découvert. Il a lui-même été pressé par le Commodore Vanderbilt à Erie, et quand le vieux Drew a supplié de l'épargner, le Commodore Vanderbilt a cité de façon sinistre l'immortel dicton de la Grande Ourse :

_Celui qui vend ce qui n'est pas à lui

Doit le racheter ou aller en prison_

Wall Street se souvient très peu d'un opérateur qui a été un titan pendant plus d'une génération. Sa principale prétention à l'immortalité semble être l'expression « surestimation du capital ».

Addison G. Jerome était le roi reconnu du Public Board au printemps 1863. Ses conseils sur le marché, m'ont-ils dit, étaient considérés comme aussi bons que l'argent en banque. Au dire de tous, c'était un grand trader qui aurait gagné des millions. Il était libéral, jusqu'à l'extravagance et avait un grand nombre de disciples, jusqu'à ce que Henry Keep, connu sous le nom de William le Silencieux, l'aie dépouillé de tous ses millions dans le vieux quartier sud. Keep, soit dit en passant, était le beau-frère du gouverneur Roswell P. Flower.

Dans la plupart des vieux corners la manipulation consistait principalement à ne pas faire savoir à l'autre homme que vous étiez en train d'accaparer le stock qu'il était diversement invité à vendre à découvert. Elle visait donc principalement ses collègues professionnels, car le grand public n'aime pas trop le côté court du compte. Les raisons qui ont poussé ces professionnels avisés à mettre en place des lignes de vente à découvert sur de telles actions étaient à peu près les mêmes que celles qui les poussent à faire la même chose aujourd'hui. En dehors des ventes mises en place par des politiciens briseurs de foi dans le corner d'Harlem du Commodore, je rassemblais des histoires que j'avais lues au sujet des traders professionnels qui avaient vendu des actions sur ce marché parce qu'elles étaient trop élevées. Et la raison pour laquelle ils pensaient qu'elles étaient trop élevées était parce qu'elles n'avaient jamais été vendues à un aussi haut prix auparavant ; et cela la rendait trop élevée pour être achetée. Or si elles étaient trop élevées pour être achetées, alors elles étaient juste bonnes à être vendues. Cela semble assez moderne, n'est-ce pas ? Ils pensaient au prix, et le Commodore pensait à la valeur ! Et donc, pendant des années, les anciens m'ont expliqué que les gens disaient : "Il a manqué Harlem !" lorsqu'ils voulaient décrire une pauvreté abjecte.

Il y a plusieurs années, je parlais à l'un des anciens courtiers de Jay Gould. Il m'assura sincèrement que M. Gould n'était pas seulement un homme hors du commun - *le vieux Daniel Drew m'avait fait remarquer, en tremblant, que c'était de lui que l'on disait que "Son touché était la Mort !"* - mais qu'il était bien meilleur que tout autre manipulateur passé et présent confondu. Il devait être un magicien de la finance pour avoir fait ce qu'il a fait, il n'y a aucun doute là-dessus. Même à cette distance, je peux voir qu'il avait un incroyable talent pour s'adapter à de nouvelles conditions, ce qui est précieux chez un trader. Il variait ses méthodes d'attaque et de défense sans sourciller parce qu'il s'intéressait plus à la manipulation des propriétés qu'à la spéculation boursière. Il manipulait pour investir plutôt que pour un retournement de marché. Il a vu très tôt que le gros lot était de posséder des chemins de fer au lieu de truquer leurs titres sur le parquet de la Bourse. Il a exploité le marché boursier bien sûr. Mais je pense qu'il s'agissait du moyen le plus rapide et le plus facile à obtenir de l'argent facile et rapide et il avait besoin de plusieurs millions, tout comme le vieux Collis P. Huntington était toujours fauché parce qu'il avait toujours besoin de vingt ou trente millions de plus que ce que les banquiers étaient prêts à lui prêter. Avoir de la perspective sans avoir d'argent était synonyme de chagrin, alors qu'avec de l'argent, il s'agissait d'un accomplissement, qui dit accomplissement dit pouvoir, qui dit pouvoir dit argent, qui dit argent dit accomplissement et ainsi de suite.

Bien sûr, la manipulation ne se limitait pas aux grands personnages de l'époque. Il y avait des dizaines de manipulateurs mineurs. Je me souviens d'une histoire qu'un vieux courtier m'a racontée sur les manières et la morale du début des années 60. Il disait :

"Le plus ancien souvenir que j'ai de Wall Street est ma première visite dans le quartier financier. Mon père avait des affaires à régler et pour une raison ou une autre, il m'a emmené avec lui. Nous avons descendu Broadway et je me souviens avoir tourné à Wall Street ou plutôt Nassau Street, où se trouve maintenant le bâtiment de la Bankers' Trust Company, j'ai vu une foule qui suivait deux hommes. Le premier marchait vers l'est, en essayant de paraître indifférent. Il était suivi par l'autre, un homme au visage rouge qui agitait sauvagement son chapeau d'une main et agitait l'autre poing en l'air. Il criait pour battre la bande : « Shylock ! Shylock ! Quel est le prix de l'argent ? Shylock ! Shylock ! » Je pouvais voir des têtes dépassant des fenêtres. Il n'y avait pas de gratte-ciel à l'époque, mais j'étais sûr que les fainéants du deuxième et troisième étage tomberaient. Mon père a demandé ce qu'il se passait, et quelqu'un a répondu quelque chose que je n'ai pas entendu. J'étais trop occupé à maintenir une prise mortelle sur la main de mon père pour que la bousculade ne nous sépare pas. La foule grandissait, comme le font les foules dans les rues, et je n'étais pas à l'aise. Des hommes aux yeux sauvages sont arrivés en courant de Nassau Street et de Broad Street, ainsi que d'est en ouest sur Wall Street. Après que nous soyons enfin sortis de l'embouteillage, mon père m'a expliqué que l'homme qui criait "Shylock" était Untel. J'ai oublié son nom, mais c'était le plus gros opérateur en actions de cliques de la ville et était réputé pour avoir fait - et perdu - plus d'argent que tout autre homme à Wall Street, à l'exception de Jacob Little. Je me souviens du nom de Jacob Little parce que je pensais que c'était un drôle de nom pour un homme. L'autre homme, le Shylock, était un braqueur notoire d'argent. Son nom m'a aussi échappé. Mais je me souviens qu'il était grand, mince et pâle. En ce temps-là, les cliques bloquaient l'argent en l'empruntant ou, plutôt, en réduisant le montant disponible pour les emprunteurs de la Bourse. Ils l'empruntaient et obtenaient un chèque certifié. Ils ne sortaient pas réellement l'argent pour l'utiliser. Bien sûr, c'était du truquage. C'était une forme de manipulation, je pense."

Chapitre 20 : James R. Keene, la légende des manipulateurs

Je n'ai jamais eu l'occasion de parler à de grands manipulateurs d'actions dont tout WallStreet parlait encore. Je ne parle pas des leaders, mais des manipulateurs. Ils étaient tous avant mon temps, bien que lorsque je suis arrivé à New York, James R. Keene, le plus grand de tous, était dans la fleur de l'âge. Mais je n'étais alors qu'un jeune homme, exclusivement préoccupé de dupliquer, dans un bureau d'un courtier réputé, le succès que j'avais connu dans les boutiques de ma ville natale. De plus, à l'époque, Keene était occupé avec les actions de U.S. Steel - son chef-d'œuvre de manipulation – et moi, je n'avais aucune expérience de la manipulation, aucune connaissance réelle de celle-ci, de sa valeur ou de sa signification et, d'ailleurs, je n'avais pas grand besoin de ces connaissances. En y repensant un tant soit peu, je suppose que j'ai dû la considérer comme une forme bien habillée de bricolage de dé à coudre, dont la forme la plus vulgaire était des tours tels que ceux qui avaient été essayés sur moi dans les magasins de seaux. Les propos que j'ai entendus depuis sur le sujet étaient composés, en grande partie, de suppositions plutôt que d'analyses intelligentes.

Plus d'un homme qui l'a bien connu m'a dit que Keene était l'opérateur le plus audacieux et le plus brillant qui n'ait jamais travaillé à Wall Street. Ce n'est pas peu dire, car il y a eu peu de grands traders notables. Leurs noms sont aujourd'hui presque tous oubliés, mais ils étaient néanmoins des rois en leur temps - pour un jour ! Ils ont été tirés de l'obscurité vers la lumière du soleil de la gloire financière par le téléscripteur - et le petit ruban de papier ne s'est pas avéré assez fort pour les maintenir suspendus assez longtemps pour qu'ils deviennent des objets historiques. En tout cas, Keene était le meilleur manipulateur de son temps, et ce fut une longue et passionnante journée.

Il a mis à profit sa connaissance du jeu, son expérience en tant qu'opérateur et ses talents quand il a vendu ses services aux frères Havemeyer, qui voulaient qu'il développe un marché pour les actions de

Sugar. Il était fauché à l'époque, sinon il aurait continué à négocier à son propre compte et c'était un sacré plongeur ! Il a eu du succès avec Sugar ; il a fait des actions, ce qui les a rendues facilement vendables. Après cela, on lui a demandé à maintes reprises de s'occuper des pools. On m'a dit que dans ces opérations de pool, il n'a jamais demandé ni accepté d'honoraires, mais a payé sa part comme les autres membres du pool. La conduite du marché de l'action, bien sûr, était exclusivement sous sa responsabilité. Il y avait souvent des trahisons, des deux côtés. Sa querelle avec la clique Whitney-Ryan est née de telles accusations. Il n'est pas difficile pour un manipulateur d'être incompris par ses associés. Ils ne voient pas ses besoins comme lui-même. Je le sais par ma propre expérience.

Il est regrettable que Keene n'ait pas laissé de trace précise de son plus grand exploit : la manipulation réussie des actions de U.S. Steel au printemps 1901. D'après ce que j'ai compris, Keene n'a jamais eu d'entretien avec J. P. Morgan à ce sujet. La firme de Morgan a traité avec ou par l'intermédiaire de Talbot J. Taylor & Co., au bureau duquel Keene a établi son siège social. Talbot Taylor était le gendre de Keene. Je suis assuré que les honoraires de Keene pour son travail étaient constitués du plaisir qu'il en retirait, qu'il ait gagné des millions en négociant sur le marché qu'il a aidé à mettre en place ce printemps est bien connu. Il a dit à un de mes amis qu'en quelques semaines, il avait vendu sur le marché libre pour le syndicat des souscripteurs plus de sept cent cinquante mille actions. Pas mal si l'on considère deux choses : qu'il s'agissait d'actions nouvelles et non éprouvées d'une société dont la capitalisation était plus grande que la dette entière des États-Unis à cette époque ; et deuxièmement, que des hommes comme D. G. Reid, W. B. Leeds, les frères Moore, Henry Phipps, H. C. Frick et les autres magnats de l'acier ont également vendu des centaines de milliers d'actions au public au même moment sur le même marché que Keene a contribué à créer.

Bien sûr, les conditions générales l'ont favorisé. Les affaires qu'il a menées, ses opinions, mais aussi son soutien financier illimité ont fortement contribué à son succès. Ce que nous avions eu n'était pas simplement un grand marché haussier, mais un boom et un état d'esprit que l'on ne reverra probablement jamais. La panique est arrivée plus tard, lorsque l'action Steel, que Keene avait fait monter à 55 en 1901, s'est vendu à 10 en 1903 et à 8⅝ en 1904.

Nous ne pouvons pas analyser les campagnes de manipulation de Keene. Ses livres ne sont pas disponibles ; le dossier suffisamment détaillé est inexistant. Par exemple, il serait intéressant de voir comment il a travaillé chez Amalgamated Copper. H. H. Rogers et William Rockefeller avaient essayé de se débarrasser de leurs surplus d'actions sur le marché et avaient échoué. Finalement ils ont demandé à Keene de commercialiser leur ligne, et il a accepté. Gardez à l'esprit que H. H. Rogers était l'un des hommes d'affaires les plus doués de son époque à Wall Street et que William Rockefeller était le spéculateur le plus audacieux de toute la coterie de la Standard Oil. Ils avaient des ressources pratiquement illimitées et un grand prestige ainsi que des années d'expérience dans le jeu de la bourse. Et pourtant, ils ont dû aller vers Keene. Je mentionne ceci pour vous montrer qu'il y a certaines tâches dont l'accomplissement requiert un spécialiste. Voici une action largement vantée, sponsorisée par les plus grands capitalistes américains, qui ne pouvait être vendue qu'au prix d'un grand sacrifice d'argent et de prestige. Rogers et Rockefeller étaient assez intelligents pour décider que Keene seul pourrait les aider.

Keene se mit immédiatement au travail. Il avait un marché haussier pour travailler et a vendu deux cent vingt mille actions d'Amalgamated à un prix proche du pair. Après s'être débarrassé de la ligne des initiés, le public a continué d'acheter et le prix a augmenté de dix points. En effet, les initiés sont devenus optimistes sur l'action qu'ils avaient vendue quand ils ont vu l'empressement du public à l'acheter. Il y a eu une histoire selon laquelle Rogers a conseillé à Keene de prendre une position longue d'Amalgamated. Il est à peine croyable que Rogers ait voulu se décharger sur Keene. C'était un homme trop avisé pour ne pas savoir que Keene n'était aussi fragile qu'un agneau. Keene travaillait comme il l'a toujours fait, c'est-à-dire qu'il "vendait beaucoup" sur le chemin de la baisse après la grande hausse. Bien sûr, ses mouvements tactiques étaient dictés par ses propres besoins, mais aussi par les courants mineurs qui changeaient de jour en jour. En bourse, comme à la guerre, il est bon de garder à l'esprit la différence entre stratégie et tactique.

L'un des hommes de confiance de Keene - c'était d'ailleurs, le meilleur pêcheur à la mouche que je connaisse - m'a dit l'autre jour que la stratégie et la tactique étaient deux choses différentes. Il me disait l'autre jour que pendant la campagne d'Amalgamated Keene se retrouverait un jour presque à court de stock - c'est-à-dire à court du stock qu'il avait été forcé d'acheter pour augmenter le prix. Le jour suivant, il vendait le solde. Puis il laissait le marché absolument seul, pour voir comment il se débrouillerait et aussi pour l'habituer à le faire. Quand il s'agissait de la commercialisation proprement dite de la ligne, il a fait ce que je vous ai dit : il l'a vendue à la baisse. L'opinion publique est toujours à la recherche d'un rallye, et, en plus, il y a la couverture par les shorts.

L'homme qui était le plus proche de Keene pendant cette transaction m'a dit qu'après que Keene ait vendu la ligne Rogers-Rockefeller pour quelque chose comme vingt ou vingt-cinq millions de dollars en liquide, Rogers lui a envoyé un chèque de deux cent mille dollars. Cela vous rappelle la femme du millionnaire qui a donné à la femme de ménage du Metropolitan Opera House une récompense de 50 cents pour avoir trouvé le collier de perles à cent mille dollars. Keene a renvoyé le chèque avec une note polie disant qu'il n'était pas un courtier en bourse et qu'il était heureux d'avoir pu leur rendre service. Ils ont gardé le chèque et lui ont écrit qu'ils seraient heureux de travailler à nouveau avec lui. Peu de temps après, H. H. Rogers a donné à Keene le conseil amical d'acheter Amalgamated à environ 130 !

Un opérateur brillant, James R. Keene ! Son secrétaire privé m'a dit que lorsque le marché allait dans son sens, M. Keene était irascible ; et ceux qui l'ont connu disent que son irascibilité s'exprimait par des phrases sardoniques qui restèrent longtemps dans la mémoire de ses auditeurs. Mais lorsqu'il perdait, il était de la meilleure humeur, un homme du monde poli, agréable, épigrammatique, intéressant.

Il possédait à un degré superlatif, les qualités d'esprit que l'on associe aux spéculateurs qui réussissent partout. Qu'il n'ait pas discuté avec la bande est évident. Il était totalement intrépide, mais jamais téméraire. Il pouvait se retourner et le faisait en un clin d'œil, s'il découvrait qu'il avait tort.

Depuis son époque, il y a eu tellement de changements dans les règles de la Bourse et une application beaucoup plus rigoureuse des anciennes règles, tant de nouvelles taxes sur les ventes d'actions et les profits, et ainsi de suite, que le jeu semble différent. Les dispositifs que Keene pouvait utiliser avec habileté et profit ne peuvent plus être utilisés. De plus, nous sommes assurés que la moralité des affaires de Wall Street est à un niveau plus élevé. Néanmoins, il est juste de dire que dans n'importe quelle période de notre histoire financière, Keene aurait été un grand manipulateur car il était un grand opérateur boursier et connaissait le jeu de la spéculation depuis le début. Il a réalisé ce qu'il a fait parce que les conditions de l'époque lui permettaient de le faire. Il aurait eu autant de succès dans ses entreprises en 1922 qu'en 1901 ou en 1876, lorsqu'il est arrivé à New York depuis la Californie et a gagné neuf millions de dollars en deux ans. Il y a des hommes dont la démarche est bien plus rapide que celle de la foule. Ils sont faits pour mener, peu importe combien la foule change.

En fait, le changement n'est pas aussi radical qu'on pourrait l'imaginer. Les récompenses ne sont pas si grandes, car ce n'est plus un travail de pionnier et donc ce n'est pas un salaire de pionnier. Mais à certains égards, la manipulation est plus facile qu'avant ; à d'autres égards, elle est beaucoup plus difficile qu'à l'époque de Keene.

Il ne fait aucun doute que la publicité est un art, et que la manipulation est l'art de la publicité par le biais de la bande. La bande doit raconter l'histoire que le manipulateur souhaite que ses lecteurs voient. Plus l'histoire est vraie, plus elle est convaincante, et plus elle est convaincante, meilleure est la publicité. Aujourd'hui, un manipulateur, par exemple, doit non seulement faire en sorte qu'une action paraisse forte, mais aussi qu'elle le soit. La manipulation doit donc être basée sur des principes commerciaux solides. C'est ce qui a fait de Keene un si merveilleux manipulateur. Il était avant tout un trader accompli.

Le mot "manipulation" a fini par avoir un son laid. Il a besoin d'un alias. Je ne pense pas qu'il y ait quoi que ce soit de si mystérieux ou de si tordu dans le processus lui-même quand il a pour objet la vente d'un stock en vrac à condition, bien sûr, que de telles opérations ne soient pas accompagnées de fausses déclarations. Il ne fait aucun doute qu'un manipulateur cherche nécessairement ses acheteurs parmi les spéculateurs. Il se tourne vers des hommes qui recherchent de gros retours sur leur capital et qui sont donc prêts à courir un risque commercial supérieur à la normale. Je ne peux pas avoir beaucoup de sympathie pour l'homme qui, sachant cela, blâme néanmoins les autres pour son propre échec à faire de l'argent facile. C'est un homme diablement intelligent quand il gagne. Mais quand il perd de l'argent, l'autre est un escroc, un manipulateur ! Dans de tels moments et de telles lèvres, le mot évoque l'utilisation de cartes marquées. Mais ce n'est pas le cas.

Habituellement, l'objet de la manipulation est de développer la capacité de commercialisation, c'est-à-dire la capacité d'écouler des blocs de taille équitable à un certain prix et à tout moment. Bien sûr, un pool, en raison d'un renversement des conditions générales du marché, peut se trouver dans l'impossibilité de vendre, sauf si le prix est inférieur à celui du marché. Il peut alors décider d'employer un professionnel, pensant que ses compétences et son expérience lui permettront de mener une retraite ordonnée au lieu de subir une catastrophe.

Vous remarquerez que je ne parle pas de manipulations destinées à permettre l'accumulation d'un nombre considérable d'actions à un prix aussi bas que possible, comme, par exemple, l'achat pour contrôle, car cela ne se produit pas souvent de nos jours.

Lorsque Jay Gould a voulu consolider son contrôle de la Western Union et a décidé d'acheter un grand bloc d'actions, il n'y a pas eu de manipulation. Washington E. Connor, qui n'avait pas été vu sur le parquet de la Bourse depuis des années, est soudainement apparu en personne au poste de la Western Union. Il a commencé à faire des offres pour Western Union. Les traders se sont tous mis à rire, de sa stupidité à les croire si simples- et ils lui ont joyeusement vendu toutes les actions qu'il voulait acheter. C'était une ruse trop grossière, de penser qu'il pouvait faire monter le prix en faisant comme si M. Gould voulait acheter Western Union. Était-ce de la manipulation ? Je pense que je ne peux répondre à cette question qu'en disant "Oui et non !"

Dans la majorité des cas, l'objectif de la manipulation est, comme je l'ai dit, de vendre des actions au public au meilleur prix possible. Il ne s'agit pas seulement de vendre, mais de distribuer. Il est évidemment préférable à tous points de vue qu'une action soit détenue par mille personnes que par un seul homme. Ainsi, ce n'est pas seulement la vente à un bon prix, mais le caractère de la distribution qui est déterminant.

Cela ne sert à rien d'augmenter le prix à un niveau très élevé si vous ne pouvez pas inciter le public à s'en débarrasser plus tard. Chaque fois que les manipulateurs inexpérimentés essaient de décharger au sommet et échouent, les vieux de la vieille prennent un air sage et vous disent que vous pouvez amener un cheval à l'eau, mais on ne peut pas le faire boire. En tous les cas, il est nécessaire de se rappeler d'une règle de manipulation, une règle que Keene et ses habiles prédécesseurs connaissaient bien. Elle est la suivante : « Les actions sont manipulées jusqu'au point le plus élevé possible et ensuite vendues au public à la baisse. »

Commençons par le commencement. Supposons qu'il y ait quelqu'un – un syndicat de placement, un pool ou un individu - qui possède un bloc d'actions que l'on souhaite vendre au meilleur prix possible. Il s'agit d'une action dûment cotée à la bourse de New York. Le meilleur endroit pour la vendre devrait être le marché libre, et le meilleur acheteur devrait être le public en général. Les négociations pour la vente sont en charge d'un homme - ou un associé actuel ou ancien - qui aura essayé de vendre l'action à la Bourse et n'a pas réussi. Il est -ou devient- bientôt suffisamment familier avec les opérations boursières pour se rendre compte qu'il faut plus d'expérience et plus d'aptitude pour ce travail que ce qu'il possède. Il connaît personnellement ou par ouï-dire plusieurs hommes qui ont réussi à traiter des affaires similaires, et il décide de faire appel à leurs compétences professionnelles. Il cherche l'un d'entre eux comme il chercherait un médecin s'il était malade ou un ingénieur s'il avait besoin de ce genre d'expert.

Supposons qu'il ait entendu parler de moi comme d'un homme qui connaît le jeu. Eh bien, je suppose qu'il essaierait de trouver tout ce qu'il peut sur moi. Il arrangerait alors un entretien, et en temps voulu, il passerait dans mon bureau.

Bien sûr, il y a de fortes chances que je connaisse les actions et ce qu'elles représentent. C'est mon métier de le savoir. C'est ainsi que je gagne ma vie. Mon visiteur me dit ce que lui et ses associés souhaitent faire, et me demande de conclure l'affaire.

C'est alors à mon tour de parler. Je demande toutes les informations que je juge nécessaires pour me permettre de bien comprendre ce qu'on me demande d'entreprendre. Je détermine la valeur et j'estime les possibilités de cette action sur le marché. Ces éléments ainsi que ma lecture des conditions actuelles m'aident à évaluer la probabilité de succès de l'opération proposée.

Si mes informations m'amènent à une opinion favorable, j'accepte la proposition et je lui dis alors quelles sont mes conditions. S'il accepte mes conditions - les honoraires et les conditions - je commence mon travail immédiatement.

Je demande et reçois généralement des appels sur un bloc d'actions. J'insiste sur les appels gradués, qui sont les plus équitables pour toutes les parties concernées. Le prix de l'appel commence à un niveau légèrement inférieur au prix du marché en vigueur et augmente, par exemple, je reçois des appels sur cent mille actions et l'action est cotée à 40. Je commence par un appel sur quelques milliers d'actions à 35, un autre à 37, un autre encore à 40 et à 45 puis 50, et ainsi de suite jusqu'à 75 ou 80.

Si, à la suite de mon travail professionnel - ma manipulation - le prix monte, et si le prix le plus élevé est atteint, le prix le plus bas est atteint. Et si au niveau le plus élevé il y a une bonne demande pour l'action, de sorte que je puisse en vendre des blocs de taille raisonnable, j'appelle bien sûr l'action. Je gagne de l'argent, mais mes clients en gagnent aussi. Et tout se déroule comme prévu. S'ils paient pour mes compétences, ils devraient en obtenir de la valeur. Bien sûr, il arrive qu'un pool soit liquidé à perte, mais c'est rare. Je n'entreprends pas le travail à moins que je ne voie clairement la voie du profit. Cette année, je n'ai pas eu cette chance dans une ou deux affaires, et je n'ai pas fait de profit. J'avais bien évidemment mes raisons, mais c'est une autre histoire, à raconter plus tard - peut-être.

La première étape d'un mouvement haussier sur une action est de faire de la publicité pour le fait qu'il y a un mouvement haussier en cours. Cela semble idiot, n'est-ce pas ? Eh bien, réfléchissez un moment. Ce n'est pas aussi bête que ça en a l'air, n'est-ce pas ? Le moyen le plus efficace de faire de la publicité c'est de décrire vos intentions telles qu'elles le sont réellement. Après tout, « le plus grand agent publicitaire du monde est le téléscripteur, et le meilleur support publicitaire est la bande ». Je n'ai pas besoin de distribuer de la littérature pour mes clients. Je n'ai pas besoin d'informer la presse quotidienne sur la valeur de l'action ou sur la façon de la vendre. Je n'ai pas non plus besoin d'avoir des partisans. J'accomplis toutes ces choses hautement souhaitables en rendant simplement l'action active. « Lorsqu'il y a de l'activité, il y a une demande synchrone d'explications », ce qui signifie, bien sûr, que les raisons nécessaires - pour la publication - se fournissent d'elles-mêmes sans la moindre aide de ma part.

L'activité est tout ce que les négociants en bourse demandent. Ils achèteront ou vendront n'importe quelle action à n'importe quel niveau si et seulement si, le marché est prédisposé à cela. Ils traitent des milliers d'actions partout où ils voient de l'activité, et leur capacité globale est considérable. Il arrive nécessairement qu'ils constituent la première récolte d'acheteurs du manipulateur. Ils vous suivront jusqu'au bout et sont donc d'une grande aide à tous les stades de l'opération. Je crois savoir que James R. Keene avait l'habitude d'employer les plus actifs des négociants en chambre, à la fois pour dissimuler la source de la manipulation et aussi parce qu'il savait qu'ils étaient de loin les meilleurs diffuseurs d'affaires et distributeurs d'informations. Il leur passait souvent des appels verbaux, au-dessus du marché, afin qu'ils puissent faire un travail utile avant de pouvoir encaisser. Il leur faisait mériter leur profit. Pour obtenir un suivi professionnel, je n'ai jamais eu à faire plus que de rendre une action active. Les traders ne demandent pas plus. Il est bien de se rappeler que ces professionnels sur le plancher de la Bourse achètent des actions avec l'intention de les vendre à un prix plus élevé. Ils n'insistent pas pour qu'il s'agisse d'un gros bénéfice, mais il doit être rapide.

Je rends l'action active afin d'attirer l'attention des spéculateurs sur elle. Je l'achète et je la vends et les traders suivent le mouvement. La pression de vente n'est susceptible d'être forte que lorsqu'un homme possède des actions à des fins spéculatives cousues - dans des calls - que je tiens à avoir. L'achat, par conséquent, l'emporte sur la vente, et le public suit l'exemple, non pas tant du manipulateur que des négociants de la salle. Il se présente comme un acheteur. Je réponds à cette demande hautement souhaitable, c'est-à-dire que je vends des actions en solde. Si la demande est ce qu'elle devrait être, elle absorbera plus que la quantité de stock que j'ai été obligé d'accumuler au début de la manipulation ; et lorsque cela se produit, je vends les actions à découvert. En d'autres termes, je vends plus d'actions que celles que je détiens réellement. Je peux le faire en toute sécurité puisque je vends en réalité contre mes options d'achat. Bien sûr, quand la demande du public se relâche, l'action cesse de progresser. Alors j'attends.

Disons que l'action a cessé de progresser. Il y a un jour de faiblesse. L'ensemble du marché peut développer une tendance réactionnaire, un trader à l'œil vif peut percevoir qu'il n'y a pas d'ordres d'achat à proprement parler dans mon action, et il la vend, et ses collègues suivent. Quelle que soit la raison, mes actions commencent à baisser. Eh bien, je commence à acheter. Je lui donne le soutien qu'une action devrait avoir si elle est en bons termes avec ses propres sponsors. Et plus encore : Je suis capable de la soutenir sans l'accumuler, c'est-à-dire sans augmenter le montant que je devrai vendre plus tard. Observez que je fais cela sans diminuer mes ressources financières. Bien sûr, ce que je fais réellement, c'est couvrir des actions que j'ai vendues à découvert à des prix plus élevés lorsque la demande du public ou des négociants, ou les deux, m'a permis de les vendre. Il est toujours bon de faire comprendre aux négociants - et au public également - qu'il existe une demande pour les actions sur le marché. Cela tend à contrôler la vente à découvert imprudente par les professionnels et la liquidation par les détenteurs effrayés - la vente que vous voyez habituellement quand une action devient de plus en plus faible, devient à son tour une action est qui n'est pas soutenue. Ces achats de couverture que j'effectue constituent ce que j'appelle le processus de stabilisation.

Lorsque le marché s'élargit, je vends bien sûr des actions à la hausse, mais jamais assez pour empêcher la hausse. Ceci est en stricte conformité avec mes plans de stabilisation. Il est évident que plus je vends d'actions lors d'une progression raisonnable et ordonnée, plus j'encourage les spéculateurs conservateurs, qui sont plus nombreux que les imprudents négociants en chambre ; et en outre, plus je serai en mesure de soutenir les actions lors des inévitables jours de faiblesse. En étant toujours court, je suis toujours en mesure de soutenir l'action sans danger pour moi. En règle générale, je commence mes ventes à un prix qui me permet de réaliser un bénéfice. Mais souvent, je vends sans avoir de profit, simplement pour créer ou augmenter ce que je peux appeler mon pouvoir d'achat sans risque. Mon métier n'est pas seulement d'augmenter les prix ou de vendre un gros bloc d'actions pour un client, mais de gagner de l'argent pour moi-même. C'est pourquoi je ne demande pas à mes clients de financer mes opérations. Mes honoraires dépendent de mon succès.

Bien sûr, ce que j'ai décrit n'est pas ma pratique invariable. Je n'adhère pas à un système inflexible. Je modifie mes termes et conditions en fonction des circonstances.

Un stock que l'on souhaite distribuer doit être manipulé jusqu'au point le plus haut possible et ensuite être vendu. Je répète ceci à la fois parce que c'est fondamental et parce que le public croit apparemment que la vente se fait uniquement au sommet. Parfois, une action se gorge d'eau, pour ainsi dire ; elle ne monte pas. C'est le moment de vendre. Le prix baissera naturellement plus que vous ne le souhaiteriez lorsque vous vendrez, mais vous pourrez généralement le faire remonter. Aussi longtemps que je manipule une action, je sais que je suis sur la bonne voie, et si besoin est, je l'achète avec confiance et utilise mon propre argent sans crainte, exactement comme je le ferais pour n'importe quelle autre action qui se comporte de la même manière. C'est la ligne de moindre résistance. Vous vous souvenez de mes théories commerciales sur cette ligne, n'est-ce pas ? Eh bien, quand la ligne de moindre résistance est établie, je la suis, non pas parce que je manipule cette action particulière à ce moment précis, mais parce que je suis un opérateur boursier à tout moment.

Lorsque mes achats ne font pas monter l'action, j'arrête d'acheter et je procède ensuite à la vente à la baisse ; et c'est également ce que je ferais avec cette même action si je ne la manipulais pas. La principale commercialisation de l'action, comme vous le savez, se fait à la baisse. Il est parfaitement étonnant de voir de combien d'actions un homme peut se débarrasser lors d'une baisse. Je répète qu'à aucun moment pendant la manipulation je n'ai oublié d'être un négociant en actions. Mes problèmes en tant que manipulateur, après tout, sont les mêmes que ceux auxquels je suis confronté en tant qu'opérateur. Toute manipulation prend fin lorsque le manipulateur ne peut pas faire faire à une action ce qu'il veut qu'elle fasse. Quand l'action que vous manipulez n'agit pas comme elle le devrait, arrêtez. Ne discutez pas avec la bande. Ne cherchez pas à attirer le bénéfice en retour. Partez tant que le départ est bon et bon marché.

Chapitre 21 : L'Imperial Steel et Pete Products, des géants difficiles à gérer

Je suis bien conscient que toutes ces généralités ne semblent pas particulièrement impressionnantes. C'est rarement le cas. Il est possible que je réussisse mieux à vous faire comprendre ce dont je parle si je vous donne un exemple plus concret. Je vais vous raconter comment j'ai augmenté le prix d'une action de 30 points, et ce faisant, je n'ai accumulé que 7000 actions et j'ai développé un marché capable d'absorber n'importe quelle quantité d'actions.

Il s'agissait d'Imperial Steel. L'action avait été introduite par des personnes de bonne réputation et elle avait été assez bien accueillie comme un bien de valeur. Environ 30 % du capital-actions était placé auprès du grand public par l'intermédiaire de diverses maisons de Wall Street, mais il n'y a pas eu d'activité significative sur les actions après leur cotation. De temps en temps, il arrivait que quelqu'un pose des questions à ce sujet, mais n'importe quels initiés – ou membres du syndicat initial de souscription – répondraient à cela, que les bénéfices de la société étaient meilleurs que prévu et que les perspectives étaient plus qu'encourageantes. C'était assez vrai et très bien dans la mesure où cela fonctionnait comme il fallait, mais il n'avait rien de vraiment passionnant à cela. L'attrait spéculatif était absent, et du point de vue de l'investisseur, la stabilité des prix et la permanence des dividendes de l'action n'étaient pas encore démontrées. C'était une action qui ne s'est jamais comportée de manière « sensationnelle ». Une action si courtoise, qu'aucune hausse corroborante n'a jamais suivie d'après des rapports parfaitement véridiques transmis par les initiés. D'un autre côté, cependant, le prix n'avait pas non plus baissé.

Imperial Steel n'a été ni honoré, ni récompensé, se contentant d'être l'une de ces actions qui ne baissent pas parce que personne ne vend et que personne ne vend, car personne n'aime vendre à découvert une action qui n'est pas bien distribuée ; le vendeur est trop à la merci de la clique interne. De même, personne n'était encouragé à acheter une telle action. Pour l'investisseur, Imperial Steel est donc resté une spéculation. Pour le spéculateur, c'était une spéculation morte, le genre de spéculation qui fait de vous un investisseur contre votre volonté par le simple fait de tomber en transe dès que vous en faites l'acquisition. Le type qui est obligé de transporter un cadavre pendant un an ou deux perd toujours plus que le coût initial du défunt ; il est sûr de se retrouver attaché à lui quand de bonnes choses lui arrivent.

Un jour, le principal membre du syndicat de l'Imperial Steel, agissant en son nom et au nom de ses associés, est venu nous voir. Ils souhaitaient créer un marché pour les actions, dont ils contrôlaient les 70 % non distribués. Ils voulaient que je cède leurs avoirs à de meilleurs prix que ceux qu'ils pensaient pouvoir obtenir s'ils essayaient de les vendre sur le marché libre. Ils voulaient savoir à quelles conditions j'accepterais de faire ce travail.

Je lui ai dit que je lui ferais savoir dans quelques jours. Puis j'ai examiné la propriété. J'ai demandé à des experts de passer en revue les différents départements de l'entreprise : industriel, commercial et financier. Ils m'ont fait des rapports totalement objectifs. Je ne cherchais pas les bons ou les mauvais points, mais les faits, tels qu'ils étaient.

Les rapports ont montré que c'était une propriété de valeur. Les perspectives justifiaient l'achat de l'action au prix du marché en vigueur – si l'investisseur était prêt à attendre un peu. Dans ces circonstances, une augmentation du prix serait en réalité le plus commun et le plus légitime de tous les mouvements du marché, à savoir le processus d'actualisation de l'avenir. Il n'y avait donc aucune raison que je ne puisse voir pourquoi je ne devrais pas entreprendre consciencieusement et en toute confiance la manipulation haussière de Imperial Steel.

J'ai fait part de mon intention à mon homme et il m'a appelé à mon bureau pour discuter de l'affaire en détail. Je lui ai dit quelles étaient mes conditions. Pour mes services, je ne demandais pas d'argent, mais des options sur cent mille actions d'Imperial Steel. Le prix des options est passé de 70 à 100. Cela peut sembler être une grosse commission pour certains. Mais ils devraient considérer que les initiés étaient certains qu'ils ne pourraient pas eux-mêmes vendre cent mille actions, ou ni même 50 000 actions, à 70. Il n'y avait pas de marché pour ces actions. Tous les discours sur les merveilleux bénéfices et les excellentes perspectives n'avaient pas attiré d'acheteurs, pas dans une large mesure. De plus, je ne pouvais pas obtenir mes honoraires en espèces sans que mes clients fassent d'abord quelques millions de dollars. Ce que j'avais à gagner n'était pas une commission de vente exorbitante. C'était un honoraire conditionnel équitable.

Sachant que l'action avait une valeur réelle et que les conditions générales du marché étaient haussières et donc favorables à une progression de toutes les bonnes actions, je me suis dit que je devais bien m'en sortir. Mes clients ont été encouragés par les opinions que j'ai exprimées, ils ont accepté mes conditions immédiatement, et l'affaire a commencé avec des sentiments agréables pour tous.

J'ai commencé par me protéger aussi bien que possible. Le syndicat possédait ou contrôlait environ 70 % des actions en circulation. Je leur ai demandé de déposer leurs 70 % dans le cadre d'un contrat de fiducie. Je ne voulais pas proposer d'être utilisé comme un dépotoir pour les gros détenteurs. Avec les participations majoritaires ainsi sécurisées, il me restait encore 30 % des avoirs dispersés à prendre en compte, mais c'était un risque que je devais prendre. Les spéculateurs expérimentés ne s'attendent pas à s'engager dans des entreprises totalement sans risque. En fait, il n'était pas beaucoup plus probable que toutes les actions non gérées soient mises sur le marché d'un seul coup que de voir tous les assurés d'une compagnie d'assurance-vie mourir à la même heure, le même jour. Il y a des tables actuarielles non imprimées, des risques boursiers et de la mortalité humaine.

Après m'être protégé de certains des dangers évitables de ce genre d'opération boursière, j'étais prêt à commencer ma campagne. Son objectif était de donner de la valeur à mes appels. Pour ce faire, je dois augmenter le prix et développer un marché sur lequel je pourrais vendre cent mille actions - les actions sur lesquelles je détenais des options.

La première chose que j'ai faite a été de trouver combien d'actions étaient susceptibles d'arriver sur le marché lors d'une avance. Cela a été facilement fait par mes courtiers, qui n'ont eu aucun mal à déterminer quelles actions étaient à vendre au prix du marché ou un peu au-dessus. Je ne sais pas si les spécialistes leur ont dit les ordres qu'ils avaient sur leurs livres ou non. Le prix était nominalement de 70, mais je n'aurais pas pu vendre mille actions à ce prix. Je n'avais aucune preuve de l'existence d'une demande, même modérée, à ce chiffre ou même à quelques points inférieurs. J'ai dû me fier à ce que mes courtiers ont découvert. Mais c'était suffisant pour me montrer combien de stock il y avait à vendre et combien peu était demandé.

Dès que j'ai eu une ligne sur ces points, j'ai tranquillement pris toutes les actions qui étaient à vendre à 70 et plus. Quand je dis "je", vous comprendrez que je veux dire mes courtiers. Les ventes étaient pour le compte de certains des minoritaires, car mes clients avaient naturellement annulé tous les ordres de vente qu'ils avaient pu donner avant d'immobiliser leurs actions.

Je n'ai pas eu à acheter beaucoup d'actions. De plus, je savais que le bon type d'avance apporterait d'autres ordres d'achat - et, bien sûr, des ordres de vente.

Je n'ai donné à personne des conseils sur Imperial Steel. Je n'avais pas à le faire. Mon travail consistait à chercher directement à influencer le sentiment par la meilleure publicité possible. Je ne dis pas qu'il ne devrait jamais y avoir de propagande de haussiers. Il est aussi légitime et en fait aussi souhaitable de faire de la publicité pour la valeur d'une nouvelle action que pour la valeur des lainages, des chaussures ou des automobiles. Des informations exactes et fiables devraient être données par le public. Mais ce que j'ai voulu dire, c'est que la bande a fait tout ce qu'il était nécessaire de faire pour atteindre mon objectif. Comme je l'ai déjà dit, les journaux réputés essayaient toujours d'imprimer des explications sur les mouvements du marché. Ce sont des nouvelles. Leurs lecteurs exigent de savoir non seulement ce qui se passe sur le marché boursier, mais aussi pourquoi cela se produit. Par conséquent, sans que le manipulateur ne lève le petit doigt, les rédacteurs financiers publieront toutes les informations et les rumeurs disponibles et analysent également les rapports sur les bénéfices, la situation et les perspectives commerciales bref, tout ce qui peut éclairer l'évolution de la situation. Chaque fois qu'un journaliste ou une connaissance me demande mon opinion sur une action et que j'en ai une, je n'hésite pas à l'exprimer. Je ne donne pas de conseils et je ne donne jamais de tuyaux, mais je n'ai rien à gagner dans mes opérations à la discrétion. En même temps, je me rends compte que le meilleur de tous les prescripteurs, le plus persuasif de tous les vendeurs, le meilleur n'a rien à gagner à rester secret. Le plus persuasif de tous les vendeurs, c'est la cassette.

Lorsque j'ai absorbé toutes les actions qui étaient en vente à 70 et un peu plus, j'ai soulagé le marché de cette pression, et naturellement cela a dégagé la ligne de la moindre résistance sur le marché de l'Imperial Steel. Elle était manifestement ascendante. Dès que ce fait a été perçu par les traders observateurs de la salle, ils ont logiquement supposé que le titre était prêt pour une progression dont ils ne pouvaient pas connaître l'ampleur, mais ils en savaient suffisamment pour commencer à acheter. Leur demande d'Imperial Steel, était créée exclusivement par l'évidente tendance à la hausse du titre - l'infaillibilité de la bande – en voyant cela j'ai donc rapidement répondu à leur demande. J'ai vendu aux traders les actions que j'avais achetées aux détenteurs fatigués au début. Bien sûr, cette vente a été faite judicieusement ; je me suis contenté de répondre à la demande. Je ne forçais pas mon stock sur le marché et je ne voulais pas d'une avance trop rapide. Il n'aurait pas été une bonne affaire de vendre la moitié de mes cent mille actions à ce stade de la procédure. Mon travail consistait à créer un marché sur lequel je pourrais vendre toute ma gamme.

Mais même si je n'ai vendu que ce que les négociants étaient désireux d'acheter, le marché a été temporairement privé de mon propre pouvoir d'achat, que j'avais jusqu'alors exercé avec constance. En temps voulu, les achats des traders ont cessé et le prix a cessé d'augmenter. Dès que cela s'est produit, les ventes ont commencé. Elles étaient orchestrées par des haussiers déçus ou par des négociants dont les raisons d'acheter ont disparu dès que la tendance à la hausse s'est arrêtée. Mais j'étais prêt pour cette vente, et en descendant, j'ai racheté l'action que j'avais vendue aux traders quelques points plus hauts. Cet achat d'actions qui, je le savais, allaient être vendues à leur tour a stoppé la tendance à la baisse ; et quand le prix a cessé de baisser, les ordres de vente ont cessé d'arriver.

J'ai alors tout recommencé. J'ai pris toutes les actions qui étaient en vente à la hausse - ce n'était pas beaucoup et le prix a commencé à monter une seconde fois, à partir d'un point de départ plus élevé que 70. N'oubliez pas qu'en descendant, il y a de nombreux détenteurs qui souhaitent que le prix augmente pour pouvoir vendre leurs actions, mais ils ne le feront pas à trois ou quatre points du sommet. Ces spéculateurs jurent toujours qu'ils vendront sûrement s'il y a un rallye. Ils placent leurs ordres de vente à la hausse, puis ils changent d'avis en fonction de l'évolution de la tendance du cours de l'action. Bien sûr, il y a toujours les prises de bénéfices des coureurs rapides qui jouent la sécurité et pour qui un bénéfice est toujours un profit à prendre.

Tout ce que j'avais à faire après cela était de répéter le processus ; alternativement en achetant et en vendant, mais en travaillant toujours plus haut.

Parfois, après avoir pris toutes les actions à vendre, c'est payant de faire monter les prix brusquement, d'avoir ce que l'on pourrait appeler de petites poussées haussières dans les actions que vous avez achetées. C'est une excellente publicité, parce que ça fait parler et ça attire à la fois les traders professionnels et la partie du public spéculateur qui aime l'action. Il s'agit, je pense, d'une grande partie. Je l'ai fait avec Imperial Steel, et j'ai répondu à toute demande créée par ces poussées. Mes ventes ont toujours maintenu le mouvement haussier dans les limites de l'étendue et de la vitesse. En achetant à la baisse et en vendant à la hausse, je faisais plus que marquer le prix : je développais les possibilités de l'aptitude à la commercialisation de l'Imperial Steel.

Après que j'ai commencé mes opérations sur cette entreprise, il n'y a jamais eu de moment où un homme ne pouvait pas acheter ou vendre l'action librement ; j'entends par là acheter ou vendre une quantité raisonnable sans provoquer de fluctuations trop violentes dans le prix. La peur d'être laissé en plan s'il achetait, ou de se faire écraser s'il vendait, avait disparu. La propagation graduelle parmi les professionnels et le public de croire en la permanence du marché de l'Imperial Steel a beaucoup contribué à créer la confiance dans le mouvement ; et, bien sûr, l'activité a aussi mis fin à beaucoup d'autres objections. Le résultat est qu'après avoir acheté et vendu plusieurs milliers d'actions, j'ai réussi à faire des bénéfices. À cent dollars l'action, tout le monde voulait acheter Imperial Steel. Et pourquoi pas ? Tout le monde savait maintenant que c'était une bonne action, qu'elle avait été et était toujours une bonne affaire. La preuve en est la hausse. Une action qui pouvait passer trente points à partir de 70 pouvait monter de trente autres à partir du pair. C'est ainsi que beaucoup d'entre eux ont soutenu.

Au cours de l'augmentation du prix de ces trente points, j'ai accumulé seulement sept mille actions. Le prix sur cette ligne m'a rapporté en moyenne presque exactement 85. Cela signifiait un profit de quinze points sur cette ligne ; mais, bien sûr, mon profit total, toujours sur papier, était beaucoup plus élevé. C'était un profit assez sûr, car j'avais un marché pour tout ce que je voulais vendre. L'action se vendrait plus haut sur une manipulation judicieuse et j'avais des calls gradués sur cent mille actions commençant à 70 et finissant à 100.

Les circonstances m'ont empêché de mettre à exécution certains de mes plans pour convertir mes bénéfices sur papier en argent comptant. Cela avait été, si j'ose dire, une belle manipulation, strictement légitime, et un succès mérité. La propriété de la société était précieuse et les actions n'étaient pas chères à un prix plus élevé. L'un des membres du syndicat d'origine a développé le désir de s'assurer le contrôle de la propriété - une maison bancaire de premier plan avec de vastes ressources. Le contrôle d'une entreprise prospère et en pleine expansion comme l'Imperial Steel Corporation a peut-être plus de valeur pour une banque que pour des investisseurs individuels. Quoi qu'il en soit, cette entreprise m'a fait une offre pour toutes mes options sur l'action. Cela signifiait un énorme profit pour moi, et j'ai immédiatement investi dans des actions. Je suis toujours prêt à vendre quand je peux le faire en une fois en faisant un bon bénéfice. J'étais tout à fait satisfait de ce que j'en ai tiré.

Avant que je ne dispose de mes appels sur les cent mille actions, j'ai appris que ces banquiers avaient employé d'autres experts pour faire un examen encore plus approfondi de la propriété. Leurs rapports ont montré assez de choses pour m'amener à l'offre que j'ai reçue. J'ai gardé plusieurs milliers de parts de l'action pour, ensuite les investir. J'y croyais.

Il n'y a rien dans ma manipulation d'Imperial Steel qui n'ait été normale et saine. Tant que le prix montait avec mes achats, je savais que j'étais OK. L'action n'a jamais été noyée, comme c'est parfois le cas pour les actions. Lorsque vous constatez qu'elle ne répond pas correctement à vos achats, vous n'avez pas besoin d'un meilleur conseil pour vendre. Vous savez que si une action a de la valeur et que les conditions générales du marché sont bonnes, vous pouvez toujours l'aider à se rétablir après une baisse, même si elle est de vingt points. Mais je n'ai jamais eu à faire cela avec Imperial Steel.

Dans ma manipulation des actions, je ne perds jamais de vue les principes de base du trading. Peut-être vous demandez-vous pourquoi je répète ceci ou pourquoi je continue à me répéter sur le fait que je ne me dispute jamais avec la bande ou que je ne perds pas mon sang-froid contre le marché en raison de son comportement. On pourrait y penser - n'est-ce pas ? - que les hommes astucieux qui ont gagné des millions dans leurs propres affaires en plus d'avoir opéré avec succès à Wall Street à certains moments, réaliseraient la sagesse de jouer le jeu sans passion. Eh bien, vous seriez surpris de la fréquence à laquelle certains de nos promoteurs les plus prospères se comportent comme des femmes aigries parce que le marché ne se comporte pas comme ils le souhaiteraient. Ils semblent le prendre comme un affront personnel, et ils perdent de l'argent en commençant par perdre leur sang-froid.

Il y a eu beaucoup de rumeurs sur un désaccord entre John Prentiss et moi-même. Les gens ont été amenés à s'attendre à un récit dramatique d'une affaire boursière qui a mal tourné ou d'une trahison qui a coûté à moi - ou à lui - des millions, ou quelque chose de ce genre. Eh bien, ce n'était pas le cas.

Prentiss et moi étions amis depuis des années. Il m'avait donné à plusieurs reprises des informations que j'ai pu utiliser avec profit, et je lui ai donné des conseils qu'il a pu suivre ou non. S'il les a suivis, il a économisé de l'argent.

Il a largement contribué à l'organisation et à la promotion de la Société des produits pétroliers. Après un début de marché plus ou moins réussi, les conditions générales ont changé pour le pire et les nouvelles actions n'ont pas eu le succès espéré par Prentiss et ses associés. Lorsque les conditions de base se sont améliorées, Prentiss a formé un pool et a commencé les opérations de Pete Products.

Je ne peux rien vous dire de sa technique. Il ne m'a pas dit comment il travaillait et je ne lui ai pas demandé. Mais il était clair qu'en dépit de son expérience à Wall Street et de son intelligence indiscutable, ce qu'il faisait s'avérait de peu de valeur et il n'a pas fallu longtemps au pool pour découvrir qu'ils ne pouvaient pas se débarrasser de beaucoup d'actions. Il a dû essayer tout ce qu'il savait, car un directeur de pool ne demande pas à être remplacé par un étranger à moins qu'il ne se sente inégal à la tâche, et c'est la dernière chose que l'homme moyen aime admettre. En tout cas, il est venu et après quelques préliminaires amicaux, il m'a dit qu'il voulait que je prenne en charge le marché de Pete, que je dispose des avoirs du pool, qui s'élevaient à un petit million d'euros. L'action se vendait alors entre 102 et 103.

La chose me paraissait douteuse et j'ai décliné sa proposition en le remerciant. Mais il a insisté pour que j'accepte. Il a invoqué des raisons personnelles, si bien qu'à la fin j'ai consenti. Je n'aime pas, par nature, m'identifier à des entreprises dans le succès desquelles je ne peux pas avoir confiance, mais je pense aussi qu'un homme doit quelque chose à ses amis et à ses connaissances. J'ai dit que je ferais de mon mieux, mais je lui ai dit que je ne me sentais pas très sûr de moi et j'ai énuméré les facteurs défavorables que j'aurais à affronter. Mais tout ce que Prentiss a répondu à cela, c'est qu'il ne me demandait pas de garantir des millions de bénéfices au pool. Il était sûr que si je tenais bon, je m'en sortirais assez bien pour satisfaire tout être raisonnable.

Eh bien, j'étais là, engagé à faire quelque chose contre mon propre jugement. J'ai trouvé, comme je le craignais, un état de choses assez difficile, dû en grande partie aux propres erreurs de Prentiss pendant qu'il manipulait les actions pour le compte du pool. Mais le facteur principal contre moi était le temps. J'étais convaincu que nous approchions rapidement de la fin d'une période de hausse et donc que l'amélioration du marché, qui avait tant encouragé Prentiss, ne serait qu'un rallye de courte durée. Je craignais que le marché ne devienne définitivement baissier avant que je puisse faire grand-chose avec Pete Products. Cependant, je lui avais fait une promesse et j'avais décidé de travailler aussi dur que je le pouvais.

J'ai commencé à faire monter les prix. J'ai eu un succès modéré. Je pense que je l'ai fait jusqu'à 107 ou à peu près, ce qui était assez juste, et j'ai même pu vendre un peu de stock. Ce n'était pas beaucoup, mais j'étais content d'avoir augmenté les avoirs du pool. Il y avait beaucoup de gens qui n'étaient pas dans le pool, mais qui attendaient juste une petite hausse pour vendre leurs actions, et j'étais une aubaine pour eux. Si les conditions générales avaient été meilleures, j'aurais fait mieux. C'est dommage que je n'aie pas été appelé plus tôt. Tout ce que je pouvais faire maintenant, je le sentais, était de sortir avec le moins de perte possible pour le pool.

J'ai envoyé chercher Prentiss et lui ai fait part de mon point de vue. Mais il a commencé à s'y opposer. Je lui ai alors expliqué pourquoi j'avais pris cette position. J'ai dit : "Prentiss, je peux sentir très clairement le pouls du marché. Il n'y a pas de suivi dans ton action. Ce n'est pas un piège, il suffit de voir quelle est la réaction du public face à ma manipulation. Écoute : Quand Pete Products est devenu aussi attractif que possible pour les traders et que tu lui donnais tout le soutien nécessaire à tout moment et que malgré tout, tu constatais que le public le laissait tranquille, tu pouvais être sûr qu'il y a quelque chose qui n'allait pas, pas avec l'action, mais avec le marché. Il est absolument inutile d'essayer de forcer les choses. Vous êtes sûr de perdre si vous le faites. Un gestionnaire de pool devrait être prêt à acheter ses propres actions quand il a de la compagnie. Mais quand il est le seul acheteur sur le marché, il serait idiot de l'acheter. Pour chaque cinq mille actions que j'achète, le public devrait être prêt ou capable d'en acheter cinq mille de plus. Mais je ne vais certainement pas faire tous les achats. Si je le faisais, tout ce que je réussirais à faire c'est finir complètement noyé dans des actions longues que je ne veux pas. Il n'y a qu'une seule chose à faire, et c'est de vendre. Et la seule façon de vendre, c'est de vendre."

"Vous voulez dire, vendre pour ce que vous pouvez obtenir ?" demanda Prentiss.

"C'est ça !" J'ai dit. Je voyais qu'il était prêt à faire une objection. "Si je dois vendre les actions du pool, vous pouvez être sûr que le prix va dépasser le pair et——"

"Oh, non ! Jamais !", a-t-il crié. On aurait pu croire que je lui demandais de rejoindre un club de suicide.

"Prentiss," lui ai-je dit, "c'est un principe cardinal de la manipulation d'actions de mettre en place une action afin de la vendre. Mais vous ne vendez pas en gros sur l'avance. C'est impossible. La grande vente se fait sur le chemin en descendant du sommet. Je ne peux pas faire monter tes actions à 125 ou 130. J'aimerais bien, mais ce n'est pas possible. Donc tu vas devoir commencer à vendre à partir de ce niveau. À mon avis, toutes les actions sont en baisse, et les produits pétroliers ne seront pas la seule exception. Il est préférable qu'il y ait une baisse dès maintenant sur la vente du pool que de se casser le mois prochain sur la vente de quelqu'un d'autre. Il baissera de toute façon".

Je ne pense avoir dit quelque chose de pénible, mais vous auriez pu entendre ses hurlements en Chine. Il ne voulait tout simplement rien entendre. Cela ne pourra jamais marcher. Cela jouerait avec les records des actions, sans parler des possibilités incommodes dans les banques où les actions étaient détenues comme garantie pour des prêts, et ainsi de suite.

Je lui ai répété qu'à mon avis, rien au monde ne pouvait empêcher Pete Products de franchir quinze ou vingt points, parce que tout le marché allait dans ce sens et j'ai dit une fois de plus qu'il était absurde d'attendre de son action qu'elle soit une exception éclatante. Mais une fois de plus, mon discours n'a servi à rien. Il a insisté pour que je soutienne l'action.

C'était un homme d'affaires avisé, l'un des promoteurs les plus prospères de l'époque qui avait gagné des millions dans des affaires à Wall Street et en savait beaucoup plus que l'homme moyen sur le jeu de la spéculation, mais pourtant il était réellement en train d'insister pour soutenir une action dans un marché baissier naissant. C'était son action, pour être sûr, mais c'était néanmoins une mauvaise affaire. À tel point que cela était totalement à l'encontre de ma morale et j'ai commencé à me disputer avec lui. Mais cela ne servait à rien. Il a insisté pour passer des commandes de soutien.

Bien sûr, lorsque le marché général s'est affaibli et que le déclin a commencé sérieusement Pete Products a suivi le reste. Au lieu de vendre, je lui ai fait acheter des actions pour le pool d'initiés - par les ordres de Prentiss.

La seule explication est que Prentiss ne croyait pas que le marché baissier était juste au-dessus de nous. J'étais moi-même convaincu que le marché haussier était terminé. J'avais vérifié ma première supposition par des tests non seulement dans Pete Products, mais aussi sur d'autres actions. Je n'ai pas attendu que le marché baisse pour annoncer son arrivée sûre avant de commencer à vendre. Bien sûr, je n'ai pas vendu une seule action de Pete Products, mais j'étais à court d'autres actions.

Le pool de Pete Products, comme je m'y attendais, s'accrochait tant de bien que de mal à tout ce qu'il détenait depuis le début et ont dû prendre dans leur effort futile pour maintenir le prix. En fin de compte, ils ont été liquidés, mais à dés prix bien inférieurs à ceux qu'ils auraient obtenus si Prentiss m'avait laissé vendre quand et comme je le souhaitais. Il ne pouvait en être autrement. Mais Prentiss pense toujours qu'il avait raison... ou prétendait qu'il avait raison. Je comprends qu'il dise que la raison pour laquelle je lui ai donné ce conseil était parce que j'étais à court d'autres actions, mais le marché général était en hausse. Cela implique, bien sûr, que la rupture de Pete Products qui aurait résulté à la vente des avoirs du pool à n'importe quel prix aurait aidé ma position baissière dans d'autres actions.

Ce ne sont que des balivernes. Je n'étais pas baissier parce que j'étais à court d'actions. J'étais baissier parce que c'était la façon dont je mesurais la situation, et je n'ai vendu des actions à découvert qu'après être devenu baissier. On n'obtient jamais beaucoup d'argent en faisant les choses mal à la fin ; pas dans le marché boursier. Mon plan pour vendre les actions du pool était basé sur mon expérience sur ces vingt dernières années qui me guidait sur ce qui était faisable et donc sage. Prentiss aurait dû être assez bon négociant pour le voir aussi clairement que moi. Il était trop tard pour essayer de faire autre chose.

Je suppose que Prentiss partage l'illusion de milliers de personnes extérieures qui pensent qu'un manipulateur peut tout faire. Il ne le peut pas. La plus grande chose que Keene a pu faire a été sa manipulation des actions ordinaires et privilégiées de U.S. Steel au printemps 1901. Il n'a pas réussi parce qu'il était intelligent et plein de ressources ou parce qu'il avait l'un des syndicats composés des hommes les plus riches du pays derrière lui. Il a réussi en partie à cause de ces raisons, mais surtout parce que le marché général était bon et l'état d'esprit du public était bon.

Ce n'est pas une bonne affaire pour un homme d'agir à l'encontre des enseignements de l'expérience et du bon sens. Mais les pigeons de Wall Street ne sont pas tous des étrangers. Les doléances de Prentiss à mon encontre sont un très bon exemple de ce que je viens de vous expliquer. Il se sent blessé parce que j'ai fait ma manipulation non pas comme je le voulais, mais comme il me l'a demandé.

Il n'y a rien de mystérieux, de sournois ou d'escroc dans une manipulation destinée à vendre une action en gros, à condition que de telles opérations ne s'accompagnent pas de fausses déclarations délibérées. Une bonne manipulation doit être fondée sur des principes commerciaux solides. Les gens insistent beaucoup sur les pratiques anciennes, comme les ventes à découvert. Mais je peux vous assurer que la simple mécanique de la tromperie ne compte que pour très peu a différence entre la manipulation boursière et la vente hors-cote d'actions et d'obligations réside dans le caractère de la clientèle plutôt que dans le caractère de l'appel. J. P. Morgan

& Co. vendent une émission d'obligations au public, c'est-à-dire aux investisseurs. Un manipulateur vend un bloc d'actions au public, c'est-à-dire aux spéculateurs. Un investisseur recherche la sécurité, la permanence du retour d'intérêt sur le capital qu'il investit. Le spéculateur recherche un profit rapide.

Le manipulateur trouve nécessairement son marché primaire parmi les spéculateurs - qui sont prêts à courir un risque commercial supérieur à la normale tant qu'ils ont une chance raisonnable d'obtenir un retour important sur leur capital. Personnellement, je n'ai jamais cru aux jeux d'argent aveugles. Je peux plonger ou je peux acheter cent actions. Mais dans les deux cas, je dois avoir une raison de ce que je fais.

Je me souviens très bien comment je suis entré dans le jeu de la manipulation, c'est-à-dire dans la commercialisation d'actions pour d'autres. Cela me fait plaisir de m'en souvenir, car cela montre si bien l'attitude professionnelle de Wall Street à l'égard des opérations boursières. Cela s'est passé après mon "retour ", c'est-à-dire après que mon opération sur Bethlehem Steel en 1915 m'ait mis sur la voie du redressement financier.

J'ai négocié assez régulièrement et j'ai eu beaucoup de chance. Je n'ai jamais cherché à faire de la publicité dans les journaux, mais je n'ai pas non plus fait tout mon possible pour me cacher. En même temps, vous savez que les professionnels de Wall Street exagèrent à la fois les réussites et les échecs de n'importe quel opérateur qui se trouve être actif ; et, bien sûr, les journaux entendent parler de lui et impriment des rumeurs. J'ai été fauché tant de fois, selon les commérages, ou j'ai gagné tant de millions, selon les mêmes autorités que ma seule réaction à de tels rapports est de me demander comment et où ils sont nés. Et comment ils grandissent ! J'ai vu un ami courtier qui m'a rapporté la même histoire, avec un peu de changement à chaque fois, améliorée, plus circonstancielle.

Tout ceci pour vous dire comment j'en suis venu à entreprendre la manipulation d'une action pour quelqu'un d'autre. Les histoires des journaux sur la façon dont j'avais remboursé intégralement les millions que je devais ont fait l'affaire. Mes plongeons et mes gains ont été tellement amplifiés par les journaux que l'on parlait de moi à Wall Street. Le jour était passé où un opérateur qui balançait une ligne de deux cent mille actions pouvait dominer le marché. Mais, comme vous le savez, le public désire toujours trouver des successeurs aux anciens leaders. C'était la réputation de M. Keene, d'habile opérateur boursier, gagnant des millions sur son propre crochet, qui a poussé les promoteurs et les banques à s'adresser à lui pour vendre de grands blocs de titres. En bref, ses services en tant que manipulateur étaient demandés en raison des histoires que la rue avait entendues à propos de ses précédents succès en tant que trader.

Mais Keene n'était plus là, il était parti au paradis où il avait dit un jour qu'il ne resterait pas un moment sans y trouver Sysonby qui l'attendait. Deux ou trois autres hommes qui ont fait l'histoire de la bourse pendant quelques mois sont tombés dans l'oubli d'une inactivité prolongée. Je me réfère en particulier à certains de ces Occidentaux plongeurs qui sont venus à Wall Street en 1901 et qui, après avoir gagné plusieurs millions avec leurs avoirs en acier, sont restés à Wall Street. Ils étaient en réalité des superpromoteurs plutôt que des opérateurs du type Keene. Mais ils étaient extrêmement capables, extrêmement riches et extrêmement performants dans les titres des sociétés qu'eux-mêmes et leurs amis contrôlaient. Ils n'étaient pas vraiment de grands manipulateurs, comme Keene ou le gouverneur Flower. Pourtant, Wallstreet trouvait en eux de quoi faire des ragots et ils avaient certainement un public parmi les professionnels et les maisons de commission plus sportives. Après qu'ils aient cessé de négocier activement, Wallstreet s'est retrouvée sans manipulateurs ; du moins, elle ne pouvait pas lire sur eux dans les journaux.

Vous vous souvenez du grand marché haussier qui a commencé lorsque la Bourse a repris ses activités en 1915. Alors que le marché s'élargissait et que les achats des alliés dans ce pays se chiffraient en milliards, nous avons connu un boom. En ce qui concerne la manipulation, il n'était pas nécessaire de lever le petit doigt pour créer un marché illimité pour une épouse de guerre. Des dizaines d'hommes ont gagné des millions en capitalisant des contrats ou même des promesses de contrats.

Ils sont devenus des promoteurs prospères, soit avec l'aide de banquiers amicaux ou en mettant leurs entreprises sur le marché de la rue. Le public achetait tout ce qui était vanté de manière adéquate. Quand le boom s'est dissipé, certains de ces promoteurs ont eu besoin de l'aide d'experts en vente d'actions. Lorsque le public est accroché à toutes sortes de titres, dont certains ont été achetés à des prix plus élevés, il n'est pas facile d'en tirer profit. Après un boom, le public est convaincu que rien ne monte. Ce n'est pas que les acheteurs deviennent plus discriminants, mais que l'achat aveugle est terminé. C'est l'état d'esprit qui a changé. Les prix n'ont même pas besoin de baisser pour rendre les gens pessimistes. Il suffit que le marché devienne terne et reste terne pendant un certain temps.

Dans chaque boom, des entreprises sont créées principalement, sinon exclusivement, pour profiter de l'appétit du public pour toutes sortes d'actions. Il y a aussi des promotions tardives. La raison pour laquelle les promoteurs font cette erreur est qu'étant humains, ils ne veulent pas voir la fin du boom. De plus, il est bon pour les affaires de prendre des risques lorsque le bénéfice potentiel est assez grand. Le sommet n'est jamais en vue lorsque la vision est viciée par l'espoir. L'homme moyen voit une action dont personne ne voulait à douze ou quatorze dollars l'action passer soudainement à trente - ce qui est certainement le sommet - jusqu'à ce qu'elle passe à cinquante. C'est absolument la fin de la hausse. Ensuite, elle passe à soixante, à soixante-dix, à soixante-quinze. Il devient alors certain que cette action, qui il y a quelques semaines se vendait pour moins de quinze, ne peut pas aller plus haut. Mais elle va à quatre-vingts, puis à quatre-vingt-cinq. Sur quoi l'homme moyen, qui ne pense jamais aux valeurs, mais aux prix, et qui n'est pas gouverné dans ses actions par des conditions, mais par des craintes, prend la décision la plus facile - il cesse de penser qu'il doit y avoir une limite aux progrès. C'est pourquoi les étrangers qui ont la sagesse de ne pas acheter au sommet se rattrapent en ne prenant pas de profits. Le gros argent dans les booms est toujours fait d'abord par le public... sur le papier. Et il reste sur le papier.

Chapitre 22 : Une promesse à tenir et des querelles naissantes

Un jour, Jim Barnes, qui était non seulement l'un de mes principaux courtiers mais aussi un ami intime, me rendit visite. Il disait qu'il voulait que je lui rende un grand service. Il n'avait jamais parlé de cette façon auparavant, alors je lui ai demandé de me dire de quelle faveur il s'agissait, en espérant que je pourrais le faire, car je voulais vraiment lui rendre service. Il m'a alors dit que son entreprise était intéressée par une certaine action ; en fait, ils avaient été les principaux promoteurs de la société et avaient placé la plus grande partie des actions. À cause de certaines circonstances, ils furent obligés à commercialiser un bloc assez important. Jim voulait que je m'engage à faire le marketing pour lui. Le titre était Consolidated Stove.

Je ne voulais pas m'en occuper pour diverses raisons. Mais Barnes, envers qui j'avais des obligations, a insisté sur la phase de faveur personnelle de l'affaire, qui à elle seule, pouvait surmonter mes objections. C'était un bon gars, un ami, et son entreprise, je crois, était assez lourdement impliquée, donc à la fin j'ai consenti à faire ce que je pouvais.

Il m'a toujours semblé que le point le plus pittoresque de la différence entre le boom de la guerre et d'autres booms était le rôle joué par un type nouveau dans les affaires boursières : le jeune banquier.

Le boom était stupéfiant et ses origines et ses causes étaient clairement compréhensibles par tous. Mais dans le même temps, les plus grandes banques et sociétés de fiducie du pays ont certainement fait tout ce qu'elles pouvaient pour aider à faire des millionnaires du jour au lendemain, toutes sortes de promoteurs et de fabricants de munitions. Au point que tout ce qu'un homme avait à faire, c'était de dire qu'il avait un ami qui était un ami d'un membre d'une des commissions alliées, et on lui offrait tout le capital nécessaire pour réaliser les contrats qu'il n'avait pas encore obtenus. J'avais l'habitude d'entendre des histoires incroyables d'employés de bureau devenus présidents de sociétés faisant des affaires de millions de dollars grâce à de l'argent emprunté à des sociétés fiduciaires de confiance, et de contrats qui laissaient une traînée de profits en passant d'un homme à l'autre. Un flot d'or se déversait dans ce pays en provenance d'Europe et les banques devaient trouver des moyens de le confisquer.

La façon dont les affaires étaient faites pouvait être considérée avec réticence par les anciens, mais ils ne semblaient pas être si nombreux. La mode des présidents de banques aux cheveux grisonnants était très bien en temps de paix, mais la jeunesse était la principale qualification en ces temps difficiles. Les banques ont certainement fait d'énormes profits.

Jim Barnes et ses associés, profitant de l'amitié et de la confiance de la jeune présidente de la Marshall National Bank, ont décidé de consolider trois entreprises de fourneaux bien connues et de vendre les actions de la nouvelle société au public qui, pendant des mois, avait acheté n'importe quoi sous forme de certificats d'actions gravés.

L'ennui, c'est que le secteur des poêles était si prospère que les trois sociétés gagnaient des dividendes sur leurs actions ordinaires pour la première fois de leur histoire. Leurs principaux actionnaires ne souhaitaient pas se séparer de leur contrôle. Il y avait un bon marché pour leurs actions sur le trottoir, et ils en avaient vendu autant qu'ils voulaient s'en séparer, ils étaient satisfaits des choses telles qu'elles étaient. Leur capitalisation individuelle était trop faible pour justifier de grands mouvements de marché, et c'est là que la société de Jim Barnes est intervenue. C'est là que la société de Jim Barnes est intervenue. Il a fait remarquer que la société consolidée devait être assez importante pour être cotée en bourse, où les nouvelles actions pourraient avoir plus de valeur que les anciennes. C'est un vieil artifice à Wall Street - changer la couleur des certificats afin de les rendre plus précieux. Disons qu'une action cesse d'être facilement vendable en temps de guerre. Eh bien, parfois en quadruplant le stock vous pouvez faire en sorte que les nouvelles actions se vendent à 30 ou 35. Cela équivaut à 120 ou 140 pour les anciennes actions - un chiffre qu'elle n'aurait jamais pu atteindre.

Il semble que Barnes et ses associés aient réussi à convaincre certains de leurs amis qui détenaient à titre spéculatif quelques blocs de Gray Stove Company - une grande entreprise - à participer à la consolidation sur la base de quatre actions de Consolidated pour chaque action de Gray. Puis le Midland et la Western ont suivi leur grande sœur et ont rejoint la consolidation sur la base de quatre actions de Consolidated pour chaque action de Gray. Leurs actions avaient été cotées sur le Curb entre 25 et 30, et la Gray, qui était plus connue et payait des dividendes, tournait autour de 125.

Afin de réunir l'argent nécessaire pour racheter les détenteurs qui insistaient de vendre au comptant, et aussi de fournir un fonds de roulement supplémentaire pour les améliorations et les dépenses de promotion, il est devenu nécessaire de lever quelques millions. C'est ainsi que Barnes a vu le président de sa banque, qui a gentiment prêté à son syndicat trois millions cinq cent mille dollars. La garantie était de cent mille actions de la société nouvellement organisée. Le syndicat a assuré au président, du moins c'est ce qu'on m'a dit, que le prix ne descendrait pas en dessous de 50. Ce serait une affaire très rentable car il y avait beaucoup de valeur.

La première erreur des promoteurs a été l'opportunité de l'opération. Le point de saturation pour les nouvelles émissions d'actions avait été atteint par le marché, et ils auraient dû le voir. Mais même dans ce cas, ils auraient pu faire un bon profit après tout, s'ils n'avaient pas essayé de reproduire les meurtres déraisonnables que d'autres promoteurs avaient fait au plus fort du boom.

Maintenant, vous ne devez pas vous enfuir avec l'idée que Jim Barnes et ses associés étaient des imbéciles ou des enfants inexpérimentés. C'étaient des hommes astucieux. Ils étaient tous familiers avec les méthodes de Wall Street et certains d'entre eux étaient des traders exceptionnellement performants. Mais ils ont fait bien plus que simplement surestimer la capacité d'achat du public. Après tout, cette capacité était quelque chose qu'ils ne pouvaient déterminer que par des tests réels. Là où ils ont commis une erreur plus coûteuse, c'est en s'attendant à ce que le marché haussier dure plus longtemps qu'il ne l'a fait. Je suppose que la raison en est que ces mêmes hommes avaient rencontré un tel succès, et surtout un succès si rapide, qu'ils ne doutaient pas qu'ils auraient terminé l'opération avant que le marché soit en hausse. Ils étaient tous bien connus et avaient un nombre considérable parmi les traders professionnels et les agences de presse.

L'opération a été extrêmement bien annoncée. Les journaux ont certainement été généreux avec leur espace. Les entreprises les plus anciennes étaient identifiées avec l'industrie du poêle en Amérique et leur produit était connu dans le monde entier. C'était un amalgame patriotique et il y avait un tas de littérature dans les journaux quotidiens sur les conquêtes mondiales. Les marchés d'Asie, d'Afrique et d'Amérique du Sud étaient pratiquement acquis.

Les directeurs de la société étaient tous des hommes dont les noms étaient familiers à tous les lecteurs des pages financières. La publicité était si bien faite et les promesses d'initiés anonymes sur ce que le prix allait faire étaient si précises et convaincantes qu'une grande demande pour les nouvelles actions a été créée. Le résultat est que lorsque les livres ont été fermés, il a été constaté que l'action qui a été offerte au public à 50 dollars par action a été sursouscrite de 25 %.

Pensez-y ! Le mieux que les promoteurs auraient pu espérer était de réussir à vendre les nouvelles actions à ce prix après des semaines de travail et après avoir augmenté le prix à 75 ou plus pour atteindre une moyenne de 50. Dans ce cas, cela signifiait une avance d'environ 100 pour cent sur les anciens prix des actions des sociétés constitutives. C'était la crise et ils ne l'ont pas affrontée comme elle aurait dû l'être. Cela vous montre que chaque entreprise a ses propres besoins. La sagesse générale a moins de valeur que le savoir-faire spécifique. Les promoteurs, ravis par la sur souscription inattendue, ont conclu que le public était prêt à payer n'importe quel prix pour n'importe quelle quantité de cette action. Et ils ont été assez stupides pour sous-allouer les actions. Après que les promoteurs ont décidé d'être intelligemment goinfres.

Ce qu'ils auraient dû faire, bien sûr, c'était d'attribuer la totalité des actions. Cela leur aurait fait perdre 25 pour cent du montant total offert à la souscription du public et cela, bien sûr, leur aurait permis de soutenir l'action lorsque cela était nécessaire et sans frais pour eux. Sans aucun effort de leur part, ils auraient été dans la position stratégique forte dans laquelle j'essaie toujours de me trouver lorsque je manipule une action. Ils auraient pu empêcher le prix, inspirant ainsi confiance dans la stabilité de la nouvelle action et dans le syndicat de placement qui la soutient. Ils auraient dû se souvenir que leur travail n'était pas terminé lorsqu'ils ont vendu les actions offertes au public. Ce n'était qu'une partie de ce qu'ils avaient à commercialiser.

Ils pensaient avoir réussi, mais il n'a pas fallu longtemps pour que les conséquences de leurs deux erreurs de capitaux capitalistiques sont devenues évidentes. Le public n'a plus acheté de nouvelles actions, car l'ensemble du marché a développé des tendances réactionnaires. Les initiés se sont dégonflés et n'ont pas soutenu Consolidated Stove ; et si les initiés n'achètent pas leurs propres actions lors des récessions, qui le ferait ? L'absence de soutien interne est généralement acceptée comme un bon indice de baisse.

Il n'est pas nécessaire d'entrer dans les détails statistiques. Le prix de Consolidated Stove a fluctué avec le reste du marché, mais il n'a jamais dépassé les cotations initiales du marché, qui n'étaient qu'une fraction du prix de l'action au-dessus de 50. Barnes et ses amis ont finalement dû se présenter comme acheteurs afin de le maintenir au-dessus de 40. Ne pas avoir soutenu cette action au début de sa carrière sur le marché était regrettable. Mais ne pas avoir vendu toutes les actions souscrites par le public était bien pire.

Quoi qu'il en soit, l'action a été dûment cotée à la bourse de New York et son prix n'a cessé de baisser jusqu'à ce qu'il atteigne 37. Et il en est resté là parce que Jim Barnes et ses associés ont dû le maintenir à ce niveau car leur banque leur avait prêté trente-cinq dollars par action sur cent mille actions. Si la banque a essayé de liquider ce prêt, il n'y avait aucun moyen de savoir ce que le prix allait devenir. Le public qui s'était empressé de l'acheter à 50, ne s'en souciait plus à 37, et n'en voudrait probablement pas à 27.

Au fur et à mesure que le temps passait, les excès des banques en matière d'extension de crédits ont fait réfléchir les gens. Le temps des petits banquiers était révolu. Les affaires bancaires semblaient être sur le point de retomber soudainement dans le conservatisme. On demandait maintenant à des amis intimes de rembourser les prêts, comme s'ils n'avaient jamais joué au golf avec le président.

Il n'y avait pas besoin de menacer de la part du prêteur ou de plaider pour plus de temps de la part de l'emprunteur. La situation était très inconfortable pour les deux. La banque avec laquelle mon ami Jim Barnes faisait des affaires par exemple était toujours bien disposée. Mais c'était un cas de "pour l'amour du ciel, faites ce prêt ou nous serons tous dans un sacré pétrin !"

Le caractère de la pagaille et ses possibilités explosives étaient suffisants pour que Jim Barnes vienne me voir pour me demander de vendre les cent mille actions pour un montant suffisant pour payer les trois millions cinq cent mille dollars de la banque. Jim ne s'attendait pas maintenant à faire un profit sur ces actions. Si le syndicat ne faisait qu'une petite perte ils seraient plus que reconnaissants.

Cela semblait une tâche sans espoir. Le marché général n'était ni actif ni fort bien qu'il y ait eu parfois des reprises, quand tout le monde s'est réveillé et essayait de croire que le mouvement haussier était sur le point de reprendre.

La réponse que j'ai donnée à Barnes était que j'examinerais la question et que je lui ferais savoir dans quelles conditions j'entreprendrais le travail. Eh bien, je me suis penché dessus. Je n'ai pas analysé le dernier rapport annuel de la société. Mes études se sont limitées aux phases boursières du problème. Je n'allais pas vanter l'action à la hausse sur ses bénéfices ou ses perspectives, mais de disposer de ce bloc sur le marché libre. Tout ce que je considérais était ce qui devrait ou pourrait m'aider ou me gêner dans cette tâche.

J'ai découvert, d'une part, qu'il y avait trop d'actions détenues par trop peu de personnes, c'est-à-dire trop pour la sécurité et beaucoup trop pour le confort. Clifton P. Kane & Co., banquiers et courtiers, membres de la Bourse de New York, transportaient soixante-dix Stock Exchange, détenaient soixante-dix mille actions. Ils étaient des amis intimes de Barnes et avaient été influents dans la réalisation de la consolidation car ils s'étaient fait une spécialité des actions de poêles pendant des années. Leurs clients ont été mis dans la bonne affaire. L'ex-Sénateur Samuel Gordon, qui était l'associé spécial de la société de ses neveux, Gordon Bros, était le propriétaire d'un second bloc de soixante-dix mille actions ; et le fameux Joshua Wolff possédait soixante mille actions. Cela faisait un total de deux cent mille actions de Consolidated Stove détenues par cette poignée de professionnels chevronnés de Wall Street. Ils n'avaient pas besoin d'une quelconque personne pour leur dire quand vendre leurs actions. Si je faisais quoi que ce soit dans la ligne de manipulation calculée pour amener l'achat public - c'est-à-dire, si je rendais l'action forte et active, je voyais Kane, Gordon et Wolff décharger, et pas en doses homéopathiques non plus.

La vision de leurs deux cent mille actions s'écoulant en Niagara dans le marché n'était pas exactement envoûtante. N'oubliez pas que la crème était sortie du mouvement haussier et qu'aucune demande écrasante n'allait être fabriquée par mes opérations, aussi habilement menées soient-elles. Jim Barnes n'avait aucune illusion sur le travail qu'il esquivait modestement en ma faveur. Il m'avait donné une action gorgée d'eau à vendre sur un marché haussier qui était sur le point de rendre son dernier soupir. Bien sûr, il n'y avait pas de discussion dans les journaux sur la fin du marché haussier, mais je le savais, et Jim Barnes le savait et je peux vous pariez que la banque le savait.

Pourtant, j'avais donné ma parole à Jim, alors j'ai envoyé Kane, Gordon et Wolff. Leurs deux cent mille actions étaient l'épée de Damoclès. J'ai pensé que j'aimerais remplacer les cheveux par une chaîne en acier. Le moyen le plus simple, il me semblait, était de passer une sorte d'accord de réciprocité. S'ils m'aidaient passivement en se retenant pendant que je vendais les cent mille actions de la banque, je les aiderais activement en essayant de créer un marché pour que nous puissions tous nous en décharger. Dans l'état actuel des choses, ils ne pouvaient pas vendre un dixième de leurs avoirs sans que Consolidated Stove ne s'effondre et ils le savaient si bien qu'ils n'avaient jamais rêvé d'essayer. Tout ce que je leur demandais était de faire preuve de jugement dans le choix du moment de la vente et d'un désintéressement intelligent afin de ne pas être égoïste de manière inintelligente. Ce n'est jamais payant d'être un chien dans une crèche à Wall Street ou ailleurs. J'ai voulu les convaincre que le déchargement prématuré ou irréfléchi empêcherait un déchargement complet. Le temps presse.

J'espérais que ma proposition leur plairait car ils étaient des hommes expérimentés de Wall Street et n'avaient aucune illusion sur la demande réelle de Consolidated Stove. Clifton P. Kane était à la tête d'une maison de commission prospère avec des succursales dans onze villes et des clients par centaines. Sa société avait agi en tant que gestionnaire pour plus d'un pool dans le passé.

Le sénateur Gordon, qui détenait soixante-dix mille actions, était un homme extrêmement riche. Son nom était aussi familier aux lecteurs de la presse métropolitaine que s'il avait été poursuivi pour rupture de promesse par une manucure de seize ans possédant un manteau de vison de cinq mille dollars et cent trente-deux lettres du défendeur. Il avait lancé ses neveux dans les affaires comme courtiers et il était un partenaire spécial dans leur entreprise. Il avait participé à des dizaines de pools. Il avait hérité d'un grand nombre d'intérêts dans la Midland Stove Company et il a obtenu cent mille actions de Consolidated Stove en échange. Il avait été assez courageux pour ne pas tenir compte des conseils de Jim Barnes et avait encaissé 30 000 actions avant que le marché ne s'effondre. Il a dit à un ami qu'il aurait vendu plus si les autres gros détenteurs, qui étaient de vieux amis intimes, ne l'avaient pas supplié de ne plus vendre, et par respect pour eux, il a arrêté. En outre, comme je l'ai dit, il n'avait pas de marché sur lequel décharger.

Le troisième homme était Joshua Wolff. Il était probablement le plus connu de tous les négociants. Pendant vingt ans, tout le monde l'avait connu comme l'un des plongeurs sur le plancher. Pour faire monter ou descendre les actions, il avait peu d'égaux, car dix ou vingt mille actions ne signifiaient pas plus pour lui que deux ou trois cents. Avant de venir à New York, j'avais entendu parler de lui comme un plongeur. Il traînait avec une coterie sportive qui jouait sans limites que ce soit sur la piste de course ou sur le marché boursier.

Ils avaient l'habitude de l'accuser de n'être rien d'autre qu'un joueur, mais il avait de vraies capacités et une aptitude fortement développée pour le jeu spéculatif. En même temps, son indifférence réputée pour les activités intellectuelles a fait de lui le héros de nombreuses anecdotes. L'une des plus répandues était que Joshua était invité à ce qu'il appelait un bon dîner et que, par inadvertance de l'hôtesse, plusieurs des autres invités ont commencé à discuter de littérature avant qu'on puisse les arrêter.

Une fille qui était assise à côté de Josh et qui ne l'avait jamais entendu utiliser sa bouche, sauf pour mastiquer, se tourna vers Joshua et, l'air anxieux d'entendre l'opinion du grand financier, lui demanda : « Oh, M. Wolff, que pensez-vous de Balzac ? »

Josh cessa poliment de mastiquer, avala et répondit : « Je ne fais jamais de commerce avec les actions de la Curb ! »

Tels étaient les trois plus gros détenteurs individuels de Consolidated Stove. Quand ils sont venus me voir, je leur ai dit que s'ils formaient un syndicat pour mettre un peu d'argent et me donner un appel sur leurs actions à un peu au-dessus du marché, je ferais ce que je pourrais pour créer un marché. Ils m'ont rapidement demandé combien d'argent serait nécessaire.

J'ai répondu : « Vous avez cette action depuis longtemps et vous ne pouvez rien en faire. À vous trois, vous avez deux cent mille actions, et vous savez très bien que vous n'avez pas la moindre chance de vous en débarrasser, à moins que vous ne fassiez une bonne affaire. Il doit bien y avoir un marché pour absorber ce que vous avez à lui donner, et il sera judicieux d'avoir assez d'argent liquide pour payer les actions qu'il sera nécessaire d'acheter au début. Il ne sert à rien de commencer et de devoir arrêter parce qu'il n'y a pas assez d'argent. Je vous suggère de former un syndicat et de réunir six millions en espèces. Ensuite, donnez au syndicat un appel sur vos deux cent mille actions à 40 et mettez toutes vos actions sous séquestre. Si tout se passe bien, vous vous débarrasserez de votre animal mort et le syndicat fera de l'argent. »

Comme je vous l'ai déjà dit, il y avait eu toutes sortes de rumeurs sur mes gains en bourse. Je suppose que cela a aidé, car rien ne réussit comme le succès. En tout cas, je n'ai pas eu à expliquer grand-chose à ces gars. Ils savaient exactement où ils iraient s'ils essayaient de jouer une main isolée. Ils ont pensé que mon plan était bon. Quand ils sont partis, ils ont dit qu'ils allaient former le syndicat immédiatement.

Ils n'ont pas eu de mal à convaincre beaucoup de leurs amis à les rejoindre. Je suppose qu'ils parlaient avec plus d'assurance que moi des bénéfices du syndicat. D'après ce que j'ai entendu, ils y croyaient vraiment, leurs conseils n'étaient donc pas sans fondement. En tout cas, le syndicat a été formé en quelques jours. Kane, Gordon et Wolff ont fait des appels de fonds sur les deux cent mille actions à 40 et j'ai veillé à ce que l'action elle-même soit mise sous séquestre, de sorte que rien ne sorte sur le marché si je devais augmenter le prix. Je devais me protéger. Plus d'une affaire prometteuse n'a pas donné les résultats escomptés parce que les membres du groupe ou de la clique n'ont pas su garder confiance les uns envers les autres. Le chien n'a aucun préjugé insensé contre le fait de manger du chien à Wall Street. A la seconde où American Steel and Wire Company est sortie, les initiés se sont accusés mutuellement d'abus de confiance et d'essayer de se décharger. Il y avait un accord entre John W. Gates et ses amis et les

Seligman et leurs associés bancaires. Eh bien, j'ai entendu quelqu'un dans le bureau d'un courtier réciter ce quatrain, qui était censé avoir été composé par John W. Gates :

« La tarentule a sauté sur le dos du mille-pattes

et gloussa avec une joie macabre :

"Je vais empoisonner ce fils meurtrier d'un pistolet.

Si je ne le fais pas, c'est lui qui m'empoisonnera ! »

Attention, je ne veux pas dire un seul instant qu'un de mes amis de Wall Street rêverait même de me doubler dans une transaction boursière. Mais d'une manière générale, il est tout aussi bien de prévoir toutes les éventualités. C'est le bon sens même.

Après que Wolff, Kane et Gordon m'aient dit qu'ils avaient constitué leur syndicat qu'ils avaient formé pour mettre six millions en espèces, il n'y avait rien à faire pour moi que d'attendre que l'argent arrive. J'avais insisté sur la nécessité vitale de se hâter. Néanmoins, l'argent est arrivé en vrac. Je pense qu'il a fallu quatre ou cinq versements. Je ne sais pas quelle en était la raison, mais je me souviens que j'ai dû envoyer un appel S.O.S. à Wolff, Kane et Gordon.

Cet après-midi-là, j'ai reçu quelques gros chèques qui ont porté l'argent liquide en ma possession à environ quatre millions de dollars et la promesse du reste dans un jour ou deux. Il a commencé à sembler que le syndicat pourrait faire quelque chose avant que le marché haussier ne disparaisse. Au mieux, ce ne serait pas une sinécure, et plus tôt je commencerais à travailler, mieux ce serait. Le public n'avait pas été particulièrement enthousiaste à l'égard des nouveaux mouvements de marché dans les actions inactives. Mais un homme peut faire beaucoup pour susciter l'intérêt pour n'importe quelle action avec quatre millions en espèces. C'était suffisant pour absorber toutes les offres probables. Si le temps pressait, comme je l'avais dit, il était inutile d'attendre les deux autres millions. Plus vite l'action atteindra 50, mieux ce sera pour le syndicat. C'était évident.

Le lendemain matin à l'ouverture, j'ai été surpris de voir qu'il y avait des transactions inhabituellement importantes sur Consolidated Stove. Comme je vous l'ai déjà dit, le stock était saturé d'eau depuis des mois. Le prix avait été fixé à 37, Jim Barnes faisant bien attention à ne pas le laisser descendre plus bas à cause du grand emprunt bancaire à 35. Mais pour ce qui est d'aller plus haut, il s'attendrait aussi bien à voir le rocher de Gibraltar traverser le détroit plutôt que de voir Consolidated Stove faire de l'escalade sur la bande.

Eh bien, monsieur, ce matin il y avait une forte demande pour le stock, et le prix est monté à 39. Dans la première heure de la négociation, les transactions ont été plus nombreuses que pendant tout le semestre précédent. Ce fut la sensation du jour et cela eut un effet positif sur l'ensemble du marché. J'ai appris par la suite que l'on ne parlait que de cela dans les salles des clients des maisons de commission.

Je ne savais pas ce que cela signifiait, mais cela ne m'a pas fait de mal de voir que Consolidated Stove se réveillait. En règle générale, je n'ai pas à m'enquérir d'un quelconque mouvement inhabituel d'une action parce que mes amis de la salle des marchés - les courtiers qui font des affaires pour moi, ainsi que des amis personnels parmi les négociants de la salle, me tiennent au courant. Ils supposent que j'aimerais savoir et ils me téléphonent toutes les nouvelles ou les ragots qu'ils trouvent. Ce jour-là, tout ce que j'ai entendu c'est qu'il y avait des achats internes indéniables sur Consolidated Stove. Il n'y a pas eu de lavage. Tout était authentique. Les acheteurs ont pris toutes les offres de 37 à 39 et lorsqu'ils ont été importunés pour des raisons ou suppliés pour un pourboire, ils ont refusé catégoriquement d'en donner. Cela a fait que les traders rusés et vigilants ont conclu que quelque chose se tramait, quelque chose d'important. Quand une action monte grâce à l'achat par des initiés qui refusent d'encourager le reste du monde à suivre l'exemple, les chasseurs de téléscripteurs commencent à se demander à voix haute quand l'avis officiel sera donné.

Je n'ai rien fait moi-même. J'ai regardé, j'ai réfléchi et j'ai gardé la trace des transactions. Mais le jour suivant, les achats étaient non seulement plus importants en volume mais plus agressifs en nature. Les ordres de vente qui se trouvaient depuis des mois dans les livres des spécialistes à un prix supérieur au prix fixe de 37 euros ont été absorbés sans problème, et les nouveaux ordres de vente n'ont pas été assez nombreux pour freiner la hausse. Naturellement, le prix a augmenté. Il a dépassé les 40, puis il a atteint 42.

Au moment où il a touché ce chiffre, j'ai senti qu'il était justifié de commencer à vendre les actions que la banque détenait en garantie. Bien sûr, je me suis dit que le prix baisserait si je vendais, mais si ma moyenne sur toute la ligne était de 37, je n'avais rien à me reprocher. Je savais ce que valait l'action et j'avais eu une idée de la rentabilité après des mois d'inactivité. Eh bien, monsieur, je leur ai laissé le stock avec soin jusqu'à ce que je me sois débarrassé de trente mille actions. Et l'avance n'a pas été vérifiée !

Cet après-midi-là, j'ai appris la raison de cette hausse opportune mais mystifiante. Il semble que les négociants en bourse aient été avertis après la fermeture la nuit précédente et le lendemain matin avant l'ouverture, que j'étais très optimiste sur Consolidated Stove et que j'allais faire grimper le prix de quinze ou vingt points sans réaction, comme j'en avais l'habitude - c'est-à-dire mon habitude selon des gens qui n'ont jamais tenu mes livres. L'informateur en chef n'était autre que Joshua Wolff. Ce sont ses propres achats internes qui ont déclenché la hausse de la veille. Ses acolytes parmi les négociants en bourse n'étaient que trop disposés à suivre ses conseils, car il en savait trop pour donner de mauvais conseils à ses collègues.

En fait, il n'y avait pas autant d'actions pressantes sur le marché comme on le craignait. Considérez que j'avais immobilisé trois cent mille actions et vous comprendrez que les anciennes craintes étaient fondées. Cela s'est avéré être un travail moins difficile que je ne l'avais prévu de mettre en place les actions. Après tout, le gouverneur Flower avait raison. Chaque fois qu'il a été accusé de manipuler les spécialités de son entreprise, comme Chicago Gas, Federal Steel ou B. R. T., il avait l'habitude de dire : « La seule façon que je connaisse pour faire monter une action c'est de l'acheter. » C'était aussi la seule façon pour les négociants en bourse, et le prix a répondu.

Le lendemain, avant le petit-déjeuner, j'ai lu dans les journaux du matin ce qui a été lu par des milliers de personnes et ce qui a sans aucun doute été envoyé par câble à des centaines d'agences et de bureaux en dehors de la ville, à savoir que Larry Livingston était sur le point de commencer des opérations de haussier actif dans Consolidated Stove. Les détails supplémentaires différaient. Une version disait que j'avais formé un groupe d'initiés et que j'allais punir les intérêts à découvert. Une autre faisait allusion à des annonces de dividendes dans un avenir proche. Une autre rappelait au monde que ce que je faisais habituellement à une action sur laquelle j'étais optimiste était quelque chose à retenir. Un autre encore accusait la société de dissimuler ses actifs afin de permettre aux initiés de les accumuler. Et tous étaient d'accord pour dire que la hausse n'avait pas vraiment commencé.

Lorsque je suis arrivé à mon bureau et que j'ai lu mon courrier avant l'ouverture du marché, j'étais conscient que Wallstreet était inondée de conseils brûlants d'acheter Consolidated Stove immédiatement. La sonnerie de mon téléphone n'arrêtait pas de retentir et l'employé qui répondait aux appels entendait la même question posée sous une forme ou une autre une centaine de fois : est-il vrai que Consolidated Stove était en train de monter ? Je dois dire que Joshua Wolff et Kane et Gordon - et peut-être Jim Barnes- ont géré ce petit travail de basculement très bien.

Je ne savais pas que j'avais un tel public. Ce matin-là, les ordres d'achat sont venus de tout le pays - des ordres d'acheter des milliers de parts d'une action dont personne ne voulait à aucun prix trois jours auparavant. Et n'oubliez pas que, en fait, tout ce que le public devait croire n'était que ma réputation dans les journaux comme étant un bon plongeur pour laquelle je devais remercier un ou deux journalistes imaginatifs.

Eh bien, monsieur, ce jour-là, le troisième jour de la hausse, j'ai vendu Consolidated Stove ; et le quatrième jour et le cinquième ; et la première chose que j'ai su, c'est que j'avais vendu pour Jim Barnes les cent mille actions que la Marshall National Bank détenait comme garantie sur le prêt de trois millions cinq cent mille dollars qui devait être remboursé. Si la manipulation la plus réussie est celle qui permet d'atteindre le but recherché au moindre coût pour le manipulateur, l'affaire Consolidated Stove est de toute évidence la plus réussie de ma carrière à Wallstreet. En effet, à aucun moment je n'ai eu à prendre d'actions. Je n'ai pas eu à acheter d'abord pour vendre plus facilement plus tard. Je n'ai pas fait monter le prix au maximum pour ensuite commencer ma véritable vente. Je n'ai même pas fait ma principale vente à la baisse, mais à la hausse. C'était comme un rêve de Paradis pour trouver un pouvoir d'achat adéquat créé pour vous sans que vous ne remuiez un doigt pour l'obtenir, surtout lorsque vous étiez pressé. J'ai entendu un jour un ami du gouverneur Flower dire que dans l'une des grandes opérations d'un bull-leader pour le compte d'un pool de B. R. T., le pool avait vendu cinquante mille actions de la société au prix d'un million de dollars, mais Flower & Co a reçu des commissions sur plus de deux cent cinquante mille actions, et que W. P. Hamilton déclare que pour distribuer deux cent vingt mille actions d'Amalgamated Copper, James R. Keene doit avoir négocié au moins sept cent mille actions de la société pendant la manipulation nécessaire. Quelle facture de commission ! Pensez-y et considérez ensuite que les seules commissions que j'ai dû payer étaient les commissions sur les cent mille actions que j'ai effectivement vendues pour Jim Barnes. J'appelle ça faire des économies.

Ayant vendu ce que je m'étais engagé à vendre pour mon ami Jim, et tout l'argent que le syndicat avait convenu de réunir n'ayant pas été envoyé, et ne ressentant aucune envie de racheter les actions que j'avais vendues, je pense que je suis parti quelque part pour de courtes vacances. Je ne me souviens pas exactement où. Mais je me souviens très bien que j'ai laissé les actions tranquilles et qu'il n'a pas fallu longtemps avant que le prix ne tarde à s'effondrer. Un jour, alors que marché était faible, un haussier déçu voulait se débarrasser rapidement de son poêle Consolidated Stove, et sur son offre, le titre est descendu en dessous du prix d'appel, qui était de 40. Personne ne semblait en vouloir. Comme je vous l'ai déjà dit, je n'étais pas optimiste sur la situation générale et cela m'a rendu plus reconnaissant que jamais pour le miracle qui m'avait permis de disposer des cent mille actions sans avoir à faire monter le prix de vingt ou trente points en une semaine, comme prévu.

Ne trouvant aucun support, le prix a pris l'habitude de baisser régulièrement jusqu'au jour où il s'est effondré et a touché 32. C'était le plus bas jamais enregistré, car, comme vous vous en souvenez, Jim Barnes et le syndicat d'origine l'avaient fixé à 37 afin de ne pas voir leurs cent mille actions jetées sur le marché par la banque.

Ce jour-là, j'étais dans mon bureau en train d'étudier paisiblement la bande lorsque Joshua Wolff a été annoncé. J'ai dit que j'allais le voir. Il s'est précipité. Ce n'est pas un homme très grand, mais il semblait certainement tout gonflé - de colère, comme je l'ai découvert instantanément.

Il a couru jusqu'à l'endroit où je me tenais près du téléscripteur et a crié : « Hé ? Qu'est-ce qui se passe ? »

« Prenez une chaise, M. Wolff », lui ai-je dit poliment et je me suis assis pour l'encourager à parler calmement.

« Je ne veux pas de chaise ! Je veux savoir ce que ça veut dire ! » s'écria-t-il à tue-tête.

« Qu'est-ce que ça veut dire ? »

« Mais qu'est-ce que vous lui faites ? »

« Qu'est-ce que je fais à quoi ? »

« Cette action ! Cette action ! »

« Quelle action ? » Je lui ai demandé.

Mais ça l'a fait rougir, car il a crié : « Consolidated Stove !

Qu'est-ce que vous lui faites ? »

« Rien ! Absolument rien. Qu'est-ce qu'il y a ? » ai-je dit.

Il m'a regardé fixement pendant cinq secondes avant d'exploser : « Regardez le

prix ! Regardez-le ! »

Il était certainement en colère. Alors je me suis levé et j'ai regardé la cassette.

J'ai dit : « Le prix est maintenant de 31¼. »

« Oui ! Trente et un quarts, et j'en ai un paquet. »

« Je sais que vous avez soixante mille actions. Vous les avez depuis longtemps,

parce que quand vous avez acheté votre Gray Stove———-»

Mais il ne m'a pas laissé finir. Il a dit : « Mais j'en ai acheté beaucoup plus.

Certains m'ont coûté jusqu'à 40 dollars ! Et je les ai encore ! »

Il me regardait d'un air si hostile que j'ai dit : « Je ne t'ai pas dit de l'acheter. »

« Tu n'as pas fait quoi ? »

« Je ne t'ai pas dit de t'en charger. »

« Je n'ai pas dit que vous l'aviez fait. Mais vous alliez le mettre sur

——»

« Pourquoi je l'aurais fait ? » Je l'ai interrompu.

Il m'a regardé, incapable de parler à cause de la colère. Quand il a retrouvé sa voix, il a dit : « Tu allais le mettre en place. Tu avais l'argent pour l'acheter. »

« Oui. Mais je n'ai pas acheté de part », lui ai-je dit.

C'était la goutte d'eau qui a fait déborder le vase.

« Vous n'avez pas acheté d'action, et vous aviez plus de quatre millions en liquide pour acheter

avec ? Tu n'en as pas acheté ? »

« Pas une seule action ! » J'ai répété.

Il était tellement en colère qu'il ne pouvait pas parler clairement. Finalement, il a réussi

à dire : « Quel genre de jeu tu appelles ça ? »

Il m'accusait intérieurement de toutes sortes de crimes innommables. Je suis sûr que je pouvais en voir une longue liste dans ses yeux. Ça m'a fait dire : « Ce que tu veux vraiment me demander, Wolff, c'est pourquoi je ne t'ai pas acheté au-dessus de 50 les actions que tu as achetées en dessous de 40. Ce n'est pas ça ? »

« Non, ce n'est pas ça. Tu avais un call à 40 et quatre millions en cash pour augmenter le prix. »

« Oui, mais je n'ai pas touché à l'argent et le syndicat n'a pas perdu un centime avec mes opérations. »

« Écoutez, Livingston... » commença-t-il.

Mais je ne l'ai pas laissé en dire plus.

« Écoutez-moi bien, Wolff. Vous saviez que les deux cent mille actions que vous, Gordon et Kane déteniez étaient bloquées, et qu'il n'y aurait pas beaucoup d'actions flottantes à mettre sur le marché si j'augmentais le prix, je devais le faire pour deux raisons : La première pour faire un marché pour l'action ; et la seconde pour faire un profit sur le call à 40. Mais vous n'étiez pas satisfait d'obtenir 40 pour les soixante mille actions que vous aviez pendant des mois, ou de votre part des profits du syndicat, s'il y en avait, alors vous avez décidé de prendre beaucoup d'actions à moins de 40 pour vous décharger sur moi lorsque j'augmenterais le prix avec l'argent du syndicat, comme vous étiez sûr que j'avais l'intention de le faire. Vous avez acheté avant moi et vous avez déchargé avant moi ; et selon toute probabilité, c'est sur moi qu'il faudrait se décharger. Je soupçonne que tu t'attendais que je devrais faire monter le prix à 60. C'était tellement facile que tu as probablement acheté dix mille actions strictement pour le déchargement, et pour être sûr que quelqu'un tienne le sac si je ne le faisais pas, tu as prévenu tout le monde aux États-Unis, au Canada et au Mexique sans penser à mes difficultés supplémentaires. Tous tes amis savaient ce que j'étais supposé faire. Entre leurs achats et les miens, tu allais être tout beau. Eh bien, tes amis intimes à qui tu as donné le tuyau l'ont transmis à leurs amis après qu'ils ont eu acheté leurs lignes, et la troisième strate des preneurs de tuyaux prévoyait de fournir les quatrième, cinquième et peut-être sixième strates de suceurs, de sorte que lorsque j'ai fini par faire de la vente, je me trouverais devancé par quelques milliers de spéculateurs avisés. C'était une pensée amicale, cette idée que vous avez eue, Wolff. Vous ne pouvez pas imaginer combien j'ai été surpris quand Consolidated Stove a commencé à monter avant même d'avoir pensé à acheter une seule action ; ou combien j'ai été reconnaissant, non plus, quand le syndicat de placement a vendu cent mille actions autour de 40 % aux personnes qui allaient me vendre ces mêmes actions à 50 ou 60. J'étais vraiment un imbécile de ne pas utiliser les quatre millions pour faire de l'argent pour eux, n'est-ce pas ? L'argent était fourni pour acheter des actions, mais seulement si je pensais qu'il était nécessaire de le faire. Eh bien, je ne l'ai pas fait. »

Joshua était à Wall Street depuis assez longtemps pour ne pas laisser la colère interférer avec les affaires. Il s'est calmé en m'écoutant, et quand j'ai eu fini de parler, il a dit d'un ton amical : « Écoute, Larry, mon vieux, que devons-nous faire ? ».

« Faites ce que vous voulez. »

« Aw, soyez sympa. Que feriez-vous si vous étiez à notre place ? »

« Si j'étais à votre place », ai-je dit solennellement, « savez-vous ce que je ferais ? »

« Quoi donc ? »

« Je vendrais tout ! » Je lui ai dit.

Il m'a regardé un moment, et sans un mot de plus, il a tourné le talon et est sorti de mon bureau. Il n'y est jamais retourné depuis.

Peu de temps après, le sénateur Gordon a également appelé. Lui aussi était assez maussade et m'a rendu responsable de leurs problèmes. Puis Kane a rejoint le refrain. Ils ont oublié que leurs actions étaient invendables en gros quand ils ont formé le syndicat. Tout ce dont ils se souvenaient, c'était que je n'avais pas vendu leurs parts quand j'avais les millions du syndicat et que l'action était active à 44, et que maintenant il était à 30 et terne comme l'eau de vaisselle. Selon leur façon de penser, j'aurais dû vendre avec un bon gros bénéfice.

Bien sûr, ils se sont également calmés en temps voulu. Le syndicat n'a pas perdu un centime et le problème principal restait inchangé : vendre leur stock. Un jour ou deux plus tard, ils sont revenus et m'ont demandé de les aider. Gordon a été particulièrement insistant, et à la fin je leur ai fait mettre en vente leur stock commun à 25½. Mes honoraires pour mes services devaient être la moitié de tout ce que j'obtiendrais au-dessus de ce chiffre. La dernière vente avait eu lieu à environ 30.

Je me suis retrouvé avec leurs actions à liquider. Compte tenu des conditions générales du marché et plus particulièrement le comportement de Consolidated Stove, il n'y avait qu'une seule façon de le faire, et c'était, bien sûr, de vendre à la baisse et sans essayer d'augmenter le prix et j'aurais certainement obtenu des stocks par rames à la montée. Mais à la baisse je pouvais atteindre ces acheteurs qui disent toujours qu'une action est bon marché quand elle se vend 15 ou 20 points en dessous du sommet du mouvement, surtout quand ce sommet appartient à l'histoire récente. Un rallye s'impose, à leur avis. Après avoir vu Consolidated Stove vendre jusqu'à près de 44, cela semblait être une bonne chose en dessous de 30.

Cela a fonctionné comme toujours. Les chasseurs de bonnes affaires l'ont acheté dans un volume suffisant pour me permettre de liquider les avoirs du pool. Mais pensez-vous que Gordon, Wolff ou Kane ont ressenti de la gratitude ? Pas le moins du monde. Ils sont toujours fâchés contre moi, du moins c'est ce que me disent leurs amis. Ils expliquent souvent aux gens comment je leur ai fait du mal. Ils ne peuvent pas me pardonner de ne pas avoir mis le prix moi-même, comme ils s'y attendaient.

En fait, je n'aurais jamais été en mesure de vendre les cent mille actions de la banque si Wolff et les autres n'avaient pas fait circuler leurs conseils de taureau rougeoyant. Si j'avais travaillé comme je le fais habituellement c'est-à-dire d'une manière logique et naturelle, j'aurais dû accepter n'importe quel prix que je pouvais obtenir. Je vous ai dit que nous sommes tombés sur un marché en déclin. La seule façon de vendre sur un tel marché est de vendre pas nécessairement imprudemment mais vraiment indépendamment du prix. Aucun autre moyen n'était possible, mais je suppose qu'ils ne le croient pas. Ils sont toujours en colère. Je ne le suis pas. Se mettre en colère ne mène nulle part. Plus d'une fois, il m'a été répété qu'un spéculateur qui perd son sang-froid est fichu. Dans ce cas, il n'y a pas eu de conséquences pour les râleurs. Mais je vais vous dire quelque chose de curieux. Un jour, Mme Livingston est allée chez une couturière qui lui avait été chaudement recommandée. La femme était compétente et serviable et avait une personnalité très agréable. A la troisième ou quatrième visite, lorsque la couturière se sentait moins étrangère, elle dit à Mme Livingston :« J'espère que M. Livingston installera bientôt le poêle consolidé. Nous en avons acheté quelques-uns parce qu'on nous a dit qu'il allait en installer, et nous avons toujours entendu dire qu'il avait beaucoup de succès dans toutes ses affaires."

Je vous le dis, ce n'est pas agréable de penser que des personnes innocentes ont perdu de l'argent suite à un tuyau de ce genre. Vous comprenez peut-être pourquoi je n'en donne jamais moi-même. Cette couturière m'a fait sentir qu'en matière de chagrin, j'en avais un vrai contre Wolff.

Chapitre 23 : Faire face aux raids de baissiers

La spéculation sur les actions ne disparaîtra jamais. Il n'est pas souhaitable qu'elle le fasse. Elle ne peut pas être contrôlée par des avertissements quant à ses dangers. Vous ne pouvez pas empêcher les gens de se tromper, quelles que soient leurs capacités ou leur expérience. Les plans soigneusement élaborés peuvent échouer parce que l'inattendu et même l'imprévisible se produiront. Le désastre peut venir d'une convulsion de la nature ou de la météo, de votre propre cupidité ou de la vanité d'un autre, de la peur ou d'un espoir incontrôlé. Mais en dehors de ce que l'on pourrait appeler ses ennemis naturels, un spéculateur en valeurs mobilières doit faire face à des pratiques ou des abus indéfendables tant sur le plan normal que sur le plan commercial.

Quand je regarde en arrière et que je considère quelles étaient les pratiques courantes il y a vingt-cinq ans, en arrivant à Wall Street, je dois admettre qu'il y a eu beaucoup de changements pour le mieux. Les boutiques de seaux à l'ancienne ont disparu, bien que les maisons de courtage prospèrent toujours aux dépens d'hommes et de femmes qui persistent à jouer le jeu pour s'enrichir rapidement. La Bourse fait de l'excellent travail non seulement en s'attaquant à ces escrocs purs et durs, mais aussi en insistant sur le strict respect de ses règles par ses propres employés. De nombreux règlements et restrictions sains sont maintenant strictement appliqués, mais il y a encore place à l'amélioration. Le conservatisme enraciné de Wall Street, plutôt que l'insensibilité éthique, est à blâmer pour la persistance de certains abus.

Aussi difficile que la spéculation boursière rentable ait toujours été, elle devient chaque jour plus difficile. Il n'y a pas si longtemps, un vrai trader pouvait avoir une bonne connaissance pratique de pratiquement toutes les actions de la liste. En 1901, lorsque J. P. Morgan a lancé la United States Steel Corporation, qui n'était qu'une consolidation d'autres consolidations de moindre importance dont la plupart avaient moins de deux ans, la Bourse avait 275 actions sur sa liste et environ 100 dans son "département non listé" ; et cela incluait beaucoup d'actions qu'un gars n'avait pas à connaître parce qu'elles étaient de petites émissions, ou inactives parce qu'elles étaient minoritaires ou garanties et donc sans attrait spéculatif. En fait, une majorité écrasante était des actions pour lesquelles il n'y avait pas eu de vente depuis des années. Aujourd'hui, la liste régulière compte environ 900 titres et, lors de nos récents marchés actifs, environ 600 émissions distinctes ont été négociées. De plus, les anciens groupes ou classes d'actions étaient plus faciles à suivre. Non seulement ils étaient moins nombreux, mais la capitalisation était plus petite et les nouvelles qu'un négociant devait surveiller ne couvraient pas un champ aussi large. Mais aujourd'hui, un homme négocie dans tout ; presque toutes les industries du monde sont représentées. Cela demande plus de temps et plus de travail pour se tenir au courant et dans cette mesure, la spéculation est devenue beaucoup plus difficile pour ceux qui opèrent intelligemment.

Il y a plusieurs milliers de personnes qui achètent et vendent des actions de manière spéculative, mais le nombre de ceux qui spéculent de manière rentable est faible. Comme le public est toujours "dans" le marché dans une certaine mesure, il s'ensuit que le public subit des pertes tout le temps. Les ennemis mortels du spéculateur sont : l'ignorance, la cupidité, la peur et l'espoir. Tous les livres de lois du monde et toutes les règles de toutes les bourses de valeurs sur terre ne peuvent les éliminer de l'animal humain. Les accidents qui font s'écrouler des plans soigneusement conçus échappent aussi à la réglementation des corps d'économistes au sang-froid ou de philanthropes au cœur chaud. Il reste une autre source de perte, à savoir la désinformation délibérée, par opposition aux conseils directs. Et parce qu'elle est susceptible d'arriver à un négociant en valeurs mobilières sous des formes diverses et camouflées, elle est plus insidieuse et plus dangereuse.

L'outsider moyen, bien sûr, négocie soit sur des tuyaux, soit sur des rumeurs, parlées ou imprimées, directes ou implicites. Contre les tuyaux ordinaires, vous ne pouvez pas vous protéger. Par exemple, un ami de longue date souhaite sincèrement vous rendre riche en vous racontant ce qu'il a fait, c'est-à-dire acheter ou vendre une action. Son intention est bonne. Si le tuyau tourne mal, que pouvez-vous faire ? Contre les informateurs professionnels ou malhonnêtes, le public est protégé dans la même mesure que contre les briques d'or ou les briques de bois. Mais contre les rumeurs typiques de Wall Street, le public spéculateur n'a ni protection ni recours. Les négociants en valeurs mobilières en gros, les manipulateurs, les groupements et les particuliers ont recours à divers dispositifs pour les aider à écouler leurs avoirs excédentaires aux meilleurs prix possibles. La diffusion d'articles haussiers par les journaux et les téléscripteurs est le plus pernicieux de tous.

Obtenez les feuillets des agences de presse financière n'importe quel jour et vous serez surpris de voir combien de déclarations de nature implicitement semi-officielles qu'elles publient. L'autorité est un "initié de premier plan", un "directeur éminent", "un haut fonctionnaire" ou quelqu'un "d'autorité" qui sait vraisemblablement de quoi il parle. Voici les dérapages d'aujourd'hui. Je choisis un élément au hasard. Écoutez ça : "Un grand banquier dit qu'il est trop tôt pour s'attendre à un marché en déclin."

Est-ce qu'un grand banquier a vraiment dit ça et s'il l'a dit, pourquoi l'a-t-il dit ? Pourquoi ne permet-il pas que son nom soit imprimé ? A-t-il peur que les gens le croient s'il le fait ?

En voici une autre à propos d'une société dont les actions ont été actives cette semaine. Cette fois-ci, l'homme qui fait la déclaration est un "éminent directeur". Maintenant, lequel - s'il y en a un - parmi la douzaine de directeurs de la société fait la conversation ? Il est clair qu'en restant anonyme, personne ne peut être blâmé pour tout dommage qui pourrait être causé par la déclaration.

En dehors de l'étude intelligente de la spéculation, le négociant en actions doit tenir compte de certains faits en rapport avec le jeu de Wall Street. En plus d'essayer de déterminer comment gagner de l'argent, il doit aussi essayer d'éviter de perdre de l'argent. Il est presque aussi important de savoir ce qu'il ne faut pas faire que de savoir ce qu'il faut faire. Il est donc bon de se rappeler que la manipulation d'une certaine manière entre dans pratiquement toutes les progressions d'actions individuelles et que de telles progressions sont conçues par des initiés qui n'ont qu'un seul objectif en tête, celui de vendre au meilleur prix. Cependant, le client moyen d'un courtier se prend pour un homme d'affaires du Missouri s'il insiste pour qu'on lui explique pourquoi une action donnée monte. Naturellement, les manipulateurs "expliquent" l'augmentation d'une manière qui facilite la distribution. Je suis fermement convaincu que les pertes du public seraient grandement réduites si aucune déclaration anonyme de nature haussière n'était autorisée à être imprimée. Je veux dire des déclarations calculées pour inciter le public à acheter ou à conserver des actions.

L'écrasante majorité des articles haussiers imprimés sur l'autorité d'administrateurs ou d'initiés anonymes donnent des impressions peu fiables et trompeuses au public. Le public perd plusieurs millions de dollars chaque année en acceptant de telles déclarations comme semi-officielles et donc dignes de confiance.

Disons par exemple qu'une entreprise a traversé une période de dépression dans son secteur d'activité. L'action est inactive. La cotation représente la croyance générale et vraisemblablement exacte de sa valeur réelle. Si l'action était trop bon marché à ce niveau, quelqu'un le saurait et l'achèterait et elle progresserait. Si elle était trop chère, quelqu'un en saurait assez pour la vendre et le prix baisserait. Comme rien ne se passe d'une manière ou d'une autre, personne n'en parle ou ne fait rien.

Le tournant se produit dans le secteur d'activité de l'entreprise. Qui sont les premiers à le savoir, les initiés ou le public ? Vous pouvez parier que ce n'est pas le public. Que se passe-t-il ensuite ? Pourquoi, si l'amélioration continue les bénéfices vont augmenter et la société sera en mesure de reprendre les dividendes sur l'action ; ou, si les dividendes n'ont pas été interrompus, de payer un taux plus élevé. Autrement dit, la valeur de l'action augmentera.

Supposons que l'amélioration se poursuive. La direction rend-elle publique ce fait réjouissant ? Le président le dit-il aux actionnaires ? Est-ce qu'un directeur philanthropique sort-il une déclaration signée à l'attention de la partie du public qui lit la page financière des journaux et les feuillets des agences de presse ? Est-ce qu'un modeste initié qui poursuit sa politique habituelle d'anonymat, sort-il une déclaration non signée selon laquelle l'avenir de l'entreprise est des plus prometteurs ? Pas cette fois-ci. Pas un mot n'est dit par quiconque et aucune déclaration, quelle qu'elle soit, n'est imprimée par les journaux ou les téléscripteurs.

L'information sur la valeur est soigneusement cachée au public tandis que les "initiés importants", maintenant taciturnes, vont sur le marché et achètent tous, les actions bon marché qu'ils peuvent trouver. Comme ces achats bien informés mais sans ostentation, les actions montent. Les journalistes financiers, sachant que les initiés devraient connaître la raison de cette hausse, posent des questions. Les initiés, unanimement anonymes, déclarent à l'unanimité qu'ils n'ont aucune nouvelle à donner. Ils ne savent pas s'il existe un quelconque motif de hausse. Parfois, ils déclarent même qu'ils ne sont pas particulièrement concernés par les aléas du marché boursier ou les actions des spéculateurs boursiers.

La hausse continue et vient un jour heureux où ceux qui savent ont toutes les actions qu'ils veulent ou peuvent porter. Wallstreet commence immédiatement à entendre toutes sortes de rumeurs haussières. Les téléscripteurs disent aux traders "de bonne autorité" que la société a définitivement pris le tournant. Le même directeur modeste qui ne souhaitait pas que son nom soit utilisé lorsqu'il disait qu'il ne connaissait pas la raison de la hausse de l'action est maintenant cité - bien sûr pas par son nom - comme disant que les actionnaires ont toutes les raisons de se sentir grandement encouragés par les perspectives.

Poussé par le déluge de nouvelles optimistes le public commence à acheter l'action. Ces achats contribuent à faire monter encore le prix. En temps voulu, les prédictions des directeurs anonymes se réalisent et la société reprend le paiement des dividendes, ou augmente le taux, selon le cas échéant. Les éléments haussiers se multiplient alors. Ils sont non seulement plus nombreux que jamais mais aussi beaucoup plus enthousiastes. Un « grand directeur », à qui l'on demande à brûle-pourpoint une déclaration sur les conditions informe le monde que l'amélioration fait plus que suivre. Un « initié de premier plan », après bien des cajoleries, est enfin amené par une agence de presse à confesser que les revenus ne sont rien de moins que phénoménaux. Un « banquier bien connu », qui est affilié à la société d'un point de vue commercial, l'entreprise, est amené à dire que l'expansion du volume des ventes est tout simplement sans précédent dans l'histoire du commerce. Si aucune autre commande, l'entreprise fonctionnerait jour et nuit pendant Dieu sait combien de mois. Un « membre de la commission des finances », dans un manifeste exprime son étonnement face à l'étonnement du public concernant la hausse des actions. La seule chose étonnante est la modération de l'action dans la ligne d'escalade. Toute personne qui analysera le prochain rapport annuel à venir peut facilement calculer combien la valeur comptable de l'action. Mais dans aucun cas le nom du philanthrope communicatif n'est philanthrope communicatif.

Tant que les bénéfices restent bons et que les initiés ne perçoivent aucun signe de ralentissement de la prospérité de l'entreprise, ils conservent les actions qu'ils ont achetées à bas prix. Il n'y a rien pour faire baisser le prix à la baisse, alors pourquoi devraient-ils vendre ? Mais dès que les affaires de l'entreprise se dégradent, que se passe-t-il ? Est-ce qu'ils sortent des déclarations ou des avertissements ou la plus petite des allusions ? Pas vraiment. La tendance est maintenant à la baisse. Tout comme ils ont acheté sans tambour ni trompette lorsque les affaires de l'entreprise se sont améliorées, ils vendent maintenant en silence. Sur cette vente interne, l'action baisse naturellement. Puis le public commence à recevoir les "explications" familières. Un "initié de premier plan" affirme que tout va bien et que la baisse est simplement le résultat de la vente par des ours qui essaient d'affecter le marché général. Si, un beau jour, après que l'action a baissé pendant un certain temps, il y a une rupture brutale, la demande de « raisons » ou « d'explications » devient criarde. Si personne ne dit rien, le public craindra le pire. Donc les journaux impriment maintenant quelque chose comme ça : « Quand nous avons demandé à un éminent directeur de la compagnie d'expliquer la faiblesse de l'action, il a répondu que la seule conclusion à laquelle il pouvait arriver que la baisse d'aujourd'hui ait été causée par un mouvement baissier. Les conditions sous-jacentes sont inchangées. Les affaires de la société n'ont jamais été aussi bonnes qu'actuellement et les probabilités sont que, à moins que quelque chose de totalement imprévu ne se produise entre-temps, il y aura une augmentation du taux lors de la prochaine réunion de dividendes. La partie baissière du marché est devenue agressive et la faiblesse de l'action était clairement un raid destiné à déloger les actions faiblement détenues. » Les lecteurs de nouvelles, souhaitant faire bonne mesure, continueront probablement à déclarer qu'ils sont « informés de manière fiable » que la plupart des actions achetées lors de la baisse du jour a été prise par des intérêts internes et que les baissiers vont découvrir qu'ils se sont vendus dans un piège. Il y aura un jour où il faudra rendre des comptes.

En plus des pertes subies par le public en croyant des déclarations haussières et en achetant des actions, il y a les pertes qui viennent par le fait d'être dissuadé de vendre. La meilleure chose à faire après que les gens achètent les actions que « l'initié important » souhaite vendre, c'est d'empêcher les gens de vendre les mêmes actions quand il ne souhaite pas la soutenir ou l'accumuler. Que doit croire le public après avoir lu la déclaration de « l'initié important » ? Que peut penser l'étranger moyen ? Bien sûr que l'action n'aurait jamais dû baisser ; elle a été forcée de baisser par la vente à la baisse et que dès que les initiés vont organiser une avance punitive pendant laquelle les vendeurs à découvert seront poussés à se couvrir à des prix élevés. Le public croit cela parce que c'est exactement ce qui se passerait si la baisse avait en réalité été causée par un raid des baissiers.

L'action en question, malgré toutes les menaces ou les promesses d'un énorme resserrement des intérêts à découvert, ne se redresse pas. Elle continue de baisser. C'est plus fort que lui. Il y a eu trop d'actions introduites sur le marché de l'intérieur pour être digérées. Et ces actions internes qui ont été vendues par les « directeurs éminents » et les « initiés de premier plan » deviennent un ballon de football parmi les professionnels. Elles ne cessent de baisser. Il ne semble pas y avoir de fond pour elle. Les initiés, sachant que les conditions du commerce auront un impact négatif sur les bénéfices futurs de l'entreprise n'osent pas soutenir cette action jusqu'à la prochaine amélioration des affaires de l'entreprise. Alors il y aura l'achat interne et le silence interne.

J'ai fait ma part de transactions et je me suis tenu assez bien informé sur le marché boursier pendant de nombreuses années et je peux dire que je ne me rappelle pas. Je peux dire que je ne me souviens pas d'un cas où un "bear raid" a provoqué une baisse importante d'une action. Ce qu'on appelait "bear raiding" n'était rien d'autre qu'une vente basée sur une connaissance précise des conditions réelles. Mais il ne faudrait pas dire que l'action a baissé à cause d'une vente interne ou d'un non-achat interne. Tout le monde s'empresserait de vendre et quand tout le monde vend et que personne n'achète, il y a de quoi payer.

Le public devrait saisir fermement ce point : la vraie raison d'une baisse prolongée n'est jamais le raid des ours. Quand une action continue, vous pouvez être sûr qu'il y a quelque chose qui ne va pas, soit avec le marché soit avec l'entreprise. Si la baisse était injustifiée l'action se vendrait rapidement en dessous de sa valeur réelle et cela entraînerait des achats qui stopperaient la baisse. En fait, le seul moment où un ours peut gagner beaucoup d'argent en vendant une action, c'est quand cette action est trop élevée. Et vous pouvez parier votre dernier centime sur la certitude que les initiés ne vont pas proclamer ce fait au monde entier.

Bien sûr, l'exemple classique est le New Haven. Tout le monde sait aujourd'hui ce que seuls quelques-uns savaient à l'époque. L'action s'est vendue à 255 en 1902 et était le premier investissement ferroviaire de la Nouvelle-Angleterre. Dans cette partie du pays, un homme mesurait sa respectabilité et sa position dans la communauté par les actions qu'il détenait. Si quelqu'un avait dit que la société était sur la voie de l'insolvabilité, il n'aurait pas été envoyé en prison pour l'avoir dit. Ils l'auraient enfermé dans un asile de fous avec d'autres fous. Mais quand un nouveau président agressif a été placé à la tête de la société par M. Morgan et que la débâcle a commencé, il n'était pas clair dès le début que les nouvelles politiques mèneraient la route là où elle est arrivée. Mais comme les unes après les autres, les propriétés ont commencé à être mises sur la route consolidée à des prix gonflés, quelques observateurs clairvoyants ont commencé à douter de la sagesse des politiques de Mellen. Un système de trolley a été acheté pour deux millions de dollars et vendu à la New Haven pour 10 000 000 de dollars, après quoi un forcené ou deux ont commis une lèse-majesté en disant que la direction agissait de façon imprudente. Insinuer que même le New Haven ne pouvait pas supporter une telle extravagance, c'était comme mettre en doute la force de Gibraltar.

Bien sûr, les initiés étaient les premiers à voir venir les déferlantes. Ils ont pris conscience de la situation réelle de la société et ils ont réduit leurs avoirs en actions. Sur leur vente ainsi que sur leur non-soutien, le prix des actions des chemins de fer de la Nouvelle-Angleterre a commencé à céder. Des questions ont été posées, et des explications ont été demandées comme d'habitude et les explications habituelles ont été fournies rapidement. Des « initiés éminents » déclaraient qu'il n'y avait rien de mal à leur connaissance et que la baisse était due à une vente à la baisse irréfléchie. Donc les « investisseurs » de la Nouvelle-Angleterre ont gardé leurs avoirs en actions de New York, New Haven & Hartford. Pourquoi ne l'auraient-ils pas fait ? Les initiés n'ont-ils pas dit qu'il n'y avait aucun problème et n'ont-ils pas crié à la vente à la sauvette ? Les dividendes n'ont-ils pas continué à être déclarés et payés ?

Pendant ce temps, la pression promise par les ours n'est pas arrivée mais de nouveaux records à la baisse. Les ventes d'initiés sont devenues plus urgentes et moins déguisées. Néanmoins, les hommes d'esprit public de Boston ont été dénoncés comme étant d'escrocs boursiers et de démagogues pour avoir exigé une véritable explication pour la baisse déplorable de l'action qui signifiait des pertes effroyables pour tous ceux en Nouvelle-Angleterre qui avaient voulu un investissement sûr et un dividende régulier.

Cette chute historique de 255 $ à 12 $ par action n'a jamais été et n'aurait jamais pu être une course à la baisse. Elle n'a pas été initiée et n'a pas été maintenue par des opérations baissières. Les initiés ont vendu tout le long et toujours à prix plus élevés que ce qu'ils auraient pu faire s'ils avaient dit la vérité ou permis que la vérité soit dite. Peu importe que le prix soit de 250 ou 200 ou 150 ou 100 ou 50 ou 25, il était toujours trop élevé pour cette action, et les initiés le savaient et le public ne le savait pas. Le public pourrait considérer avec profit les désavantages qu'il subit quand il essaie de faire de l'argent en achetant et en vendant les actions d'une société dont seuls quelques hommes sont en mesure de connaître toute la vérité sur ses affaires.

Les actions qui ont subi les pires revers au cours des 20 dernières années n'ont pas baissé à cause des raids des ours. Mais l'acceptation facile de cette forme d'explication a été responsable de pertes pour le public s'élevant à des millions et millions de dollars. Cela a empêché les gens de vendre qui n'aimaient pas la façon dont ses actions se comportaient et qui auraient liquidé s'ils ne s'étaient pas attendus à ce que le prix remonte après que les ours ont cessé leurs raids. J'avais l'habitude d'entendre Keene blâmé dans le passé. Avant lui, on accusait Charley Woerishoffer ou Addison Cammack. Plus tard, je suis devenu l'excuse des actions.

Je me souviens du cas d'Intervale Oil. Il y avait un pool dedans qui a mis les actions et a trouvé des acheteurs à l'avance. Les manipulateurs ont fait monter le prix jusqu'à 50. Là, le pool a vendu et il y a eu une pause rapide. L'habituelle demande d'explications a suivi. Pourquoi Intervale était-elle si faible ? Suffisamment de personnes ont posé cette question pour que la réponse soit une nouvelle importante. L'un des téléscripteurs financiers ont appelé les courtiers qui en savaient le plus sur la progression d'Intervale Oil et qui devaient être aussi bien informés sur la baisse. Qu'ont répondu ces courtiers, membres du pool haussier quand l'agence de presse leur a demandé une raison qui pourrait être imprimée et diffusée dans tout le pays ? Que Larry Livingston faisait une razzia sur le marché ! Et ce n'était pas suffisant. Ils ont ajouté qu'ils allaient « l'attraper ». Mais bien sûr, le pool d'Intervale a continué à se vendre. L'action ne valait alors que 12 dollars et ils pouvaient la vendre jusqu'à 10 dollars ou moins et leur prix de vente moyen serait toujours supérieur au coût.

Il était sage et approprié pour les initiés de vendre à la baisse. Mais pour les outsiders qui avaient payé 35 ou 40, c'était une autre affaire. En lisant ce que les téléscripteurs ont imprimé, les outsiders se sont accrochés et ont attendu que Larry Livingston reçoive ce qu'il méritait de la part du pool interne indigné.

Dans un marché haussier et particulièrement dans les booms, le public fait d'abord l'argent qu'il perd par la suite en dépassant la durée du marché haussier. Ce discours sur les "raids baissiers" les aide à rester plus longtemps. Le public devrait se méfier des explications qui n'expliquent que ce que des initiés anonymes veulent faire croire au public.

Chapitre 24 : Le public face aux lois du marché

Le public veut toujours être informé. C'est ce qui fait que donner des pourboires reste une pratique universelle. Il est normal que les courtiers donnent à leurs clients des conseils commerciaux par l'intermédiaire de leurs lettres de marché ainsi que par le bouche-à-oreille. Mais les courtiers ne devraient pas trop s'attarder sur les conditions réelles, car le cours du marché est toujours de six à neuf mois avant les conditions réelles. Les résultats d'aujourd'hui ne justifient pas que les courtiers conseillent à leurs clients d'acheter des actions à moins d'avoir l'assurance dans six ou neuf mois, à partir d'aujourd'hui, que les perspectives commerciales permettront de croire que le taux de bénéfice sera maintenu. Si, en regardant aussi loin, vous pouvez voir, de manière raisonnablement claire, que des conditions se développent qui changeront le pouvoir actuel, l'argument selon lequel les actions sont bon marché aujourd'hui disparaîtra. Le trader doit voir loin, mais le courtier se préoccupe d'obtenir des commissions maintenant ; l'inéluctable erreur de la lettre de marché moyenne. Les courtiers vivent des commissions du public et pourtant ils essaient d'inciter le public, par le biais de leurs lettres de marché ou du bouche-à-oreille, à acheter les mêmes actions pour lesquelles ils ont reçu des ordres de vente d'initiés ou de manipulateurs.

Il arrive souvent qu'un initié aille voir le directeur d'une société de courtage et lui dit : « J'aimerais que vous fassiez un marché pour vendre 50 000 actions de mon entreprise. »

Le courtier demande des précisions. Disons que le prix coté de cette action est de 50. L'initié lui dit : « Je vous donnerai des calls sur 5000 actions à 45 et 5000 actions à chaque point de hausse pour la totalité des 50 000 actions. Je vous donnerai également une option de vente sur 50 000 actions au niveau du marché. »

Maintenant, c'est de l'argent assez facile pour le courtier, a une audience large et bien sûr c'est précisément le genre de courtier que l'initié recherche. Une maison avec des fils directs aux branches et aux connexions dans différentes parties du pays peut généralement obtenir un grand nombre de personnes dans une affaire de ce type. Rappelez-vous que dans tous les cas, le courtier joue, absolument sûr en raison de l'option de vente. S'il peut faire suivre son public, il pourra se débarrasser de toute sa ligne avec un gros bénéfice en plus de ses commissions habituelles.

J'ai à l'esprit les exploits d'un "initié" bien connu à Wall Street.

Il appelle le responsable des clients d'une grande maison de courtage. Parfois, il va même plus loin et appelle l'un des partenaires juniors de la société. Il dira quelque chose comme ça : « Dites, mon vieux, je veux vous montrer que j'apprécie ce que vous avez fait pour moi à plusieurs reprises. Je vais te donner une chance de gagner un peu d'argent. Nous formons une nouvelle société pour absorber les actifs d'une de nos sociétés et nous reprendrons ces actions avec une grosse avance par rapport aux cours actuels. Je vais vous envoyer 500 actions de Bantam Shops à 65 dollars. L'action est actuellement cotée à 72. »

L'initié reconnaissant raconte la chose à une douzaine de dirigeants de plusieurs grandes maisons de courtage. Maintenant, puisque ces destinataires de la prime de l'initié sont à Wall Street, qu'est-ce qu'ils vont faire lorsqu'ils obtiendront cette action qui leur a déjà rapporté un bénéfice ? Bien sûr, ils vont conseiller à tous les hommes et femmes qu'ils peuvent atteindre d'acheter ces actions. Le gentil donateur le savait. Ils aideront à créer un marché dans lequel le gentil initié peut vendre ses bonnes choses à des prix élevés au pauvre public.

Il y a d'autres dispositifs des promoteurs de vente d'actions qui devraient être interdits. Les Bourses ne devraient pas autoriser la négociation d'actions cotées en bourse qui sont offertes au public sur le plan de paiement partiel. Le fait d'avoir le prix officiellement coté donne une sorte de sanction à toute action. De plus, l'évidence officielle d'un marché libre, et parfois la différence de prix, est toute l'incitation nécessaire.

Un autre moyen de vente courant qui coûte au public non averti des millions de dollars au public irréfléchi et qui n'envoie personne en prison car il est parfaitement légal, consiste à augmenter le stock de capital exclusivement en raison des exigences du marché. Le processus ne se résume pas à un changement de couleur des certificats d'actions.

La jonglerie par laquelle 2, 4 ou même 10 actions nouvelles sont données en échange d'une action ancienne, est généralement motivée par le désir de rendre l'ancienne marchandise facilement vendable. L'ancien prix était d'un dollar par livre un paquet et difficile à déplacer. A 25 cents pour une boîte d'un quart de livre, cela pourrait être mieux et peut-être même à 27 ou 30 cents.

Pourquoi le public ne demande-t-il pas pourquoi le stock est rendu facile à acheter ? C'est un cas où le philanthrope de Wall Street opère à nouveau, mais le trader avisé se méfie des Grecs qui apportent des cadeaux. C'est tout l'avertissement nécessaire. Le public n'en tient pas compte et perd des millions de dollars par an.

La loi punit quiconque crée ou fait circuler des rumeurs calculées pour affecter négativement le crédit ou les affaires d'individus ou de sociétés, c'est-à-dire, qui tendent à déprimer la valeur des titres en influençant le public à vendre. À l'origine, l'intention principale était peut-être de réduire le danger de panique en punissant toute personne qui doutait à haute voix de la solvabilité des banques en période de stress. Mais bien sûr, elle sert aussi à protéger le public contre la vente d'actions en dessous de leur valeur réelle. En d'autres termes, la loi du pays punit le diffuseur d'articles baissiers de cette nature.

Comment le public est-il protégé du danger d'acheter des actions au-dessus leur valeur réelle ? Qui punit le diffuseur de nouvelles haussières injustifiées ? Personne ; et pourtant, le public perd plus d'argent en achetant des actions sur la base de conseils anonymes d'initiés lorsqu'elles sont trop élevées, que de vendre au-dessous de leur valeur à la suite de conseils baissiers lors de ce que l'on appelle les "raids".

Si une loi était votée, qui punirait les menteurs de taureaux comme la loi punit actuellement les menteurs d'ours, je crois que le public économiserait des millions. Naturellement, les promoteurs, manipulateurs et autres bénéficiaires de l'optimisme anonyme vous diront que quiconque fait du commerce sur la base de rumeurs et des déclarations non signées ne peut s'en prendre qu'à lui-même pour ses pertes. On pourrait tout aussi bien dire qu'une personne assez stupide pour être un drogué n'a pas droit à la protection.

La Bourse devrait aider. Elle a un intérêt vital à protéger le public contre les pratiques déloyales. Si un homme veut faire accepter au public ses déclarations de faits ou même ses opinions, qu'il signe son nom. Signer des articles optimistes ne les rendrait pas nécessairement vrais. Mais cela rendrait les "initiés" et les "directeurs" plus prudents.

Le public devrait toujours garder à l'esprit les principes fondamentaux de la bourse. Quand une action monte, aucune explication élaborée n'est nécessaire sur la raison de cette hausse. Il faut acheter en permanence pour qu'une action continue à monter. Tant qu'elle le fait, avec seulement des réactions légères et naturelles de temps en temps, il est assez sûr de suivre la tendance. Mais si après une longue hausse régulière, une action se retourne et commence progressivement à baisser, avec seulement de petites reprises occasionnelles, il est évident que la ligne de moindre résistance est passée de la hausse à la baisse. Dans ce cas, pourquoi demander des explications ? Il y a probablement de très bonnes raisons pour lesquelles elle devrait baisser, mais ces raisons ne sont connues que de quelques personnes qui soit les gardent pour elles-mêmes, ou qui disent au public que l'action est bon marché. La nature du jeu tel qu'il est joué est telle que le public doit se rendre compte que la vérité ne peut pas être dite par les quelques personnes qui savent.

Beaucoup de soi-disant déclarations attribuées à des "initiés" ou à des fonctionnaires n'ont aucune base factuelle. Parfois, les initiés ne sont même pas invités à faire une déclaration, anonyme ou signée. Ces histoires sont inventées par quelqu'un ou un autre qui a un grand intérêt dans le marché. A un certain stade de la progression du prix du marché d'un titre, les gros initiés n'hésitent pas à obtenir l'aide de professionnels pour négocier sur cette action. Mais alors que l'initié peut indiquer au grand plongeur le bon moment pour acheter, vous pouvez parier qu'il ne dira jamais quand est le moment de vendre. Cela met le grand professionnel dans la même position que le public, sauf qu'il doit avoir un marché assez grand pour qu'il puisse en sortir. C'est alors que vous obtenez les "informations" les plus trompeuses. Bien sûr, il y a certains initiés à qui on ne peut pas faire confiance à n'importe quel stade du jeu. En règle générale, les hommes qui sont à la tête des grandes entreprises peuvent agir sur le marché sur la base de leurs connaissances internes, mais ils ne disent pas réellement de mensonges. Ils ne disent simplement rien, car ils ont découvert qu'il y a des moments où le silence est d'or.

J'ai dit à maintes reprises et je ne peux pas le répéter trop souvent que l'expérience d'années en tant qu'opérateur boursier m'a convaincu qu'aucun homme ne peut constamment et continuellement battre le marché boursier bien qu'il puisse gagner de l'argent sur des actions individuelles à certaines occasions. Quelle que soit l'expérience d'un trader, il est toujours présente, car la spéculation ne peut être sûre à 100 %. Les professionnels de Wall Street savent qu'agir sur la base d'un tuyau "interne" peut ruiner un homme plus rapidement que la famine, la peste, les mauvaises récoltes, les réajustements politiques ou ce que l'on pourrait appeler des accidents normaux. Il n'existe pas de boulevard asphalté menant au succès à Wall Street ou ailleurs. Pourquoi bloquer en plus la circulation ?

BIBLIOGRAPHIE

1923 – *Reminiscences of a Stock Operator*, by Edwin Lefèvre (best-selling biography of Livermore). Traduction de l'anglais au français – All rights reserved.